U1014437

TUSHU BIANJI
CHANGYONG BIAOZHUN BIANXI

王前◎编著

图书编辑
常用标准辨析

中国社会出版社
国家一级出版社·全国百佳图书出版单位

图书在版编目（CIP）数据

图书编辑常用标准辨析 / 王前编著 .— 北京 ：中国社会出版社，2021.3
ISBN 978-7-5087-6500-6

Ⅰ . ①图… Ⅱ . ①王… Ⅲ . ①图书－编辑工作－标准 Ⅳ . ① G232.2-65

中国版本图书馆 CIP 数据核字（2021）第 008645 号

出 版 人：	浦善新	**终 审 人：**	李 浩
责任编辑：	王晓燕	**策划编辑：**	王晓燕
责任校对：	曲丽媛	**封面设计：**	李尘工作室
出版发行：	中国社会出版社	**地 址：**	北京市西城区二龙路甲 33 号
邮政编码：	100032	**编 辑 部：**	(010)58124812
网 址：	shcbs.mca.gov.cn	**发 行 部：**	(010)58124864 58124848
		经 销：	新华书店
印刷装订：	中国电影出版社印刷厂	**开 本：**	170 mm×240 mm 1/16
印 张：	17.5	**字 数：**	260 千字
版 次：	2021 年 3 月第 1 版	**印 次：**	2021 年 3 月第 1 次印刷
定 价：	48.00 元		

中国社会出版社微信公众号

中国社会出版社天猫旗舰店

前　言

出版工作承担着传播真理、传承文明、引领风尚、教育人民、服务社会的重要责任，是一项涉及政治、经济、科技、文化、教育等领域的综合性工作。

图书出版是出版工作的重要组成部分。在图书生产活动中，图书编辑工作是核心环节，编辑人员是关键岗位。编辑一本好书，不仅要在内容上具有思想性、艺术性、科学性、知识性和可读性，也要在编校质量、设计质量、印制质量上符合图书质量管理规定。图书质量始终是出版社的生命线，打造高质量的精品图书，离不开图书出版相关国家标准、行业标准等的保驾护航。

但是从图书出版现状看，不少图书并没有严格执行相关标准，其中包括一些知名出版社出版的图书。主要原因有四个方面：一是标准意识、质量意识淡薄，有的标准已实施很长时间，但图书中的不规范问题长期存在；二是对标准的学习宣传不到位，不少出版社缺乏相应内容的学习和培训，培训体系不健全，对有些标准了解较少，甚至根本不知道；三是标准实施的政府推动力不强，在一些质量检查、抽查中，有些标准的要求没有完全被纳入检查、抽查的范畴；四是标准应用滞后，在已经实施相关国家标准、行业标准的情况下没有及时执行和采用，在有些标准已经废止或修订的情况下仍在使用旧标准等。因此，学习和掌握好相关标准是图书编辑必备的职业技能，积极采用和执行相关标准是有效引领、支撑、推动图书出版加快向高质量高水平发展阶段迈进的有力保障。

本书从图书编辑工作实践出发，对一些常用的国家标准和行业标准的历史发展脉络作了简要梳理，对相关标准的主要用法、规则及其功能、概念、要素等作了重点解析，并通过举例对经常性差错和一些疑难困惑作了探讨辨析。

全书共分为九章。第一章，“标准与图书质量”，主要介绍标准的分类、标准与图书质量的关系和图书编辑需要了解的主要标准。第二章至第九章，重点论述和辨析《出版物上数字用法》《标点符号用法》《中文书刊名称汉语拼音拼写法》《中文出版物夹用英文的编辑规范》《信息与文献 参考文献著录规则》《学术出版规范 插图》《学术出版规范 表格》《校对符号及其用法》和图书格式标准的用法、规则等。其中，图书格式标准有《图书和杂志开本及其幅面尺寸》《图书和其它出版物的书脊规则》《中国标准书号》《中国标准书号条码》《图书书名页》《图书在版编目数据》等。其间，穿插介绍了《党政机关公文格式》《科技文献的章节编号方法》《国际单位制及其应用》《有关量、单位和符号的一般规则》《汉语拼音正词法基本规则》《中国人名汉语拼音字母拼写规则》等标准，以及其他管理规定和规范性要求。

在附录中，对量、单位和符号的应用及推荐使用的外语词中文译名作了摘编和介绍。

标准是图书编辑工作的基本遵循，图书编辑工作实践也在推动标准不断地丰富和完善。伴随着经济社会发展和科技进步，新标准将陆续制定和发布，旧标准也在不断地修订和完善，图书编辑只有与时俱进，及时了解最新动态，积极采用最新标准，严格执行最新规则，才能不断增强驾驭本领、提高图书整体质量，为我国的文化大发展大繁荣作出更大的贡献。

希望本书的出版能为编辑同人提供借鉴和参考。书中难免存在着谬误和不足之处，诚恳希望读者批评指正。

目　录

第一章

标准与图书质量

2016年9月12日，第39届国际标准化组织（ISO）大会开幕式在北京国家会议中心举行。习近平主席向大会致贺信，贺信中指出："标准是人类文明进步的成果。从中国古代的'车同轨、书同文'，到现代工业规模化生产，都是标准化的生动实践。伴随着经济全球化深入发展，标准化在便利经贸往来、支撑产业发展、促进科技进步、规范社会治理中的作用日益凸显。标准已成为世界'通用语言'。世界需要标准协同发展，标准促进世界互联互通。"

标准化工作是事关经济社会发展全局的战略工程。党的十八大以来，习近平总书记就标准化工作作出了一系列重要论述。这些重要论述是做好新时期标准化工作的根本遵循。习近平总书记强调，加强标准化工作，实施标准化战略，是一项重要和紧迫的任务，对经济社会发展具有长远的意义。他还指出，标准决定质量，有什么样的标准就有什么样的质量，只有高标准才有高质量。谁制定标准，谁就拥有话语权；谁掌握标准，谁就占据制高点。[1]

"标准"是"衡量事物的准则"[2]。从事图书出版工作，做一名优秀的图书编辑，不仅要有过硬的政治理论素养、良好的职业道德修养、雄厚的文化知识储备、熟练的业务操作技能，还要有对法律法规、标准、规范的学习和运用能力。在书稿审读、编辑校对、版式设计、印刷设计等环节中，标准是基本遵循之一，也是推动图书出版高质量发展的有力保障。在一些法律法规及部门规章中，对此作了明确规定和具体要求。

《中华人民共和国国家通用语言文字法》第十一条规定："汉语文出版物应当符合国家通用语言文字的规范和标准。汉语文出版物中需要使用外国语言文字的，应当用国家通用语言文字作必要的注释。"

《出版管理条例》第二十八条规定："出版物必须按照国家的有关规定载明作者、出版者、印刷者或者复制者、发行者的名称、地址，书号、刊号或者版号，在版编目数据，出版日期、刊期以及其他有关事项。出版物的规格、开本、版式、装帧、校对等必须符合国家标准和规范要求，保证出版物的质量。出版物使用语言文字必须符合国家法律规定和有关标准、规范。"

《图书出版管理规定》第二十五条、第二十六条进一步明确要求："图书使用语言文字须符合国家语言文字法律规定。图书出版质量须符合国家标准、行业标准和新闻出版总署关于图书出版质量的管理规定。""图书使用中国标准书号或者全国统一书号、图书条码以及图书在版编目数据须符合有关标准和规定。"

对于电子出版物和网络出版物，也有相关规定和要求。《电子出版物出版管理规定》第二十三条要求："电子出版物应当符合国家的技术、质量标准和规范要求。"《网络出版服务管理规定》第三十条指出："网络出版物必须符合国家的有关规定和标准要求，保证出版物质量。网络出版物使用语言文字，必须符合国家法律规定和有关标准规范。"

《图书质量管理规定》从内容、编校、设计、印刷四个方面，对图书质量是否合格分别给出了判定标准：符合《出版管理条例》规定的图书，其内容质量属合格。差错率不超过万分之一的图书，其编校质量属合格。图书编校质量差错的判定以国家正式颁布的法律法规、国家标准和相关行业制定的行业标准为依据。图书编校质量差错率的计算按照《图书编校质量差错率计算方法》执行。图书的整体设计和封面（包括封一、封二、封三、封底、勒口、护封、封套、书脊）、扉页、插图等设计均符合国家有关技术标准和规定的，其设计质量属合格。符合中华人民共和国出版行业标准《印刷产品质量评价和分等导则》规定的图书，其印制质量属合格；

否则，其印制质量属不合格。

《图书质量保障体系》对有关质量保障标准作了要求，比如：出版社必须严格按照国家标准和有关规定，正确使用中国标准书号和条码技术；图书书名页是图书不可缺少的部分，具有重要信息价值，出版社出版的图书必须严格按照国家的有关标准执行；印制时必须严格按照国家技术监督部门和出版行政部门制定的有关书刊印刷标准和书刊印刷产品质量监督管理规定执行；等等。

因此，对图书编辑来说，了解和学习相关标准知识是必备的职业基础，掌握和运用好相关标准是必备的职业技能。

第一节　标准化与标准分类

标准是经济社会发展的技术支撑，是国家治理体系和治理能力现代化的基础性制度。标准的本质特征是统一性，是对重复性事物和概念的统一规定。标准的任务是规范，其调整的对象是各种各样的市场经济客体。

新中国成立70多年来，我国标准化法治体系不断健全，标准数量和质量大幅提升，标准体系日益完善，标准化管理体制和运行机制更加顺畅，全社会的标准化意识不断提升，标准化事业进程经历了“起步探索”“开放发展”和“全面提升”三个阶段。[3]7-8

第一阶段是从新中国成立到改革开放，是我国标准化“起步探索期”。这个阶段诞生了标准化多个第一。比如，第一项标准《工程制图》（1949年10月），第一个标准化管理制度《工农业产品和工程建设技术标准管理办法》（1962年12月），第一个标准化发展规划《1963—1972年标准化发展十年规划》（1963年4月）。

第二阶段是从改革开放到党的十八大，这个阶段是我国标准化“开放发展期”。1978年，我国恢复国际标准化组织（ISO）成员身份。1979年7月，国务院发布《中华人民共和国标准化管理条例》。1984年1月，首次召开全国采用国际标准工作会议。1988年12月29日，第七届全国人民代表大会常务委员会第五次会议通过《中华人民共和国标准化法》，自 1989 年 4 月 1 日起施行。1990 年 4 月，国务院发布了《中华人民共和国标准化法实施条例》；8 月，国家技术监督局发布《国家标准管理办法》。2001 年 10 月，为了履行加入世界贸易组织承诺，强化统一管理，成立了国家标准化管理委员会。2008 年 10 月，我国正式成为 ISO 的常任理事国。

第三阶段是党的十八大以来，中国特色社会主义进入新时代，也是标准化事业的全面提升期。这一时期党中央国务院高度重视标准化工作。习近平总书记指出："标准助推创新发展，标准引领时代进步。""中国将积极实施标准化战略，以标准助力创新发展、协调发展、绿色发展、开放发展、共享发展。"并要求必须加快形成推动高质量发展的标准体系。中央全面深化改革委员会办公室将标准化工作改革纳入了 2015 年重点工作，国务院相继出台了《深化标准化工作改革方案》和国家标准化体系建设的发展规划。2017 年 11 月，第十二届全国人民代表大会常务委员会审议通过新修订的《中华人民共和国标准化法》，确立了新型标准体系的法律地位，形成了政府主导制定标准与市场自主制定标准协同发展、协调配套的机制。截至 2019 年 9 月，我国共有国家标准 36877 项、备案的行业标准 62262 项、备案的地方标准 37818 项、团体标准 9790 项、企业自我声明公开的标准 114 万项，已经组建了全国标准化的专业技术委员会、分技术委员会达到 1321 个。[3]8 2020 年 1 月 6 日，为了加强强制性国家标准管理，规范强制性国家标准的制定、实施和监督，国家市场监督管理总局发布《强制性国家标准管理办法》，规定强制性国家标准由国务院批准发布或者授权批准发布，办法自 2020 年 6 月 1 日起施行。

从标准的分类来看，1962 年的《工农业产品和工程建设技术标准管理办法》是将技术标准分为国家标准、部标准和企业标准三级。其中：国家标准是指对全国经济、技术发展有重大意义的技术标准；部标准主要是指全国性的各专业范围内的技术标准；未发布国家标准和部标准的产品和工程，都应当制定技术标准，称为企业标准。各级技术标准，在必要的时候可以分为正式标准和试行标准两类。

1979 年的《中华人民共和国标准化管理条例》基本延续了 1962 年

《工农业产品和工程建设技术标准管理办法》中的标准分类，将标准分为国家标准、部标准（专业标准）、企业标准三级，并规定了不同层级标准的效力，即部标准应当逐步向专业标准过渡、部标准（专业标准）和企业标准不得与国家标准相抵触、企业标准不得与部标准（专业标准）相抵触。

1988 年的《中华人民共和国标准化法》及其实施条例规定，标准分为国家标准、行业标准、地方标准和企业标准四级。其中：国家标准、行业标准分为强制性标准和推荐性标准；保障人体健康，人身、财产安全的标准和法律、行政法规规定强制执行的标准是强制性标准，其他标准是推荐性标准；各省（自治区、直辖市）制定的工业产品的安全、卫生要求的地方标准，在本行政区域内是强制性标准，从而形成了“四级”“两类”的标准体系。

2017 年修订的《中华人民共和国标准化法》对标准作了定义：“标准是指农业、工业、服务业以及社会事业等领域需要统一的技术要求。”新修订的标准化法规定：“标准包括国家标准、行业标准、地方标准和团体标准、企业标准。国家标准分为强制性标准、推荐性标准，行业标准、地方标准是推荐性标准。”“对保障人身健康和生命财产安全、国家安全、生态环境安全以及满足经济社会管理基本需要的技术要求，应当制定强制性国家标准”；为“满足基础通用、与强制性国家标准配套、对各有关行业起引领作用等需要的技术要求，可以制定推荐性国家标准”；“没有推荐性国家标准、需要在全国某个行业范围内统一的技术要求，可以制定行业标准”；“为满足地方自然条件、风俗习惯等的特殊技术要求，可以制定地方标准”。

强制性标准，是以国家强制力来保障实施的，本身就是一种技术法规；推荐性标准，一经接受和采用，就成为各方必须共同遵守的技术依据，也具有法律上的约束性。因此，标准是具有约束力的，也可以说，标准是规范市场经济客体的“法律”。标准和法律就像车之两轮、鸟之两翼，共同保障着市场经济的有效运行。

目前，图书编辑常用标准大多为推荐性标准。虽然标准化法规定“强制性标准必须执行”，“国家鼓励采用推荐性标准”，但是并不意味着推荐性标准的技术要求更低。标准化法指出：推荐性国家标准、行业标准、地方标准、团体标准、企业标准，其技术要求都“不得低于强制性国家标准的相关技术要求”。《新闻出版行业标准化管理办法》对新闻出版行业标准也提出了执行要求：“任何单位和个人在新闻出版领域开展生产、经营等活动中，应依法执行强制性标准，积极采用推荐性标准和行业标准化指导性技术文件。”

无论是国家标准还是行业标准，无论是强制性标准还是推荐性标准，这些标准与法律、法规、文件、制度一样，都在共同保障着图书出版工作的有效开展、正常运行和图书质量的不断提高。

第二节　图书出版标准化与高质量发展

一、图书出版标准化

我国新闻出版标准化工作始于 1985 年，虽然起步较晚，但是进步较快，在支撑行业管理、促进技术进步、提高产品质量等方面都发挥了积极作用。

2001 年 1 月 6 日，新闻出版署发布了《新闻出版行业标准化管理办法》，提出了“制、修订与新闻出版相关的国家标准和行业标准”，“组织和监督标准的实施”，“指导和推动企业开展标准化工作”的主要任务。

2006 年 12 月 30 日，新闻出版总署在《关于印发〈新闻出版业“十一五”发展规划〉的通知》中要求：要加强新闻出版标准化体系建设。到 2010 年，完成新闻出版标准化体系表的编制工作，完成新闻出版元数据标准、出版物发行标准体系、新闻出版信息化标准体系等标准的制定，研究、制定网络出版、数字出版等前沿标准，促进新闻出版的现代化。加强各类标准的贯彻执行，加大监督管理的力度，积极推进产品质量、环境保护等各类认证工作。通过出版物元数据和信息交换格式标准化，建设行业基础数据库和国家新闻出版数据交换平台，实现资源共享和利用。

2011 年 4 月 20 日，新闻出版总署在《关于印发〈新闻出版业“十二五”时期发展规划〉的通知》中再次强调要加快新闻出版行业标准化建设步伐，推进数字出版相关标准制定与推广工作，编制完成行业基础性标准，研究编制新业态核心标准。

2013 年 12 月 27 日，国家新闻出版广电总局发布新的《新闻出版行业标准化管理办法》，提出要全面落实国家标准化战略，以推动新闻出版技术进步，促进新闻出版业健康、有序发展为宗旨，贯彻协调统一、广泛参与、鼓励创新、国际接轨、支撑发展的标准化工作方针，坚持依法办事、科学公正、公开透明和协调推进的原则。标准化工作的主要任务是在全行业开展标准的制定、修订、宣传、实施，运用标准化手段促进新闻出版行业的技术进步，提升新闻出版行业产品质量和服务质量。新闻出版行业各单位不得无标准生产，应依法执行强制性标准，积极采用推荐性标准。

2017 年 9 月 20 日，国家新闻出版广电总局在《关于印发〈新闻出版广播影视“十三五”发展规划〉的通知》中提出深入推进新闻出版广播影视标准化建设，建设数字出版标识符体系，推进《国际标准关联标识符（ISLI）》、《中国出版物在线信息交换（CNONIX）》、《数字版权唯一标识符（DCI）》、出版物质量检测标准、电子书内容、绿色印刷等新闻出版领域相关标准的应用。建立完善新闻出版广播影视技术标准体系，积极推动自主研发的国内新闻出版广播影视标准走向国际。

经过 30 多年的发展，新闻出版标准化完成了可整体支撑全产业链的标准化技术组织建设，初步形成了涵盖出版、印刷、发行、信息化和版权各领域的标准体系，建立了可有效带动行业技术提升的出版科技与标准实验室集群，国际标准化也取得了可喜的突破。

根据全国标准信息公共服务平台的检索数据，截至 2020 年 12 月 31 日，国家新闻出版署主管的现行有效的国家标准共 108 项，即将实施的 2 项，均为推荐性国家标准（GB/T）；已发布的新闻出版方面的行业标准（CY）共 221 项。

二、标准是助推图书出版高质量发展的有效动力

标准是推动质量提升的标杆、集聚质量要素的源泉、实现质量价值的手段。一个产品只有质量好，同时又有一定品牌附加值才称得上是好产品。标准水平的高低直接决定了产品质量的高低，没有高标准就没有高质量。

2017 年 10 月 18 日，党的十九大报告首次提出了“高质量发展”。推动出版业的高质量发展，提高国家文化软实力，成为新时代的新要求。

2018 年 8 月 21 日，全国宣传思想工作会议在北京召开，习近平总书记出席会议并发表重要讲话，进一步强调，要推动文化产业高质量发展，以高质量文化供给增强人们的文化获得感、幸福感。

2018 年 11 月 14 日召开的中央全面深化改革委员会第五次会议审议通过了《关于加强和改进出版工作的意见》。会议强调，加强和改进出版工作，要坚持中国特色社会主义文化发展道路，坚持为人民服务、为社会主义服务，坚持百花齐放、百家争鸣，加强内容建设，深化改革创新，完善出版管理，着力构建把社会效益放在首位、社会效益和经济效益相统一的出版体制机制，努力为人民群众提供更加丰富、更加优质的出版产品和服务。

“不以规矩，不能成方圆。”图书质量始终是出版社的生命线，图书出版高质量发展离不开标准化建设，加强图书出版标准化建设，就是为提高图书出版质量提供坚强保障。

图书编辑学习好相关标准，能有效引领图书出版高质量发展。习近平总书记在 2018 年全国宣传思想工作会议上指出，宣传思想干部要不断增强脚力、眼力、脑力、笔力。增强“四力”中的“脑力”，就是要求我们加强对科学理论和相关知识的学习，提升思考分析能力。对于图书编辑，增强“脑力”就是不断完善知识结构和判断框架，掌握去粗取精、去伪存真的本领。其中，加强对相关标准的学习是不可或缺的。只有学习好相关标准，才能在编辑工作中始终坚持问题导向，增强问题意识，精准发现问

题，找到症结所在，做到有的放矢。因此，学习好相关标准是做好编辑工作的前提之一，是原则性的、基准性的要求，它能不断引领图书出版由数量增长向高质量发展的转变。

图书编辑运用好相关标准，能有效支撑图书出版高质量发展。增强“四力”中的“笔力”，就是要求我们增强对语言文字的驾驭能力，提升对相关标准的运用能力。对图书编辑来说，只有更好地理解和深刻把握相关标准，才能科学分析问题、深入研究问题，弄清问题本质、精准解决问题，才能把不规范的格式体例调整到整齐统一，把平淡无奇、艰涩难懂的文字调整到读者愿意看、看得进，最终编辑出有筋骨、有品质、有温度的优秀作品，让宣传思想工作成果引人入胜、深入人心。因此，运用好相关标准是做好编辑工作的关键之一，是支撑图书出版高质量发展的“地基”。只有这样，才能不断推出更多传承文明、传播知识、推动社会发展和科技进步的优秀图书产品，更好满足人民群众日益增长的美好生活需要，推动社会主义文化繁荣兴盛，并进一步推进图书出版工作的国际传播能力建设，讲好中国故事、传播好中国声音，提高国家文化软实力和中华文化影响力。

随着 2019 年 1 月 1 日《图书出版单位社会效益评价考核试行办法》开始施行，图书出版高质量发展成为把社会效益放在首位、社会效益和经济效益相统一的出版体制机制的核心。该办法明确要求，社会效益指标在绩效考核中占 50%以上权重。而在“出版质量、文化和社会影响、产品结构和专业特色、内部制度和队伍建设”5 项社会效益评价考核中，“出版质量”占了一半分值，其中“内容质量”占 42 分、“编校印装质量”占 8 分，这凸显了质量第一的发展理念。如果“内容质量”出问题就一票否决，评价考核结果就不合格。这要求出版社要更加注重出版质量，防范和杜绝出版质量问题，把主要精力放在全面提升内容、编校、设计、印制等各个环节的质量上，着力打造思想精深、艺术精湛、制作优良相统一的精品力作，推动出版业加快向高质量高水平发展阶段迈进。

图书编辑作为图书出版工作中的核心岗位，是出版社的核心竞争力，而编辑工作又是社会效益评价考核的重点，所以加强图书编辑对相关标准的学习和运用能力，越发具有必要性和重要性。

第三节　与图书编辑相关的主要标准

因职业特点，图书编辑工作中会遇到不同领域的作者，会编辑审读不同专业内容的书稿，这要求图书编辑既要有广博的知识宽度，又要有专业的知识深度，可谓“上自天文、下至地理，经史子集，古今中外，均要有所涉猎，不求‘门门俱精’，但求‘面面俱到’”[4]。这也是过去经常讲的，编辑是杂家。著名语言学家、编辑出版家陈原先生曾指出，编辑对象的“杂”决定了编辑是个“杂”家，面对各门各类的著作家，他不能不“杂”起来，他必然“学贯中西”“博古通今”。[5]

因此，广义上说，几乎所有标准都与图书编辑有一定关系；或者说，任何一项标准都与某类图书、某些图书编辑有关。下面简要梳理与图书编辑相关的主要国家标准和行业标准。

一、与图书编辑相关的主要国家标准

根据全国标准信息服务平台的检索数据，图书编辑常用国家标准有两个特点：一是涉及行政管理部门多，如教育部、国家新闻出版署、国家市场监督管理总局（国家标准化管理委员会）、民政部等部门；二是涉及技术领域广，如语言、印刷、信息与文献、量和单位、统计方法应用、术语、物流信息管理、地名等方面。主要国家标准如下。

（一）教育部主管的语言（数字、文字）方面的现行国家标准

GB/T 15834—2011 标点符号用法

GB/T 15835—2011 出版物上数字用法

GB/T 16159—2012 汉语拼音正词法基本规则

GB/T 28039—2011 中国人名汉语拼音字母拼写规则

（二）国家新闻出版署主管的印刷（出版物格式、校对）方面的现行国家标准

GB/T 788—1999 图书和杂志开本及其幅面尺寸

GB/T 14706—1993 校对符号及其用法

GB/T 14707—1993 图像复制用校对符号

GB/T 18359—2009 中小学教科书用纸、印制质量要求和检验方法

（三）国家市场监督管理总局（国家标准化管理委员会）主管的信息与文献、量和单位、统计方法应用、术语、物流信息管理等方面的现行国家标准

GB/T 2659—2000 世界各国和地区名称代码

GB 3100—1993 国际单位制及其应用

GB/T 3101—1993 有关量、单位和符号的一般原则

GB/T 3102. 1～3102. 13 系列标准（包括空间和时间、周期及其有关现象、力学、热学、电学和磁学、光及有关电磁辐射、声学、物理化学和分子物理学、原子物理学和核物理学、核反应和电离辐射、固体物理学的量和单位，以及物理科学和技术中使用的数学符号、特征数）

GB/T 3259—1992 中文书刊名称汉语拼音拼写法

GB/T 3304—1991 中国各民族名称的罗马字母拼写法和代码

GB/T 3860—2009 文献主题标引规则

GB/T 5795—2006 中国标准书号

GB/T 6447—1986 文摘编写规则

GB/T 7408—2005 数据元和交换格式　信息交换　日期和时间表示法

GB/T 7713—1987 科学技术报告、学位论文和学术论文的编写格式

GB/T 7713. 1—2006 学位论文编写规则

GB/T 7713. 3—2014 科技报告编写规则

GB/T 7714—2015 信息与文献　参考文献著录规则

GB/T 8170—2008 数值修约规则与极限数值的表示和判定

GB/T 9704—2012 党政机关公文格式

GB/T 10112—1999 术语工作　原则与方法

GB/T 11617—2000 辞书编纂符号

GB/T 11668—1989 图书和其它出版物的书脊规则

GB/T 12450—2001 图书书名页

GB/T 12451—2001 图书在版编目数据

GB/T 12906—2008 中国标准书号条码

GB/T 13418—1992 文字条目通用排序规则

GB/T 15416—2014 科技报告编号规则

GB/T 15933—2005 辞书编纂常用汉语缩略语

GB/T 18358—2009 中小学教科书幅面尺寸及版面通用要求

GB/T 22466—2008 索引编制规则（总则）

（四）民政部主管的地名方面的现行国家标准

GB/T 38207—2019 中国地理实体通名　汉语拼音字母拼写规则

GB/T 17693.1~17693.12 系列标准（包括英语、法语、德语、俄语、西班牙语、阿拉伯语、葡萄牙语、蒙古语、波斯语、日语、朝鲜语、老挝语的外语地名汉字译写导则）

（五）术语类标准

很多术语类的标准也是图书编辑审稿过程中需要了解的。近些年，尤其是党的十八大以后，发布或修订了一些与日常工作生活联系较紧密的新兴行业和领域的国家标准。

GB/T 15565—2020 图形符号　术语

GB/T 38652—2020 电子商务业务术语

GB/T 38548.1—2020 内容资源数字化加工　第 1 部分：术语

GB/T 38377—2019 新闻出版　知识服务　知识资源建设与服务基础术语

GB/T 38210—2019 地名　术语

GB/T 38247—2019 信息技术　增强现实　术语

GB/T 36687—2018 保险术语

GB/T 37043—2018 智慧城市　术语

GB/T 33529—2017 人力资源服务术语

GB/T 33745—2017 物联网　术语

GB/T 35295—2017 信息技术　大数据　术语

GB/T 35638—2017 地理信息　位置服务　术语

GB/T 9851.9—2017 印刷技术术语　第 9 部分：书刊印刷术语

GB/T 33528—2017 公共就业服务　术语

GB/T 16766—2017 旅游业基础术语

GB/T 31736—2015 特色农业　基础术语

GB/T 32402—2015 通信名词术语　数据通信　因特网

GB/T 31075—2014 科技平台　通用术语

GB/T 29855—2013 社区信息化术语

这方面的国家标准有很多，且划分越来越细。随着图书出版的专业化发展，尤其是一些专业性较强的出版社的编辑，需要关注和了解相关领域的术语类标准。

二、与图书编辑相关的主要行业标准

根据全国标准信息公共服务平台的检索数据，已发布的现行新闻出版行业标准中，主要是关于出版、印刷、复制、发行、物流、数字出版、电子书、数据、信息等方面的标准，其中与大多数图书编辑相关的主要是：

CY/T 33—2001 译文的编排格式

CY/T 35—2001 科技书刊的章节编号方法

CY/T 50—2008 出版术语

CY/T 154—2017 中文出版物夹用英文的编辑规范

CY/T 175—2019 辞书出版标准体系表

CY/T 118—2015 学术出版规范　一般要求

CY/T 119—2015 学术出版规范　科学技术名词

CY/T 120—2015 学术出版规范　图书版式

CY/T 121—2015 学术出版规范　注释

CY/T 122—2015 学术出版规范　引文

CY/T 123—2015 学术出版规范　中文译著

CY/T 124—2015 学术出版规范　古籍整理

CY/T 170—2019 学术出版规范　表格

CY/T 171—2019 学术出版规范　插图

CY/T 172—2019 学术出版规范　图书出版流程管理

CY/T 173—2019 学术出版规范　关键词编写规则

虽然已经发布这样那样一些国家标准和行业标准，但关键在于标准的普及和应用。

一项对北京地区图书出版机构标准应用情况的调查结果显示：出版社在标准使用率上差异明显，但整体使用率不高。该调查对 25 家仅开展纸质图书出版业务的出版社使用的 34 项纸质图书出版标准进行了统计，标准使用率平均得分为 76. 56 分。其中高于平均分的有 11 家出版社，占 44%。在纸质图书出版各流程中，使用标准频率最高的是校对和编辑加工环节，其次是印前质检和成品质检，而设计排版环节则使用较少。[6] 其实，图书出版行业标准执行率整体不好的状况由来已久，原因是多方面的。比如，标准意识、质量意识淡薄，标准的学习宣传不到位，标准实施的政府推动力不强，标准的应用滞后，标准本身陈旧和操作性不佳，标准信息的查询和使用不便利，等等。

俗话说：“绳短不能汲深井，浅水难以负大舟。”“工欲善其事，必先利其器。”面对高质量发展的新要求，图书编辑只有紧跟时代步伐与时俱进，及时了解标准动态，积极采用最新标准，严格执行最新规则，才能不断增强驾驭本领、提高图书整体质量。

当然，标准规定的是最基本的内容，列举的是最典型的示例，不可能包揽一切、详尽无遗，大量未规定未涉及的特例，需要在实践中不断丰富和完善，这也是标准发展的规律。随着经济社会发展和科技进步，新标准还将陆续制定和发布，旧标准也会不断修订和完善。

在采用和执行标准时，区别不同条款的表述类型也非常重要。按照“应”“宜”“可”等表述用词，可以分为要求型、推荐型和选择型三种类型。要求型条款，如“数字连用表示概数、含‘几’的概数，应采用汉字数字”等。推荐型条款，如“章节、条款的序次语后宜用空格表示停顿”等。选择型条款，如“如果顺序编码制用脚注方式时，序号可由计算机自动生成圈码”等。要求型条款应严格遵守，推荐型条款为首选方案，选择型条款则具有灵活采用空间。

接下来，笔者将结合图书编辑工作实践，对一些常用标准的历史发展脉络作简要梳理，对标准的主要用法、规则及其功能、概念、要素等作重点解析，并通过举例对经常性差错和一些疑难困惑作探讨辨析。

参考文献：

[1]田世宏．开创我国标准化事业新局面：学习贯彻习近平同志关于标准化工作的重要论述[EB/OL].(2016-09-06)[2020-10-21].http://theory.People.com.cn/n1/2016/0906/c40531-28693273.html.

[2]中国社会科学院语言研究所词典编辑室．现代汉语词典[M].第7版．北京：商务印书馆,2016:85.

[3]田世宏．建国70年中国标准化改革发展成效[J].机械工业标准化与质量,2019(11).

[4]谷雨．编辑·杂家及其他[J].编辑学刊,2001(6):8.

[5]陈原．陈原出版文集[M].北京：中国书籍出版社,2014:518.

[6]李旗．北京地区图书出版机构标准应用现状研究[J].中国标准化,2020(2):121.

第二章

出版物上数字用法

《出版物上数字用法》（GB/T 15835—2011）是规定出版物上汉字数字和阿拉伯数字用法的国家标准，是《出版物上数字用法的规定》（GB/T 15835—1995）的替代标准。

数字在现实生活中被广泛应用，在数字化生活、数字化经济时代，数字无时无刻不围绕在我们身边。数字用法一直是语言文字标准化、规范化的一个重要方面，与图书编辑工作更是紧密相关。在《图书编校质量差错认定细则（修订版）》和《图书编校质量差错率计算方法》中，数字和数字用法差错是编校质量检查的一个主要方面。①

第一节　标准的历史沿革

我国的数字用法国家标准主要历经了三个阶段。

1987 年 1 月 1 日，国家语言文字工作委员会，国家出版局，国家标准局，国家计量局，国务院办公厅秘书局，中共中央宣传部新闻局、出版局

① 《图书编校质量差错认定细则（修订版）》第六部分对“数字”差错的认定即是遵循《出版物上数字用法》国家标准。《图书编校质量差错率计算方法》是《图书质量管理规定》的附件，其中关于数字用法差错的计算方法是：阿拉伯数字、罗马数字差错，无论几位数，都计 1 个差错；阿拉伯数字与汉语数字用法不符合《出版物上数字用法》的，每处计 0.1 个差错，全书最多计 1 个差错；阿拉伯数字转行的，每处计 0.1 个差错。

联合公布《关于出版物上数字用法的试行规定》，自 1987 年 2 月 1 日起施行。试行规定对数字用法总的原则、应当使用阿拉伯数字的两种主要情况、应当使用汉字的两种主要情况，以及引文标注中、横排标题中涉及的数字用法作了要求，并明确提倡横排。试行规定使数字用法开始有章可循，在很大程度上扭转了数字用法的混乱局面，促进了数字用法的规范化。

1995 年 12 月 13 日，国家技术监督局发布国家标准《出版物上数字用法的规定》（GB/T 15835—1995），自 1996 年 6 月 1 日起实施。该标准规定了出版物在涉及数字（表示时间、长度、质量、面积、容积等量值和数字代码）时使用汉字和阿拉伯数字的体例，在试行规定基础上进行了进一步完善，内容更加丰富，并上升为国家标准，在规范化、科学化上迈出了一大步。

2011 年 7 月 29 日，国家质量监督检验检疫总局、中国国家标准化管理委员会发布《出版物上数字用法》（GB/T 15835—2011），自 2011 年 11 月 1 日起实施。这是伴随着信息化、网络化和我国经济的高速发展，历经《出版物上数字用法的规定》实施后 15 年的积极实践和努力探索的结果。该标准在科学性、规范性和指导性上更加完善，更易于掌握和实际运用。

第二节　现行标准[①]的主要变化

对比现行标准与原标准的不同，了解原有数字用法，正确掌握和运用最新的数字用法，既有利于现行标准的贯彻和执行，也有利于发现书稿中仍然依照原标准的不规范数字用法，从而提升图书编校质量。

① 由于一些现行有效的标准制定得比较早，有的已实施十几年、二十几年甚至更长时间，所以书中一般称为现行标准，尽量不称为新标准，以免误以为是刚颁布的标准。现行标准的替代标准一般称为原标准。

一、标准的适用性更明确

原标准《出版物上数字用法的规定》的适用范围是："各级新闻报刊、普及性读物和专业性社会人文科学出版物。自然科学和工程技术出版物亦应使用本标准，并可制定专业性细则。"并提出了"小学和初中教科书、非专业科技书刊的计量单位可使用中文符号"的例外情况。这样的规定，虽看似比较周全，但在适用范围表述上显得杂乱，给具体执行留下了隐患。现行标准《出版物上数字用法》则更明确和简洁："本标准适用于各类出版物（文艺类出版物和重排古籍除外）。政府和企事业单位公文，以及教育、媒体和公共服务领域的数字用法，也可参照本标准执行。"

在不适用的范围方面，现行标准作了微调，将不适用于"文学书刊和重排古籍"调整为不适用于"文艺类出版物和重排古籍"。显然，内涵上"文艺"包含了"文学"，"出版物"包含了"书刊"，分类上更科学，出版形式上更符合时代和社会发展。

二、数字的功能性更突出

数字的表达功能是数字用法的基础和出发点。现行标准删除了原标准以量的分类来定义的基本术语"物理量"和"非物理量"，增补了以数字的表达功能来定义的基本术语"计量"和"编号"。这是对数字的主要功能的归纳，即计量功能和编号功能。现行标准正是基于数字的这两个主要功能来界定数字的用法。并且这两种功能的区别也非常明显和便于理解："如果使用数字比较大小，做加、减、乘、除等数学运算，就是在计量；如果是用数字给事物指定一个代号，便于称引，就是在编号。"[1]4根据这一功能界定，现行标准在如何选用数字形式上作了明确规定。

一是用于计量的数字（4. 1. 1）。

"在使用数字进行计量的场合，为达到醒目、易于辨识的效果，应采用阿拉伯数字。”示例①：

（1）−125.03　　34.05%　　63%~68%

1∶500　　97/108

“当数值伴随有计量单位时，如：长度、容积、面积、体积、质量、温度、经纬度、音量、频率等等，特别是当计量单位以字母表达时，应采用阿拉伯数字。”示例：

（2）523.56 km（523.56 千米）　　346.87 L（346.87 升）

5.34 m^2（5.34 平方米）　　567 mm^3（567 立方毫米）

605 g（605 克）　　100~150 kg（100~150 千克）

北纬 40°（40 度）　　34~39 ℃（34~39 摄氏度）

二是用于编号的数字（4.1.2）。

“在使用数字进行编号的场合，为达到醒目、易于辨识的效果，应采用阿拉伯数字。”示例：

（3）电话号码：98888

邮政编码：100871

汽车号牌：京 A00001

公交车号：302 路公交车

道路编号：101 国道

公文编号：国办发〔1987〕9 号

刊物编号：CN11-1399

章节编号：4.1.2

---

① 书中凡标为“示例”的，均为引用相关标准上的举例；笔者搜集整理的举例，统一用“例如”表示。

单位注册号：02050214

行政许可登记编号：0684D10004-828

通信地址：北京市海淀区复兴路 11 号

电子邮件地址：x186@186.net

网页地址：http：//127.0.0.1

图书编号：ISBN 978-7-80184-224-4

产品型号：PH-3000 型计算机

产品序列号：C84XB-JYVFD-P7HC4-6XKRJ-7M6XH

此外，计量和编号“还有一个比较大的区别，就是计量有精确和模糊之分，而编号则没有这样的内部对立”[1]6。现行标准把计量中不求精确只求大概的数字，称之为“概数”，并增补了“概数”作为基本术语，定义为“用于模糊计量的数字”。这主要是解决原标准中“概数”与“约数”并提的概念问题。按照《现代汉语词典》（第 7 版）的解释：“概数”是指大概的数目，或者用几、多、来、左右、上下等来表示，或者拿数词连用来表示；“约数”① 是指大约的数目。现行标准把“概数”与“约数”统称为“概数”的这种做法，比过分地强调二者的区别更合乎人们的一般理解和感觉，在日常具体使用中也更便于操作。

当然，除了计量和编号功能外，数字还可以独立作为一般语词（指词、词组一类的语言成分）使用，也可以跟其他语言成分组合在一起构成一般语词使用。例如：

（4）百分之百地服从（不写作“100%地服从”）

态度一百八十度大转弯（不写作“态度 180 度大转弯”）

不管三七二十一（不写作“不管 3721”）

千万不能掉以轻心（不写作“1000 万不能掉以轻心”）

---

① 这里的约数不包括数值经过修约后得到的修约值（参见国家标准 GB/T 8170—2008《数值修约规则与极限值的表示和判定》）。另外，约数还有一个特定概念，是指如果一个数能够整除另一个数，那么这个数就是另一数的约数，也叫因数。

说出个一二三四（不写作“说出个 1234”）

九九八十一难（不写作“9981 难”）

（4）中的数字，是一般的语言成分，是语言系统中的基本单位，其功能只是表达数字的基本概念意义或是表达数字的修辞意义。

三、从选用的倾向性到选用的灵活性

与原标准相比，现行标准的最大变化是在使用汉字数字与阿拉伯数字的倾向性上。原标准是明显地倾向于使用阿拉伯数字的，而现行标准不再强调这种倾向性，更多体现的是灵活性。

（一）原标准倾向于使用阿拉伯数字

原标准对使用阿拉伯数字的倾向性主要体现在两个方面。

其一，原标准“前言”中特别强调：“阿拉伯数字笔画简单、结构科学、形象清晰、组数简短，所以被广泛应用。”这一表述意在突出阿拉伯数字在形式醒目、编码紧凑简短、易于辨识上的优势。“前言”是标准的指导性说明，在“前言”中作这样的说明，是倾向于使用阿拉伯数字的明显体现。

其二，原标准在“4　一般原则”条款中指出：“使用阿拉伯数字或是汉字数字，有的情形，如年月日、物理量、非物理量、代号中的数字，目前体例尚不统一。对这种情形，要求凡是可以使用阿拉伯数字而且又很得体的地方，特别是当所表示的数目比较准确时，均应使用阿拉伯数字。”不仅如此，还在“5　时间”条款的“要求使用阿拉伯数字的情况”中，对公历世纪、年代、年、月、日作了具体示例，如“公元前 8 世纪”“20 世纪 80 年代”“公元 7 年”“公元前 440 年”“1994 年 10 月 1 日”。这一规定进一步明确和定性了一些具体的使用情形。可是，这又与“遇特殊情形，或者为避免歧解，可以灵活变通，但全篇体例应相对统一”的规定存在一定程度的矛盾，不便于把握。

（二）现行标准突出选用的灵活性

现行标准明确规定了“选用阿拉伯数字与汉字数字均可”（4.3）的几种情形，意在强调选用的灵活性。

其一，“如果表达计量或编号所需要用到的数字个数不多，选择汉字数字还是阿拉伯数字在书写的简洁性和辨识的清晰性两方面没有明显差异时，两种形式均可使用”。示例：

（5）100 多件（一百多件）　　20 余次（二十余次）
约 300 人（约三百人）　　40 天左右（四十天左右）
50 上下（五十上下）　　0.5（零点五）
第 25 页（第二十五页）　　1/3（三分之一）
120 周年（一百二十周年）
公元 253 年（公元二五三年）
20 世纪 80 年代（二十世纪八十年代）
下午 4 点 40 分（下午四点四十分）
共 235 位同学（共二百三十五位同学）

与原标准相比，这一规定有两个变化。一是在“公历世纪、年代、年月日”等时间的数字用法上，不再作为“要求使用阿拉伯数字的情况”，而是使用阿拉伯数字或汉字数字均可。二是在“多、余、左右、上下、约”等概数的数字用法上，作了完善。原标准规定“用‘多’‘余’‘左右’‘上下’‘约’等表示的约数一般用汉字”，并进一步规定了也可以使用阿拉伯数字的条件：“如果文中出现一组具有统计和比较意义的数字，其中既有精确数字，也有用‘多’‘余’等表示的约数时，为表示局部体例上的一致，其约数也可以使用阿拉伯数字。”但在具体执行中，原标准中的“统计和比较意义”“精确”这些概念理解起来是有些模糊的，要想很准确地把握其含义和尺度确实有一定难度。因此，这也造成“出版界在数字使用上出现了一些混乱现象”[2]。

现行标准则解决了这一问题，不再纠结到底是不是具有“统计和比较意义”、是不是“精确”，只要数字个数不多，在书写的简洁性和辨识的清晰度上没有明显差别，用阿拉伯数字可以，用汉字数字也可以。这样，更便于把握，更利于实际操作。

其二，“如果要突出简洁醒目的表达效果，应使用阿拉伯数字；如果要突出庄重典雅的表达效果，应使用汉字数字”。示例：

（6）北京时间 2008 年 5 月 12 日 14 时 28 分

十一届全国人大一次会议（不写为“11 届全国人大 1 次会议”）

六方会谈（不写为“6 方会谈”）

这一规定是从数字表达效果的角度体现了选用的灵活性。

其三，“在同一场合出现的数字，应遵循‘同类别同形式’原则来选择数字的书写形式。如果两数字的表达功能类别相同（比如都是表达年月日时间的数字），或者两数字在上下文中所处的层级相同（比如文章目录中同级标题的编号），应选用相同的形式。反之，如果两数字的表达功能不同，或所处层级不同，可以选用不同的形式”。示例：

（7）2008 年 8 月 8 日

二〇〇八年八月八日（不写为“二〇〇八年 8 月 8 日”）

第一章 第二章……第十二章（不写为“第一章 第二章……第 12 章”）

第二章的下一级标题可以用阿拉伯数字编号：2.1，2.2，……

这一规定是从“系统一致”即“同类别同形式”的原则体现了选用的灵活性。

其四，“应避免相邻的两个阿拉伯数字造成歧义的情况”。示例：

（8）高三 3 个班/高三三个班（不写为“高 33 个班”）

高三 2 班/高三（2）班（不写为“高 32 班”）

这一规定是从保障书面表达含义的正确性的角度体现了选用的灵活性。

在日常编辑工作中，我们还会经常遇到另外一类阿拉伯数字相邻的情况。当作为编号（序号）的阿拉伯数字与紧邻其后作为正文的阿拉伯数字相邻时，也容易造成歧义。例如：序号“10”与正文“5 年前，小赵找到了一份工作”相连时，如写作“10. 5 年前，小赵找到了一份工作”，就会发生表时间数字出现歧义的情况。遇到类似情形，可视具体情况将阿拉伯数字“5”改为汉字数字“五”，或者变通处理为“10. 小赵 5 年前找到了一份工作”。

其五，现行标准规定了可同时采用汉字数字和阿拉伯数字的两种特殊情况。

一是“有法律效力的文件、公告文件或财务文件中可同时采用汉字数字和阿拉伯数字”。示例：

（9）2008 年 4 月保险账户结算日利率为万分之一点五七五零（0. 015750%）

35. 5 元（35 元 5 角/三十五元五角/叁拾伍圆伍角）

二是“如果一个数值很大，数值中的‘万’‘亿’单位可以采用汉字数字，其余部分采用阿拉伯数字”。示例：

（10）我国 1982 年人口普查人数为 10 亿零 817 万 5288 人

而除上面情况之外的一般数值，不能同时采用阿拉伯数字与汉字数字。示例：

（11）108 可以写作“一百零八”，但不应写作“1 百零 8”“一百 08”

4000 可以写作“四千”，但不能写作“4 千”

四、从“局部体例一致”原则到“同类别同形式”原则

原标准中提出数字用法应遵循“得体”“局部体例一致”原则。但怎样理解“得体”，如何才算是“得体”呢？“局部”是多大范围的局部，是一句话、一段话还是一节、一章呢？原标准没有给出明确的界定。所以，运用起来就难免各有各的说辞、各有各的理由。一般情况下，仅仅从字面上推敲的话，很容易把“局部”理解为上下文中数字之间的“距离近”。但“距离近”只是一个相对的概念，比如我们可以说北京的西单离天安门比较近，也可以说地球离月球比较近，二者的参照基础是不同的。“距离近”只是“体例一致”的表层原因，更深层的原因应该是两个或多个数字的表达功能相同，因此要保持数字形式上的一致。

现行标准在继承原标准中关于数字用法应遵循“得体”“局部体例一致”原则的基础上，通过措辞上的适当调整，提出了“同类别同形式”原则，并作了更为具体的规定和示例，进一步明确了具体操作规范。

“同类别同形式”是指在一个文本中，应该遵循同样功能类别的数字采用同样的表达形式的原则。其实质是改变“距离近”“局部”的判断依据，而以类别相同为标准，最终实现形式上的统一。其中“同类别”包含了两种类型：一是两个数字的表达功能类别相同，比如都是表达年月日时间的数字等；二是两个数字在上下文中所处的层级相同，最常见的如各级标题的相同层级等。

“同类别同形式”的提法至少有两个优点。一是把选择数字形式的主动权更多地交由文本的写作者或编辑人员，由作者或编辑人员来决定文本中哪些数字是同类的表达功能，那么这些数字就选择相同的表达形式。这对选用不同的数字表达形式提供了更多的空间和灵活性。二是为一些局部上下文中采用不同数字形式的合理做法提供了依据。例如：

（12）小李是两岁的时候随父母从河北老家来的北京，一家人已经在这里居住了整整25年。他上班的地方离家很近，步行只有15分钟的

路程，骑车的话也就四五分钟。

在（12）中，“25 年”“15 分钟”是表达时间的数字，突出了计量功能，选用阿拉伯数字；“两岁”指年龄，“一家”指全家，都不是突出计量功能，所以选用汉字数字形式是合适的。而同样表达时间的数字“25 年”“15 分钟”与“四五分钟”，前两者是准确的数字，用阿拉伯数字可以达到醒目的效果；后者是概数，因而要用汉字数字形式。虽然它们同属于一个“局部”的上下文环境，都可以归入表达时间量的类别，但又可以根据数字的准确度不同，把它们区分为两种类型，这样就有理由选择不同的数字形式。

第三节　数字用法的主要原则[①]

形式是事物的形状和结构，内容是事物内部所含的实质或存在的情况。形式是为内容服务的，数字形式也不例外。

原则是所依据的法则或标准，选择数字形式必然也要遵循一定的原则。数字的表达功能是选择数字形式的总原则，其功能与形式之间有大体的对应关系，但有的时候也存在交叉和可以换用的情况，这体现了数字形式选择的变通性与灵活性特点，也是把握数字用法的难点所在。所以，在遵循数字的表达功能这一总原则的基础上，还要把握一些主要的运用原则，针对各类情况具体分析、具体运用。

一、编码效率原则

编码效率原则主要是针对阿拉伯数字的表达功能优势来说的。一般情况下，阿拉伯数字比汉字数字编码简短，尤其是数字较多的时候，编码简

---

① 此部分参考了《〈出版物上数字用法〉解读》的有关提法和内容。

短优势更加突出。我们知道数字的主要功能是计量和编号，目的都是实现信息传递的高效率。阿拉伯数字由于视觉效果上有结构紧凑、线条简洁的特性，文本中的阿拉伯数字总能给人以醒目、易于辨识的效果，提高了解读的效率。

例如，在使用数字进行计量和编号的时候，为了达到醒目、易于辨识的效果，应采用阿拉伯数字。

二、尊重传统原则

尊重传统原则主要是针对汉字数字的历史传承意义来说的。在中文文本中，汉字数字的历史比阿拉伯数字要悠久得多。因此在许多表达场合，要尊重传统习惯使用汉字数字。特别是在不强调计量的时候，更是如此。使用汉字数字形式可以让文本更好地保持中文文字系统的厚重感和统一美感。同时，在不影响信息传递效率的情况下，使用汉字数字形式是对汉民族悠久历史文化的尊重和传承。

比如，当遇到非公历纪年中表时间的数字、已定型的汉语词语中的数字、数字连用表示的概数和含“几”的概数的时候，为了尊重历史传统，应采用汉字数字。例如：

（13）	正月十五	明景泰五年	唐贞观十一年三月二十日
	七国之乱	星期六	飞流直下三千尺
	十三经	五四运动	“一·二八”事变
	四面八方	五省一市	八九不离十
	五六个月	三十七八岁	八九十年前
	五十几	一百三十几	几百万分之一

三、表义清晰原则

表义清晰原则主要是针对数字形式表达的信息是否清楚、准确来说的，也就是不能出现歧义。

“前后两个数值的附加符号或计量单位相同时，在不造成歧义的情况下，前一个数值的附加符号或计量单位可省略。如果省略数值的附加符号或计量单位会造成歧义，则不应省略。”（5.1.3）例如：

（14）5 万~8 万元（不写为 5~8 万元）
20%~45%（不写为 20~45%）
3.5×10^9~5.5×10^9（不写为 3.5~5.5×10^9）

“四位数字表示的年份不应简写为两位数字。”（5.1.4）例如：

（15）“2020 年”不写为“20 年”

“年份简写后的数字可以理解为概数时，一般不简写。”（5.2.2）例如：

（16）“一九三四年”不写为“三四年”

从以上规定可以看出，表义清晰原则常常与是否省略或者简写有关。这样的情况还有一些。例如：

（17）公元前 235—公元前 202 年（不写为公元前 235—202 年）
5 分~6 分 15 秒（不写为 5~6 分 15 秒）
1 两~2 斤 2 两（不写为 1~2 斤 2 两）
1 岁 2 个月~1 岁 5 个月（不写为 1 岁 2~5 个月）

还有一种影响数字表义清晰的情况，是由于数字的精确表达与模糊表达的不同造成的。例如：

（18）他晚 1 点过来。/他晚一点过来。

前者没有歧义，“1 点”是指“1 点钟”，是一个精确的时点。后者的“一点”则既可以指“1 点钟”这个精确的时点，也可以指“一小段时间”这个时间长度量，这样就会表义不清晰，产生歧义。

有时也要结合具体的语境来判断。例如：

（19）他喜欢一个人。

（20）800 年前的这片沙地，是被森林覆盖的。

（19）既可以理解为“他喜欢某一个人”，也可以理解为“他喜欢自己一个人独处”。（20）中的“800 年前”既可以理解为“公元 800 年前”，也可以理解为“距离现在 800 年以前”。所以，只有联系上下文才能正确理解，有时甚至要通过调整语言文字来达到表义清晰。

四、系统一致原则

系统一致原则，也称“同类别同形式”原则，主要是针对阿拉伯数字与汉字数字两种形式均可使用的情况来说的。无论是从中文文本整体的美观来说，还是从文本中每个具体表达形式的效率以及准确性来说，保持一个文本内部数字形式使用一致这个原则都是应该遵循的。反之，同一文本内部数字形式上的不一致，不仅会增加阅读的负担，甚至还有可能造成表达不准确不清楚的问题。

因此，在同一文本中，应该根据表达的需要选择阿拉伯数字和汉字数字中的一种形式，而不应该两种形式随意换用，更不应该出现两种形式混用的情况。

系统一致原则不仅在数字用法上是一个重要原则，它几乎涉及图书编辑工作的全流程。例如，丛书、系列书封面设计系统一致，标题层级系统一致，正文版式系统一致，图表格式系统一致，参考文献著录格式、注释格式系统一致，标点用法系统一致，数值修约规则系统一致，汉语拼音拼写、罗马字母拼写系统一致，夹用英文、外文译写系统一致，量和单位系统一致，图形符号、术语系统一致，简写、缩写系统一致，全角、半角形式系统一致，校对符号使用系统一致，等等。

五、四个原则的运用关系

从选择数字表达形式的宏观与微观层面来看：编码效率原则与尊重传统原则是在宏观层面针对全体数字而言的，编码效率原则鼓励多使用阿拉伯数字形式，尊重传统原则鼓励多使用汉字数字形式；表义清晰原则是在微观层面针对具体的数字形式而言的，是在表义清晰度有差别时，根据语境实际表义的需要选择表义更清晰、更准确的形式；系统一致原则既有宏观层面上的数字形式选择空间，又有微观层面上的严格限制。

从选择数字表达形式的具体操作层面来看，数字用法的四个原则之间存在着优先关系、权衡关系。

优先关系，是指当数字表达功能比较明确时，只要根据其中某一项原则，就能比较简单容易地确定其数字形式。比如：已定型的含阿拉伯数字的词语，要根据编码效率原则采用阿拉伯数字形式；已定型的含汉字数字的词语、非公历纪年，要根据尊重传统原则采用汉字数字形式。

权衡关系，是指当数字表达功能不特别明确、不同的数字形式都能适用时，要根据具体语境、上下文关系来综合考虑、权衡选择。编码效率原则突出阿拉伯数字的功用；尊重传统原则突出汉字数字的功用；表义清晰原则会对前两个原则进行约束，无论是阿拉伯数字还是汉字数字，其具体的使用形式都应该追求清晰、准确的表达效果；而系统一致原则是要求“同类别同形式”，一旦同类表达功能的数字选用了其表达形式，就不能再随意换用不同的表达形式。

需要强调的是，数字用法的四个原则各有自己的倾向，在具体实践中，遵循不同的原则可能会选用不同的数字形式，从而出现原则之间的冲突。这种情况下，就要考虑更基本的“元规则”，即应选用适用原则多的那种数字形式，而不应选用明显违反某个原则的那种数字形式。例如：

（21）20 世纪七八十年代，这个山村住着 50 多户人家，而到了 90 年代末，已经只剩下六七户了。

在（21）中，数字“20”“50”“90”用汉字数字形式会更好。因为“七八十年代”“六七户”符合尊重传统原则和表义清晰原则，在表达概数时，用了汉字数字形式。如果将“七八十年代”非要用阿拉伯数字而改写成“70 年代到 80 年代”，就违反了编码效率原则。根据系统一致原则，“20 世纪”“90 年代”应修改为“二十世纪”“九十年代”。“50”也应改为“五十”，并且“五十多”也是表达概数，用汉字数字形式符合尊重传统原则。

当然，如果“五十多户”“六七户”都是具体精确的数字，也可以用阿拉伯数字。例如：

（22）20 世纪七八十年代，这个山村住着 50 户人家，而到了 90 年代末，已经只剩下 6 户了。

还有一点值得注意，就是应该用历史的眼光去看待这些原则之间的关系，不能用现在优先强调的原则去要求历史上已经定型的形式，要考虑文本的成文时间和作者写作风格等，不能破坏原文的风格和历史风貌。最简单的例子，在引用历史文献原文时，一定要保持原貌，不能随意修改。

第四节　其他数字用法辨析

一、中华民国纪年

关于中华民国纪年数字用法，在 1987 年的《关于出版物上数字用法的试行规定》中是比较明确的：中华民国纪年使用阿拉伯数字。并示例“民国 38 年（1949 年）”。到 1995 年发布《出版物上数字用法的规定》时，没有再提及中华民国纪年数字用法，只是对“中国清代和清代以前的历史纪年、各民族的非公历纪年”作了规定：“这类纪年不应与公历月日混用，并应采用阿拉伯数字括注公历。”由此分析，1995 年标准仍是将中华民国纪年数字用法排除在应采用汉字数字形式之外的，也就是说，还是延续 1987 年的试行规定采用阿拉伯数字。

在现行标准中，对“非公历纪年”数字用法的规定是：“干支纪年、农历月日、历史朝代纪年及其他传统上采用汉字形式的非公历纪年等等，应采用汉字数字。”但是，现行标准中并没有给出中华民国纪年数字用法的示例。那么，中华民国纪年数字用法到底应该采取哪种形式呢？

根据上述规定，有两个概念需要厘清。

第一，“非公历纪年”。1912 年 1 月 1 日，孙中山在南京就任临时大总统后，正式通电各省：“中华民国改用阳历，以黄帝纪元四千六百零九年十一月十三日为中华民国元年元旦。”[3]“孙中山以阳历 1912 年 1 月 1 日为民国元年元旦，其最初目的是显而易见的：一是共和成立，不用朝代和皇帝年号，而改为民国纪年，便于民众记忆；二是阳历没有闰月，减少了阴历中闰月的换算，便于年度预算；三是与国际上普遍采用阳历的潮流相适应，便于在对外贸易和对外交涉方面与国际接轨，实现最终的世界大同。”[4]可见，孙中山在宣布使用阳历（公历）的同时，也使用中华民国纪年，是“二元”并存的。因此，中华民国纪年是非公历纪年。

第二，“历史朝代纪年”。从“我国历代纪元表”[5]1769可以看出，中华民国属于一个历史朝代（1912—1949 年），中华民国纪年属于历史朝代纪年。

所以，根据现行标准，中华民国纪年既属于“非公历纪年”，又属于“历史朝代纪年”，根据尊重传统原则，应采用汉字数字形式，其后可括注公历纪年。当含有月日时，虽然中华民国纪年与公历纪年的月日是相同的，但根据系统一致原则，月日也应采用汉字数字形式。例如：

（23）民国元年（1912 年）　　　　民国三十五年（1946 年）

民国元年五月（1912 年 5 月）

民国三十五年六月八日（1946 年 6 月 8 日）

当然，由于中华民国纪年与公历纪年的月日是相同的，一般情况下，在不需要特别强调中华民国纪年时间时，可直接采用公历纪年。

二、“来”

根据《现代汉语词典》对“来”和“概数”的解释，当“来”用在“十、百、千”等数词或数量词后面时，是表示概数。概数有两种类型：一种是用几、多、来、左右、上下等来表示，如几年、三斤多米、十来天、一百步左右、四十岁上下等。另一种是拿数词连用来表示，如三五个、一两天、七八十人等。[5]772,419 “来”属于第一种类型。

在现行标准“4.2.2　概数”中，对含“几”的概数有明确规定，应采用汉字数字形式。在“4.3　选用阿拉伯数字与汉字数字均可”中，对含“多、余、约、左右、上下”的概数分别作了示例，但是并没有对含“来”的概数进行示例。不过，按照概数的分类，“来”与“多、余、约、左右、上下”是同一种类型，其用法应该是一致的，也应该适用于 4.3 条款：“如果表达计量或编号所需要用到的数字个数不多，选择汉字数字还是阿拉伯数字在书写的简洁性和辨识的清晰性两方面没有明显差异时，两种形式均可使用。”例如：

（24）20 来次（二十来次）　　200 来件（二百来件）
　　1000 来人（一千来人）

虽然从语言习惯和尊重传统原则角度讲，人们有时还是习惯于用汉字数字形式，但是随着阿拉伯数字在使用中范围不断扩大的实际，像“600 多斤”“80 余棵”“70 来人”之类的用法逐渐被越来越多的人接受。一是因为阿拉伯数字与汉字数字相比更醒目，在现代社会强调编码效率原则下，阿拉伯数字已进入以往只用汉字数字形式表达的场合。二是因为能够使用阿拉伯数字形式的概数一般是数字较多，且上下文往往还有其他需要用阿拉伯数字形式表达的数字，受系统一致原则的影响，这些原本用汉字数字形式表达的概数也就采用了阿拉伯数字形式。这样，既符合编码效率原则，又符合系统一致原则，也是合理的。

三、数+十百千等位数词

“数十”“数百”“数千”等是概数，其中的“十”“百”“千”是位数词，应理解为“十位数”“百位数”“千位数”，而不是整数“10”“100”“1000”，所以不能写作“数10”“数100”“数1000”，不然的话就读作“数一十”“数一百”“数一千”了。其用法有些类似于含“几”的概数。因此，“数+十百千等位数词”只能采用汉字数字形式。例如：

（25）数十张老照片诉说着磁器口的今昔巨变！

（26）数万人齐聚天安门广场国旗下，共同唱响《我爱你中国》。

四、“二”与“两”

“二”与“两”这两个数字都属于汉字数字形式。

两者的相同点是：在表达数值2的含义时，都能用在数字的开头，比如“二百”“二千”“二万”“两百”“两千”“两万”。但有一个例外，“二十”不能说成“两十”，没有“两十”这种说法。

两者的不同点是：“二”可以用在数字的结尾，“两”不能。比如“第二”不能说成“第两”，“一百二”不能说成“一百两”。“第两”也是没有这种说法的。能说“一百两”的时候，“两”的概念就变了，已经不再是表达数值2的含义，而变成了一个货币单位。

在书面表达时，使用“二”和“两”都符合数字用法尊重传统的原则。但需要注意的是，在表义清晰原则方面，书面表达应符合口语的实际读音，应写作跟实际口语一致的“两个”“两天”“两头”“两株”等，避免用口语中没有的“二个”“二天”“二头”“二株”等形式。

五、“零”与“〇”

“零”和“〇”都是阿拉伯数字“0”的汉字书写形式，但二者的数字表达功能不同：“零”用于计量功能，而“〇”用于编号功能。在用汉字数字形式表达“零”和“〇”时，应注意区别。例如：

（27）“108个”写为“一百零八个”（不写为“一百〇八个”）
“3.06”写为“三点零六”（不写为“三点〇六”）
“2020年”写为“二〇二〇年”（不写为“二零二零年”）

六、“元”与“圆”

大写汉字数字的书写形式为：零、壹、贰、叁、肆、伍、陆、柒、捌、玖、拾、佰、仟、万、亿。在法律文书和财务票据上，应采用大写汉字数字形式记数。金额大写时，单位“元”应写作“圆”，位数“十”“百”“千”应写作“拾”“佰”“仟”。例如：

（28）5805元（伍仟捌佰零伍圆）
67142元（陆万柒仟壹佰肆拾贰圆）

七、“倍”与“番”

“倍”与“番”的共同点是，都可以用来表示数值增加的程度；区别是，二者的含义和用法不同。

“倍”数是指增加到的数值除以原数值。两数相比较时，假设原数值为a，增加到的数值为b，那么，倍数=b÷a。

“番”数是几何级数概念。假设番数为 k，那么 $b=a\times2^k$。例如，由 20 增加到 80，是增加到 4 倍，即翻了两番。

需要注意的是，“倍”与“番”都只能用在表达数值增加的场合，不能用在数值减少的场合。不能说减少了多少倍，或降了几番。

八、“百分比”与“百分点”

“百分比”用来表示两个数值的比例关系，是除法关系；而“百分点”用来表示两个百分比之间的差，是减法关系。例如：

(29) 某出版社 2018 年的销售收入是 5000 万元，其中线上销售收入 2000 万元，占 40%。2019 年的销售收入是 6000 万元，其中线上销售收入 3000 万元，占 50%。2019 年与 2018 年相比，线上销售收入增长了 50% [（3000−2000）÷2000×100%]，线上销售收入比例提高了 10 个百分点（50%−40%=10%）。

九、“环比”与“同比”

“环比”是指现在的统计周期与上一个统计周期相比，分为日环比、周环比、月环比、年环比等。“同比”是指历史同期相比，多指跟上一年同一时期相比。例如：

(30) 2020 年 7 月，100 个城市中，80 个城市房价环比上涨，19 个城市环比下跌，1 个城市与上月持平。同比来看，7 月新房平均价格较去年同期上涨 3.21%。

十、阿拉伯数字的竖排格式

虽然现在的图书文字大多以横排为主，但也会涉及竖排的情况。比如：图书封面（包括封一、封二、封三、封底、勒口、护封、封套、书脊）上的文字有时竖排，尤其是书脊上的文字；扉页上的文字有时竖排；书眉设计在切口两侧时，文字一般竖排；部分插图或表格中的文字有时竖排，或者有时插图或表格的说明文字也竖排；等等。

当以上这些地方的文字竖排时，最常见的书写格式错误是将阿拉伯数字横排。按照标准中“5.1.7.3　竖排文本中的数字方向”的规定，竖排文字中的阿拉伯数字应按顺时针方向旋转90度，并且旋转后要保持同一个词语单位的文字方向相同。例如：

（31）

民政改革40年

社会工作实务2020

年均降水量达1200 mm

第五节　其他标准中的数字用法

一、《标点符号用法》中的数字用法

《标点符号用法》（GB/T 15834—2011）中的数字用法主要如下。

（一）顿号与数字

4.5.3.4　相邻或相近两数字连用表示概数通常不用顿号。若相邻两数字连用为缩略形式，宜用顿号。

（二）引号与数字

4.8.3.6　在书写带月、日的事件、节日或其他特定意义的短语（含简称）时，通常只标引其中的月和日；需要突出和强调该事件或节日本身时，也可连同事件或节日一起标引。

（三）连接号与数字

4.13.3.1 a） 化合物的名称或表格、插图的编号，用短横线。

4.13.3.1 b） 连接号码，包括门牌号码、电话号码，以及用阿拉伯数字表示年月日等，用短横线。

4.13.3.2 标示数值范围（由阿拉伯数字或汉字数字构成）的起止，一般用浪纹线。

（四）间隔号与数字

4.14.3.5 以月、日为标志的事件或节日，用汉字数字表示时，只在一、十一和十二月后用间隔号；当直接用阿拉伯数字表示时，月、日之间均用间隔号（半角字符）。

（五）序次语数字

B.3.1 “第”“其”字头序次语，或“首先”“其次”“最后”等做序次语时，后用逗号。

B.3.2 不带括号的汉字数字或“天干地支”做序次语时，后用顿号。

B.3.3 不带括号的阿拉伯数字、拉丁字母或罗马数字做序次语时，后面用下脚点（该符号属于外文的标点符号）。

B.3.4 加括号的序次语后面不用任何点号。

B.3.5 阿拉伯数字与下脚点结合表示章节关系的序次语末尾不用任何点号。

B.3.6 用于章节、条款的序次语后宜用空格表示停顿。

B.3.7 序次简单、叙述性较强的序次语后不用标点符号。

B.3.8 同类数字形式的序次语，带括号的通常位于不带括号的下一层。通常第一层是带有顿号的汉字数字；第二层是带括号的汉字数字；第三层是带下脚点的阿拉伯数字；第四层是带括号的阿拉伯数字；再往下可以是带圈的阿拉伯数字或小写拉丁字母。一般可根据文章特点选择从某一层序次语开始行文，选定之后应顺着序次语的层次向下行文，但使用层次较低的序次语之后不宜反过来再使用层次更高的序次语。

二、《中文出版物夹用英文的编辑规范》中的数字用法

《中文出版物夹用英文的编辑规范》（CY/T 154—2017）中的数字用法主要有：

9.4　英文中的单音节词、人名、缩写词、阿拉伯数字及其后紧跟的单位符号不能断词。

12.1.1　中文文本中夹用英文时，文中如出现阿拉伯数字，其字体应与文中英文词句的字体保持一致。数字应采用半角形式，并且应遵循系统一致的原则。

三、《党政机关公文格式》中的数字用法

《党政机关公文格式》（GB/T 9704—2012）中涉及的数字用法主要如下。

（一）保密期限

7.2.2　保密期限中的数字用阿拉伯数字标注。

如“秘密★10 年”。

（二）发文字号

7.2.5　年份、发文顺序号用阿拉伯数字标注；发文顺序号不加“第”字，不编虚位（即 1 不编为 01），在阿拉伯数字后加“号”字。

如“国办发〔2020〕7 号”“民办函〔2019〕6 号”。

（三）正文

7.3.3 文中结构层次序数依次可以用“一、”“（一）”“1.”“（1）”标注。

（四）附件

7.3.4 如有多个附件，使用阿拉伯数字标注附件顺序号（如“附件：1. ×××”）；附件名称后不加标点符号。

（五）成文日期

7.3.5.4 用阿拉伯数字将年、月、日标全，年份应标全称，月、日不编虚位（即 1 不编为 01）。

（六）印发日期

7.4.3 用阿拉伯数字将年、月、日标全，年份应标全称，月、日不编虚位（即 1 不编为 01），后加“印发”二字。

（七）页码

7.5 一般用 4 号半角宋体阿拉伯数字，编排在公文版心下边缘之下，数字左右各放一条一字线。

四、《信息与文献　参考文献著录规则》中的数字用法

《信息与文献　参考文献著录规则》（GB/T 7714—2015）中涉及的数字用法主要如下。

（一）著录文字

6.2 著录数字时，应保持信息资源原有的形式。但是，卷期号、页码、出版年、版次、更新或修改日期、引用日期、顺序编码制的参考文献

序号等用阿拉伯数字表示。外文书的版次用序数词的缩写形式表示。

（二）著录细则

8.3 版本：版本用阿拉伯数字、序数缩写形式或其他标识标示。古籍的版本可著录“写本”“抄本”“刻本”“活字本”等。

8.4.3 出版日期：出版年采用公元纪年，并用阿拉伯数字著录。如有其他纪年形式时，将原有的纪年形式置于“（ ）”内。报纸的出版日期按照“YYYY-MM-DD”格式，用阿拉伯数字著录。

8.4.4 公告日期、更新日期、引用日期：专利文献的公告日期或公开日期，电子资源的更新或修改日期、引用日期，均按照“YYYY-MM-DD”格式，用阿拉伯数字著录。

8.5 页码：专著或期刊中析出文献的页码或引文页码，应采用阿拉伯数字著录。引自序言或扉页题词的页码，可按实际情况著录。

五、《科技文献的章节编号方法》中的数字用法

《科技文献的章节编号方法》（CY/T 35—2001）适用于科技文献、图书、连续出版物、手稿、非正式出版物和使用说明书等。其中涉及的数字用法主要如下。

（一）章节的编号

科技文献一般按其内容分成若干章节进行论述。章节的编号采用阿拉伯数字。

2.1.1.5 科技文献如有前言、概论、引言或其他类似形式的章节，应以阿拉伯数字“0”作为该级层次的前置部分的编号。

2.1.2.1 如果科技文献的章数较多，为层次清晰、使用方便，可以组合若干章为一篇，篇的编号用阿拉伯数字，编号前加“第”字，后加量词“篇”字，如：第 1 篇、第 2 篇。增加篇的编号后仍保持该文献章的连续性。

2.1.2.2 较大型科技文献章节的层次较多，可在基本类型章节编号的基础上向下扩充层次的编号，用增加带符号的阿拉伯数字方式表示。在正文中书写向下增加的4级层次时，其后不加量词“条、款、项、段”，只在引用时书写成“3条、5款、7项、9段”。

（二）图、表、定理、公式的编号

图、表、定理、公式等，一律用阿拉伯数字依序分别编号。

4.1 编号序列：

编号可以按出现的先后顺序。如：图1、图2，表5、表6，**定理**4、**定理**5，式（7）、式（8）。只有一幅图、一张表、一个定理时，也应编号为“图1”“表1”“**定理**1”。公式不必全部编号，为便于相互参照时才进行编号。

5章以上的中大型文献，其图表可以分章（或篇）依序分别连续编号，即前一数字为章（篇）的编号，后一数字为本章（篇）内的顺序号，两数字间用半字线连接。如：图1-2、图3-4，表5-6、表7-8，式（1-2）、式（3-4），**定理**5-6、**定理**7-8。

（三）附录及其图、表、定理、公式的编号

5.1 附录的编号：附录依序用罗马字母（即正体大写拉丁字母）编号。只有一个附录时也必须编号，为附录A。

5.2 附录中的章、节、图、表、定理、公式的编号：附录中的章、节、图、表、定理、公式的编号，应与正文编号区分开，即在阿拉伯数码前应冠以附录的编号。如：A1、B1.1，图C1、图D3，表E5、表F7，**定理**A1、**定理**B2，式（C3）、式（D4）。

（四）卷册的编号

6.1 卷的编号：分卷出版的科技文献用连续的阿拉伯数字标识，如：第1卷、第2卷。

6.2 册的编号：科技文献由于页码较多，须分数册出版，每个分册

须用相同的文献名，而不另加分册名，在文献名下以“册”作为划分的量词，用连续的阿拉伯数字标识各个分册，如：第1册、第2册。如只有三个分册，也可用：上册、中册、下册。

参考文献：

[1]教育部语言文字信息管理司.《出版物上数字用法》解读[M]. 北京:语文出版社,2012.

[2]吴葆勤. 出版物数字用法考辨[J]. 中国出版,2000(9):43.

[3]孙中山. 临时大总统改历改元通电[M]//孙中山全集:第2卷. 北京:中华书局,1982:5.

[4]左玉河. 评民初历法上的“二元社会”[J]. 近代史研究,2002(3):223.

[5]中国社会科学院语言研究所词典编辑室. 现代汉语词典[M]. 第7版. 北京:商务印书馆,2016.

第三章

标点符号用法

《标点符号用法》（GB/T 15834—2011）是规定现代汉语标点符号用法的国家标准，是《标点符号用法》（GB/T 15834—1995）的替代标准。

从有文字记录开始，断句就成为必要。我国古代主要是采用句读方式断句，也使用过一些简单的标记符号。直到“五四”时期，标记符号才有了正式的名称“标点符号”。

标点符号用法一直是语言文字标准化、规范化的一个重要方面，也是图书编辑重要的工作内容之一。在《图书编校质量差错认定细则（修订版）》和《图书编校质量差错率计算方法》中，标点符号差错也是编校质量检查的一个主要方面。①

第一节　标准的历史沿革

我国标点符号用法国家标准历经了四个阶段。

---

① 《图书编校质量差错认定细则（修订版）》第五部分对“标点符号”差错的认定即是遵循《标点符号用法》。《图书编校质量差错率计算方法》是《图书质量管理规定》的附件，其中关于标点符号用法差错的计算方法是：（1）标点符号的一般错用、漏用、多用，每处计 0.1 个差错。（2）小数点误为中圆点，或中圆点误为小数点的，以及冒号误为比号，或比号误为冒号的，每处计 0.1 个差错。专名线、着重点的错位、多、漏，每处计 0.1 个差错。（3）破折号误为一字线、半字线，每处计 0.1 个差错。标点符号误在首行、行末的，每处计 0.1 个差错。（4）外文复合词、外文单词按音节转行，漏排连接号的，每处计 0.1 个差错；同样差错在每面超过 3 个，计 0.3 个差错，全书最多计 1 个差错。

1951年6月6日，《人民日报》发表了一篇社论——《正确地使用祖国的语言，为语言的纯洁和健康而斗争!》，并开始连载语言学家吕叔湘、朱德熙合写的《语法修辞讲话》，其中的第六讲就是“标点”，对标点的使用作了深入而详尽的分析。据吕叔湘先生回忆，这件事的起因是时任中宣部副部长胡乔木同志“对当时报刊和文件上使用的文字混乱现象有意见，希望有人出来系统地讲一讲，使这种现象得到纠正”[1]。社论是由胡乔木审定的，每期的连载内容胡乔木也都要先看一看，然后再由《人民日报》刊发，一直连载了大约3个月。到1951年9月，中央人民政府出版总署公布了《标点符号用法》；同年10月，政务院发出了《关于学习〈标点符号用法〉的通知》，要求“全国各级人民政府机关处理文件人员、各报刊出版机关编辑人员、各学校语文教员和学生，一律加以学习，务使今后一切文件和出版物，均按该件规定，统一标点符号的使用”。此版《标点符号用法》规范了14种标点符号的使用情况，分为标号和点号，其中：点号是表示语气和停顿的符号，包括逗号、句号、顿号、分号、冒号、问号、叹号7种；标号是表示引注、省略和专名的符号，包括引号、括号、破折号、着重号、省略号、专名号、书名号7种。

经过近40年的使用后，随着文字书写和书刊排印由直行改为横行，以及标点符号用法的发展和变化，1990年3月，国家语言文字工作委员会和新闻出版署发布了新的《标点符号用法》，对1951年版用法作了全面修订，“这标志着标点的研究和规范进入了新阶段”[2]。这一版《标点符号用法》在原用法基础上增加了连接号和间隔号2种标号，标点符号由14种增加到了16种。

1995年12月13日，国家技术监督局发布了作为国家标准的《标点符号用法》（GB/T 15834—1995），自1996年6月1日起实施。该标准规定了标点符号的名称、形式和用法。并指出：“本标准对汉语书写规范有重要的辅助作用。”“本标准适用于汉语书面语。外语界和科技界也可参考使用。”由于该标准只是在1990年版用法基础上的“一种改制形式”[3]，实际内容变化很小。

虽然《标点符号用法》（GB/T 15834—1995）对促进标点符号合理规

范使用和出版物规范化起到了一定作用，但随着时代的发展、社会文化生活的变化，其自身存在的规定不够明确以及与相关文件的规定相矛盾的问题日益显现出来，尤其是随着网络媒体的快速兴起，在标点符号使用上出现了一些标新立异和随心所欲的现象，极大地影响了出版物标点符号的规范使用。为解决这些问题，进一步准确规范和正确引导标点符号的使用，2011 年 12 月 30 日，国家质量监督检验检疫总局和国家标准化管理委员会发布了新的《标点符号用法》（GB/T 15834—2011），自 2012 年 6 月 1 日起实施。该标准明确适用于汉语的书面语（包括汉语和外语混合排版时的汉语部分）。该标准新增了分隔号的用法，标点符号由 16 种增加到了 17 种。

第二节　现行标准的主要变化

与原标准相比，现行标准作了较大幅度修订和调整，既继承了原标准中经实践检验合理与有效的地方，又从标点符号的功能与效率两个重要因素的角度，科学地评价、综合地判断人们用标点符号做什么、用多少标点符号才够用，以及用哪种形式更合适等。

一、厘清相关概念

准确把握与标点符号运用密切相关的一些概念，是用好标点符号的前提，是判断标点符号使用是否正确的重要依据。现行标准对一些概念作了较大修订，更加全面、规范和准确。

（一）点号、标号

现行标准中，标点符号共有 17 种，分为点号与标号，其中点号 7 种、标号 10 种。

点号的作用是点断，主要表示停顿和语气。点号分为句末点号和句内点号。顾名思义，句末点号用于句末表示停顿和句子的语气，句内点号用于句内表示各种不同性质的停顿。句末点号包括句号、问号、叹号 3 种，句内点号包括逗号、顿号、分号、冒号 4 种。

标号的作用是标明，主要标示某些成分（主要是词语）的特定性质和作用。标号包括引号、括号、破折号、省略号、着重号、连接号、间隔号、书名号、专名号、分隔号 10 种。

需要说明的是，点号和标号的划分只是针对标点符号使用的一般情况而言的，根据其点断或标明的作用，在特殊情境下并不是绝对的。比如：当问号或叹号加括号插入句子中表示对某事物的怀疑、否定、不详或感叹、惊异等意义时，就具有了标号的性质；当破折号表示语气的停顿、语音的延长，省略号表示停顿或语音的断断续续，间隔号表示停顿的作用时，就具有了点号的性质。

（二）句子

是指前后都有较大停顿、带有一定的语气和语调、表达相对完整意义的语言单位。

《标点符号用法》修订时增加了限定词“较大”，即连续说话时，句子与句子之间是有一个“较大”的停顿。之所以说是“较大”的停顿，是因为不同点号表示停顿的长短是不一样的。

《标点符号用法》指出了不同点号表示停顿长短的排序：“各种点号都表示说话时的停顿。句号、问号、叹号都表示句子完结，停顿最长。分号用于复句的分句之间，停顿长度介于句末点号和逗号之间，而短于冒号。逗号表示一句话中间的停顿，又短于分号。顿号用于并列词语之间，停顿最短。通常情况下，各种点号表示的停顿由长到短为：句号=问号=叹号>冒号（指涵盖范围为一句话的冒号）>分号>逗号>顿号。”（B. 1. 6）

所以，每个句子的末尾一般用句号、问号或叹号，分别表示陈述、疑问、祈使或感叹的语气等较大的停顿，每个句子内部一般用顿号、逗号、分号、冒号，分别表示相对较小的停顿。

（三）复句、分句

复句是指由两个或多个在意义上有密切关系的分句组成的语言单位，包括简单复句（内部只有一层语义关系）和多重复句（内部包含多层语义关系）。

分句是指复句内两个或多个前后有停顿、表达相对完整意义、不带有句末语气和语调、有的前面可添加关联词语的语言单位。

这种定义，比原标准中“意思上有密切联系的小句子组织在一起构成一个大句子。这样的大句子叫复句，复句中的每个小句子叫分句”的表述更严谨、更全面。

（四）语段

是指语言片段，是对各种语言单位（如词、短语、句子、复句等）不作特别区分时的统称。

二、主要变化

现行标准的主要变化在其前言中都一一列出了，归纳起来主要有以下五个方面。

一是编排形式和文字表述作了全面修改。每种标点符号均按照定义、形式和基本用法三部分编排。更换了大部分示例，力求更简短、通俗和规范。

二是术语和定义方面的增修。增加了对术语“标点符号”“语段”的定义，修订了术语“复句”“分句”的定义，修订了句末点号的定义。为了避免与其他符号概念混淆，特别注明：“数学符号、货币符号、校勘符号、辞书符号、注音符号等特殊领域的专门符号不属于标点符号。”

三是符号用法方面的完善。如：对逗号的基本用法作了补充（4.4.3）；增加了不同形式括号用法的示例（4.9.3）；省略号的形式统一为六连点“……”，但在特定情况下允许连用（4.11）；取消了连接号中原有的二字线，将连接号形式规范为短横线“-”、一字线“—”和浪纹线“~”，并对三者的功能作了归并与划分（4.13）；明确了书名号的使用范围（4.15/A.13）；增加了分隔号的用法说明（4.17）。

四是符号用法方面的辨析。现行标准增加了两个非常重要的附录：“附录A”为规范性附录，是标点符号用法的补充规则，主要说明标点符号不能怎样使用和对标点符号用法加以补充说明，以解决目前使用混乱或争议较大的问题；“附录B”为资料性附录，是标点符号若干用法的说明，对功能有交叉的标点符号的用法作了区分，并对标点符号误用高发环境下的规范用法作了说明。

五是标点符号的位置和书写形式。主要是考虑到电脑的普及，增加了使用中文输入软件处理标点符号时的相关规范。

第三节　标点符号的功能和效率

现行标准新增了标点符号术语和定义。标点符号，是“辅助文字记录语言的符号，是书面语的有机组成部分，用来表示语句的停顿、语气以及标示某些成分（主要是词语）的特定性质和作用”。可见，标点符号的功能有停顿功能、语气功能和定性功能，通过停顿功能体现语言的节奏感，通过语气功能体现语音语调的变化，通过定性功能体现特定的指示作用。这三种功能是基本功能。

除了三种基本功能外，标点符号还有辅助文字更深入地体现语言艺术与魅力或体现作者独特写作风格的作用。“随着书面语的发展，标点符号又可以在书写环节对书面化的内容进行更方便和更快捷的简化性表达，即有简化功能。灵活巧妙地运用标点符号还可以使读者产生丰富的联想，起到使语言表达更为形象生动的作用，即有修辞功能。标点符号的使用在表意正确的基础上会产生是否美观的区别，即有审美功能。”[4]5这是标点符号的三种辅助功能。比如：起省略作用的省略号体现了简化功能；通过标点符号的运用，让人能在听觉或视觉上产生形象而生动的画面感，是体现了修辞功能；标有引号的并列成分之间、标有书名号的并列成分之间通常不用顿号，是体现了审美功能。

而标点符号的效率因素主要体现在两个方面。一是用多少种标点符号能满足书面语言表达上的最经济、最实用，使标点符号系统更加简明。二是同一种标点符号的不同形式（如括号、连接号等），如何在使用形式上做到准确区分，便于人们学习和掌握。

现行标准正是综合考虑了标点符号的功能因素和效率因素而进行全面修订的。在编辑实践中，如何运用和选择更适合的标点符号，也主要是依据这两个因素来具体判断和操作的。这一点在编辑实务中非常重要。

第四节　标点符号易错用法辨析

关于标点符号，著名语言学家吕叔湘、朱德熙曾指出：“我们必须首先有一个认识：标点符号是文字里面的有机的部分，不是外面加上去的。它跟旧式的句读号不同，不仅仅是怕读者读不断，给它指点指点的。每一个标点符号有一个独特的作用，说它们是另一种形式的虚字，也不为过分。应该把它们和‘和’、‘的’、‘呢’、‘吗’同样看待，用与不用，用在哪里，都值得斟酌一番。”[5]282

有时，标点符号用错了，可能会产生歧义或令人费解，这个时候就应当严格要求——能用什么标点，不能用什么标点。而有时，不是对错的问题，而是用哪种形式更合适的问题。比如，有的地方可以用顿号也可以用逗号，有的地方可以用逗号也可以用分号，有的地方可以用冒号也可以用破折号，有的地方可以用“等等”也可以用省略号，等等。

因此，标点符号用法既具有规范性，又具有灵活性。“标点的艺术在于把规范性和灵活性的矛盾处理好，做到‘从心所欲，不逾矩’”，“在不违背基本准则的前提下，允许作者选用标点同选词一样有个人自由”[6]。不能太较真、太刻板。

一、句号

定义：句末点号的一种，主要表示句子的陈述语气。

（一）小圆点“.”不是句号

原标准中曾把小圆点“.”作为句号的另一种形式，并指出一般在科技文献中使用。但在实际应用中，小圆点“.”只是在西文中使用，可用作小数点如“6.18”，可用作下脚点如“1.”“A.”，可用作互联网网址域名如“www.people.com.cn”等，在中文行文中通常并不使用。而且，采用小圆点“.”作为句号，会给文本的自动处理带来极大不便。因此，从标点符号的功能与效率出发，现行标准取消了句号的小圆点“.”形式。

（二）“一逗到底”与“句号多用”

“一逗到底”问题，是错在把几个句子合并成了一个句子，在应当使用句号的地方误用了逗号。而“句号多用”问题恰恰相反，是错在把一个句子拆分成了几个句子，在应当使用逗号的地方误用了句号。

根据句号的基本用法：“使用句号主要根据语段前后有较大停顿、带有陈述语气和语调，并不取决于句子的长短。”（4.1.3.1）所以，解决“一逗到底”与“句号多用”问题，不是看句子长短，只要一个表达陈述语气的句子（包括省略部分结构成分的句子），句子末尾有一个较大的停顿，就可以使用句号。

同样，作为句末点号的问号、叹号，与句子的长短和结构也没有关系，只要一个句子表达疑问语气（包括反问、设问等）或表达感叹语气（包括强烈的祈使语气、反问语气等），且句子末尾有一个较大的停顿，就可以使用问号或叹号。

当然，一句话的末尾是不是有较大的停顿，包括语气、语调，在判断上存在着主观的因素。“一句话，你说是完了，我看是没有完，究竟该用句号还是逗号就成问题”；“如果能从结构和意义两个方面去考虑，大多数情形可以决定该用句号还是逗号，剩下的两可的情形是不太多的”。[5]284例如：

(1) 城隍庙的第五进建筑，也是最后一进建筑，为寝宫，寝宫前有沼池，沼池围以石栏，一座石桥飞架其上。（第三个逗号应改为句号，第四个逗号也可改用句号。）

(2) 实在不想做，那就什么也不要做了。就坐在窗前，沏杯清茶，把眼睛向窗外看，远一些，再远一些。（第一个句号也可改用逗号。）

（三）图表中说明文字末尾用不用句号

根据句号用法补充规则：“图或表的短语式说明文字，中间可用逗号，但末尾不用句号。即使有时说明文字较长，前面的语段已出现句号，最后结尾处仍不用句号。”（A.1）示例：

(3) 行进中的学生方队

(4) 经过治理，本市市容市貌焕然一新。这是某区街道一景

从补充规则及标准中的两个示例来理解：如果说明文字是短语式的，末尾不用句号；如果说明文字比较长，即使中间已使用了句号，但最后结尾处也不用句号。

这一用法看似说得比较清楚，但在实际运用中却存在一定的难度。

1. 与《〈标点符号用法〉解读》存在偏差

《〈标点符号用法〉解读》对这一用法区分为两种情况。第一种情况是，当说明文字出现在上一段文字的末尾（即图或表在说明文字之后或下方）时，说明文字末尾通常不加句号；有时说明文字是一段话，前面已经使用了句号，在最后末尾处仍不使用句号。第二种情况是，当说明文字在图或表的正下方时，则与一般文段句号的用法相同，在句末使用句号。[4]24-25很显然，补充规则只适用于第一种情况。并且，在编辑工作实践中，图或表的说明文字通常是置于图或表的正下方或者一侧，也就是属于

第二种情况的居多。因此，这一补充规则的适用情形是比较少的。

2. 与《学术出版规范　插图》《学术出版规范　表格》存在偏差

首先，“说明文字”的内涵和范畴不同。根据《学术出版规范　插图》（CY/T 171—2019）：插图一般由图、图号、图题和图注构成。图题是插图的名称，是阐释插图内容的。图注是对插图或插图中某些内容加以说明的文字。图注又分为图元注和整图注。图元注是指图构成单元或元素的名称或对其所作的说明，可直接标注在图元附近或者通过指引线标注；图元注数量较多或文字较长时，可通过指引线标注注码，在图下方或图侧集中放置注码和注文。因此，图题和图注（包括图元注和整图注）都可以看作插图的说明文字。根据《学术出版规范　表格》（CY/T 170—2019）：表格一般由表号、表题、表头、表身和表注构成。表题是表格的名称，是表示表格主题的。表注是对表格或表格中某些内容加以注释或说明的文字。表注又分为出处注、全表注、内容注。所以，表题和表注（包括出处注、全表注和内容注）都可以看作表格的说明文字。而且，图题与表题的位置是不同的，图题一般应在插图之下，表题应在表格之上。

从插图或表格的构成来看，其“说明文字”的内涵和范畴包括多方面。从补充规则来看，图或表的“说明文字”一般是针对整个图或整个表而言，类似于整图注或全表注，或者有时类似于图题或表题。

其次，补充规则与行业标准的适用范围不同。《学术出版规范　插图》与《学术出版规范　表格》“适用于学术图书、学术期刊，其他出版物可参照使用”。补充规则作为标点符号用法的一部分，“适用于汉语的书面语（包括汉语和外语混合排版时的汉语部分）”，适用范围更广。

最后，图注或表注末尾标点用法与补充规则不同。《学术出版规范　插图》中规定：“图注的位置应安排合理。图元注应置于图号、图题上方，整图注应置于图号、图题下方。”“图元注的注码与注文之间可用一字线或下圆点隔开，最后一条注末应用句号。”《学术出版规范　表格》中规定：“表注宜排在表格底线下方。排字宽度不宜超过表格宽度，首行距左墙线一字空或两字空排。不应与正文注释混同编排。”“全表注的注文如果多于一条，各条之前宜加上用阿拉伯数字表示的序号。每条注文应独立排为一段，末尾用句号。”“内容注的注文可分项接排，也可独立排为一段，注末应用句号。”

不过，在编辑表格时，表身各单元格中的文字末尾的标点用法倒是与补充规则基本一致：表身各单元格中的文字末尾一般不用句号；即使文字或文段较多，前面已经使用了句号，末尾也不用句号。当然，也有另外一种意见认为：如果单元格中的文字末尾不用句号，其限制条件是单元格中的文字必须要居左对齐排；如果单元格中的文字首行空两字，就要与正文一般文段一样，句末也要用句号。笔者更倾向于第一种处理方式，理由是：单元格中的文字大多数情况下是短语式的，文字末尾不用句号，所以根据系统一致原则，所有单元格中的文字末尾应该一致，统一不使用句号。

（四）文末注明的时间、地点、署名等文字末尾一般不用句号

例如：

（5）…………

李小白

2020 年 10 月

（五）段首相当于标题性的词语后面一般要用句号

例如：

（6）职业康复的流程如下：

第一，咨询。……

第二，评估。……

第三，培训。……

（7）现代农业是指应用现代科学技术、现代工业提供的生产资料和科学管理方法的社会化农业。主要类型有：

绿色农业。……

休闲农业。……

特色农业。……

…………

二、问号

定义：句末点号的一种，主要表示句子的疑问语气。

（一）疑问词与问号没有必然联系

根据问号用法补充规则："使用问号应以句子表示疑问语气为依据，而并不根据句子中包含有疑问词。当含有疑问词的语段充当某种句子成分，而句子并不表示疑问语气时，句末不用问号。"（A.2）示例：

（8）他们的行为举止、审美趣味，甚至读什么书，坐什么车，都在媒体掌握之中。

（9）谁也不见，什么也不吃，哪儿也不去。

（10）我也不知道他究竟躲到什么地方去了。

所以，有疑问词的句子不一定使用问号，因为疑问词也可以出现在非疑问句子中。不能仅凭"什么""哪里""谁""吗""呢"等疑问词就判断是疑问句，不能一见到疑问词就下意识地使用问号。

当然，没有疑问词的句子有时也可以表示疑问，也要用问号。例如：

（11）是他，还是她？

（12）你到底有没有勇气追上去？

（二）问号的叠用

根据问号的基本用法："在多个问句连用或表达疑问语气加重时，可叠用问号。通常应先单用，再叠用，最多叠用三个问号。在没有异常强烈的情感表达需要时不宜叠用问号。”（4.2.3.3）示例：

（13）这就是你的做法吗？你这个总经理是怎么当的??你怎么竟敢这样欺骗消费者???

需要强调的是，现行标准对问号的叠用是有条件限制的。问号的叠用往往是伴随着疑问语气的加强，它是一个递进过程——从单用1个问号，到叠用2个问号，再到最多叠用3个问号。在实际操作中，不能直接就叠用2个或3个问号。“其实，书面语中叠用三个问号的情况是非常少见的。因此，采用叠用三个问号的形式时，宜采用慎重态度。除非确实有必要，一般使用一个问号就可以了。”[7]65

（三）标题后要不要保留问号

根据标点符号用法说明：“文章标题的末尾通常不用标点符号，但有时根据需要可用问号、叹号或省略号。”（B.4）

在编辑实践中，标题后不用标点符号的情况居多。但有时也要遵循系统一致原则，比如一本书大多数的标题都是问答形式的，就可以都用，或者都不用。

三、叹号

定义：句末点号的一种，主要表示句子的感叹语气。

（一）叹号的叠用

根据叹号的基本用法：“表示声音巨大或声音不断加大时，可叠用叹号；表达强烈语气时，也可叠用叹号，最多叠用三个叹号。在没有异常强烈的情感表达需要时不宜叠用叹号。”（4.3.3.3）示例：

（14）轰！！在这天崩地塌的声音中，女娲猛然醒来。

（15）我要揭露！我要控诉！！我要以死抗争！！！

需要注意的是，叹号的叠用不可滥用。一般情况下，叠用两个或三个叹号的情况是不多见的，只有在表示极度悲愤或万分激动的感情时才偶尔一用。滥用往往给人以“声嘶力竭”之感，反而会失去叹号应有的作用。

（二）“问号+叹号”的连用

根据叹号的基本用法：“当句子包含疑问、感叹两种语气且都比较强烈时（如带有强烈感情的反问句和带有惊愕语气的疑问句），可在问号后再加叹号（问号、叹号各一）。”（4.3.3.4）示例：

（16）这么点困难就能把我们吓倒吗？！

（17）他连这些最起码的常识都不懂，还敢说自己是高科技人才？！

需要注意的是，“问号+叹号”的连用形式必须是问号在前、叹号在后，即“？！”。并且，这种形式也不能滥用，因为包含疑问、感叹两种语气且都比较强烈的情况并不多见。

四、逗号

定义：句内点号的一种，表示句子或语段内部的一般性停顿。

在所有标点符号中，逗号可以说是最常用或者用得最多的标点符号。它与其他标点符号的联系，是最密切的；它与其他标点符号的区别，也是最易误用的地方。

（一）“以及（及）”之前用不用逗号

根据逗号用法补充规则：“用顿号表示较长、较多或较复杂的并列成分之间的停顿时，最后一个成分前可用‘以及（及）’进行连接，‘以及

（及）’之前应用逗号。”（A.3）示例：

（18）压力过大、工作时间过长、作息不规律，以及忽视营养均衡等，均会导致健康状况的下降。

但是，这一补充规则在表述上并没有把“以及”“及”区分开来。根据《〈标点符号用法〉解读》：用“及”进行连接时，“及”之前是不可以使用逗号的；用“以及”进行连接时，其前面是否停顿，取决于语段的长短，如果“以及”后面的词语比较长，就可以在“以及”的前面用逗号。[4]40因此，判断“以及”“及”前面是否用逗号，仍是遵循了标点符号的停顿功能。

“及”是单音节并列连词①，连接的语段主要是并列的名词性词语（词和词组），就像并列连词“和、与、跟、同”一样，其前面是不需要停顿的，所以“及”之前不用逗号。

“以及”是双音节并列连词②，既可以连接并列的词、词组（短语），又可以连接并列的分句。当连接的语段较短时，“以及”前面不需要停顿；当连接的语段较长，尤其是连接分句时，“以及”之前是需要有停顿的，所以其前面要用逗号。例如：

（19）物业服务人应当定期将服务的事项、负责人员、质量要求、收费项目、收费标准、履行情况，以及维修资金使用情况、业主共有部分的经营与收益情况等以合理方式向业主公开并向业主大会、业主委员会报告。

不过，在连接前后成分的主次顺序上，二者是相同的。“一般来说，重要的、地位高者居前，次要的、地位低者居后”[8]，即前主后次、前重后轻。例如：

---

① “及”最初是作为动词，有达到、赶上、追上等意，后逐渐演变为连词。

② “以及”是由连词“以”加动词“及”衍生出来的，随着动词“及”的实词意义消失演变而来。

(20) 我们必须在理论上跟上时代，不断认识规律，不断推进理论创新、实践创新、制度创新、文化创新以及其他各方面创新。

(二)"特别是、尤其是"等插入语之前用不用逗号

根据《〈标点符号用法〉解读》：由"特别是、尤其是、无论、乃至、甚至、也、而且、包括、或者"等构成的短语插在句子当中，表示补充、修正、限制、转折、递进、举证、扩展、润饰、阐发等作用时，这些成分之前应加逗号。[4]41例如：

(21) 列宁本人，早在一九〇〇年，特别是在一九一二年和一九一三年，就已经注意中国问题，并写了关于中国问题的重要论文。

(22) 最近每天都在下雨，尤其是昨天晚上，雨下得特别地大。

(23) 对于上级指示，我行我素，甚至阳奉阴违，必然会犯错误。

(24) 对继承人以外的依靠被继承人扶养的人，或者继承人以外的对被继承人扶养较多的人，可以分给适当的遗产。

在这样的插入语之前，我们还会经常遇到其他两种用法：一是用顿号，二是不加标点。这两种用法都是不规范的。

之所以不能用顿号，是因为顿号连接的是两个并列成分，而"特别是、尤其是、甚至"等短语前后两个成分明显不是并列关系，因此不能用顿号。

而如果不加标点，则会使句子变得较长，缺少了应有的停顿，读起来也会有点儿喘不上气的感觉，甚至有时会造成歧义。

(三)句子头上的附加语和连接词之后用不用逗号

按照《语法修辞讲话》，句子头上的附加语，像"其次""最后""另一方面""十月十九日""在朝鲜"等后面，说话的时候一般是停一停的，

用逗号来表示是对的。可是像“今天”“现在”“最近”“这里”等后面，说的时候不一定有停顿，就不一定都要加上逗号。句子或分句头上的连接词，像“所以”“可是”“但是”这些，说的时候或停或不停，不妨以不加逗号为原则，有需要的时候才加上，尤其是有两个连接词时，像“但是，如果”“所以，即使”等。[5]291加与不加逗号，还是以遵循标点符号的停顿功能为原则，有停顿则加，没停顿则省。例如：

(25) 一方面，就业问题压力依然存在。……。另一方面，就业结构性矛盾更加凸显。……。

(26) 2008 年 8 月 8 日，第二十九届奥林匹克运动会在国家体育场开幕。

(27) 在青海湖，沿途所见骑行者众多。

(28) 当前疫情形势依然复杂，不确定因素增多，稳就业、保就业还面临许多新的挑战。(不加逗号，更强调“疫情形势”。)

(29) 当前，国内外形势正在发生深刻复杂变化，我国发展仍处于重要战略机遇期，前景十分光明，挑战也十分严峻。(加逗号，更强调“当前”这个时间点。)

(30) 所以，考生要注意从平时的学习工作中培养申论能力。(有停顿)

(31) 由于台风正在逼近，所以明天的足球比赛被迫取消了。(无停顿)

(32) 所以，即使情绪再低落，也别忘了微笑！(有停顿)

(四) 逗号与顿号、分号、冒号之间的区别

造成逗号与顿号、分号、冒号的误用情况，其根本原因还是没有掌握标点符号的停顿功能，尤其是在停顿长短区别上，即冒号>分号>逗号>顿号。只有通过正确地运用它们之间停顿长短的区别，才能准确、清晰地体现语言文字内容上的内在逻辑层次。

1. 逗号、顿号表示并列词语之间停顿的区别

根据标点符号用法说明：“逗号和顿号都表示停顿，但逗号表示的停

顿长，顿号表示的停顿短。并列词语之间的停顿一般用顿号，但当并列词语较长或其后有语气词时，为了表示稍长一点的停顿，也可用逗号。”（B. 1. 1）例如：

（33）加强爱国主义、集体主义、社会主义教育，引导人们树立正确的历史观、民族观、国家观、文化观。

（34）我们要坚持教书和育人相统一，言传和身教相统一，潜心问道和关注社会相统一，学术自由和学术规范相统一。

（35）市场里到处摆着水果摊，葡萄啊，橘子啊，苹果啊，香梨啊，走到哪儿都是诱人的香甜。

2. 逗号、顿号在表列举省略的“等”“等等”之类词语前的使用

根据标点符号用法说明：“并列成分之间用顿号，末尾的并列成分之后用‘等’‘等等’之类词语时，‘等’类词前不用顿号或其他点号；并列成分之间用逗号，末尾的并列成分之后用‘等’类词时，‘等’类词前应用逗号。”（B. 1. 2）例如：

（36）天宫、蛟龙、天眼、悟空、墨子、大飞机等重大科技成果相继问世。

（37）她喜爱各种花花草草，绚丽多彩的月季，雍容华贵的牡丹，清新怡人的君子兰，七里飘香的桂花，等等。

同样，当并列成分之间用分号，末尾的并列成分之后用“等”类词时，“等”类词前应用分号。例如：

（38）外部环境和政策风险包括：因自然环境恶化，地震、洪水、台风、沙尘暴等造成的自然灾害风险；因火灾、交通事故、环境污染、战争、瘟疫、国际关系紧张等造成的社会危机风险；因政府机构、政策的变动，税率、利率的变化或行业专项整治等造成的政策风险；因汇率波动而使以外币计价的企业资产与负债价值上涨或下降的外汇风险；等等。

3. **逗号、分号表示分句间停顿的区别**

根据标点符号用法说明：“当复句的表述不复杂、层次不多，相连的分句语气比较紧凑、分句内部也没有使用逗号表示停顿时，分句间的停顿多用逗号。当用逗号不易分清多重复句内部的层次（如分句内部已有逗号），而用句号又可能割裂前后关系的地方，应用分号表示停顿。”（B. 1. 3）示例：

(39) 她拿起钥匙，开了箱上的锁，又开了首饰盒上的锁，往老地方放钱。

(40) 纵比，即以一事物的各个发展阶段作比；横比，则以此事物与彼事物相比。

4. **顿号、逗号、分号、冒号在标示层次关系时的区别**

根据标点符号用法说明：“句内点号中，顿号表示的停顿最短、层次最低，通常只能表示并列词语之间的停顿；分号表示的停顿最长、层次最高，可以用来表示复句的第一层分句之间的停顿；逗号介于两者之间，既可表示并列词语之间的停顿，也可表示复句中分句之间的停顿。若分句内部已用逗号，分句之间就应用分号。用分号隔开的几个并列分句不能由逗号统领或总结。”（B. 1. 4）

应特别注意用法说明中的“用分号隔开的几个并列分句不能由逗号统领或总结”这句话。通常情况下，用分号隔开的几个并列分句构成的复句，要么是“平行式”，要么是“总分式”或“分总式”。例如：

(41) 漓江的水真静啊，静得让你感觉不到它在流动；漓江的水真清啊，清得可以看见江底的沙石；漓江的水真绿啊，绿得仿佛那是一块无瑕的翡翠。

(42) 历史证明：没有共产党，就没有新中国；没有共产党，就没有中华民族从站起来、富起来到强起来的伟大飞跃。

（43）欲待战来，恐寡不敌众；欲待降来，又恐曹操不容：因此犹豫不决。

按照“B. 1. 4”的规定，（42）（43）中的冒号是不能更改用逗号的，也就是说不能用逗号来统领或总结。其原因有二：一是从标点的停顿长短来说，逗号的停顿比分号短，如果把冒号改为逗号，（42）中的“历史证明”就变成了第一个分句的一部分，（43）中的“因此犹豫不决”就变成了第二个分句的一部分，形成了“平行式”的两个分句整体上的并列关系；二是从标点肩负的层次划分作用来说，在“总分式”或“分总式”复句中，冒号与分号是处于两个不同层次的，冒号处是第一层（表解说关系），分号处是第二层（表并列关系）。

当然，也有人会将（43）中的冒号改用句号的，这也是可以的。只是如果用句号，就会把连贯的意思割裂开来，不如用冒号逻辑关系更清晰、效果更好。

不管是“平行式”，还是“总分式”或“分总式”，一般情况下，其结构比较简单、清晰，便于处理。但是在日常编辑工作中，我们经常会遇到以下复杂的情况。例如：

（44）2011 年末，辖区总人口 2018. 6 万，比上年增加 56. 7 万人；辖区总面积 16410. 5 平方千米；辖区普通高等院校 89 所，在校生 78. 7 万人。

（45）中国特色社会主义进入新时代，意味着近代以来久经磨难的中华民族迎来了从站起来、富起来到强起来的伟大飞跃，迎来了实现中华民族伟大复兴的光明前景；意味着……；意味着……。

（46）全党要更加自觉地坚持党的领导和我国社会主义制度，坚决反对一切削弱、歪曲、否定党的领导和我国社会主义制度的言行；更加自觉地维护人民利益，……；更加自觉地投身改革创新潮流，……；更加自觉地维护我国主权、安全、发展利益，……；更加自觉地防范各种风险，……。

（44）（45）中的“2011年末”“中国特色社会主义进入新时代”后面均用了逗号，算不算是用分号隔开的几个并列分句由逗号统领了呢？单从句式上分析，应该算是。若从句意上分析，又可以看成是成分省略的并列分句，其他分句分别省略了“2011年末，”（时间状语）、“中国特色社会主义进入新时代，”（主语）、“全党要”（主语+助动词）。这种情况还是比较多的，似乎大家也已经习惯了这种表述方式。当然，笔者认为，如果把逗号改为冒号，也是讲得通的，只不过大家都习惯了这么用之后会感觉有点儿突兀和别扭。

因此，有人建议把“B.1.4”中的“用分号隔开的几个并列分句不能由逗号统领或总结”修改为：“若干并列分句需用分号相隔的复句中，前面提起全句的语言单位后所用标点符号，视分句的结构形式而定：如分句是不完整句，均需与提起全句的语言单位结合才能在逻辑上准确地表达一定意义，仅在形式上省略了该语言单位，则提起全句的语言单位后宜用逗号；如分句均为结构形式完整的句子，已能独立地表达某种意义，则提起全句的语言单位后宜用冒号。”[9]虽然这一表述有点儿烦琐，可以再考究简化，但是从进一步完善和规范这一用法来看，是有益的。

其实，很多情况下，为了分清语句的结构，一个由并列分句构成的复句，还是需要在整体上有一个层次标志的，而最好的层次标志就是使用冒号（有时也可用破折号）。这是因为，冒号（或破折号）具有提示下文、总结上文、解释和说明的作用，其统领和总结功能比较强，尤其是句子中有明显的提示语的时候。例如：

（47）党的十九大报告提出：从二〇二〇年到二〇三五年，在全面建成小康社会的基础上，再奋斗十五年，基本实现社会主义现代化；从二〇三五年到本世纪中叶，在基本实现现代化的基础上，再奋斗十五年，把我国建成富强民主文明和谐美丽的社会主义现代化强国。

5. **冒号、逗号用于“说”“道”之类词语后的区别**

根据标点符号用法说明：“位于引文之前的‘说’‘道’后用冒号。位于引文之后的‘说’‘道’分两种情况：处于句末时，其后用句号；‘说’‘道’后还有其他成分时，其后用逗号。插在话语中间的‘说’‘道’类词语后只能用逗号表示停顿。”（B.1.5）例如：

（48）习近平总书记指出：“公正司法是维护社会公平正义的最后一道防线。”

（49）“欢迎再来！”她笑着说。

（50）“这里的变化真是太大了！”他说，一脸喜悦。

（51）“这表明，改革开放仍然是推动发展的巨大动力。”李克强说，“各级政府要坚持以改革开放为动力，充分激发市场主体活力，增强发展韧性。”

五、顿号

定义：句内点号的一种，表示语段中并列词语之间或某些序次语之后的停顿。

（一）顿号只能用于并列的词或词组之间

使用顿号需要特别注意，用顿号点断的只能是并列的词或词组，不能是分句。我们可以对比下面两个例子：

（52）这种加强领导、科学统筹、狠抓落实的作风，应该继续发扬。

（53）我们要投入更多精力抓落实，加强领导，科学统筹，狠抓落实，把改革重点放到解决问题上来。

（52）中用顿号隔开的“加强领导、科学统筹、狠抓落实”是三个并列的词组。（53）中用逗号断开的“加强领导，科学统筹，狠抓落实”虽然也是并列关系，但已经不是三个词组了，而是三个分句（整句话是由五个分句组成的复句）。

当词或词组之间是两个以上层次的并列关系时，不能笼统地都用顿号。为了分清层次，则需要使用逗号来表示上一层次（因为逗号也能表示并列词语之间的停顿，且比顿号停顿长）。例如：

（54）中共中央政治局常委、国务院总理、党组书记李克强主持召开会议并讲话。

（54）中的“中共中央政治局常委”与“国务院总理、党组书记”是第一层并列关系，“总理”与“党组书记”是第二层并列关系，是指国务院总理、国务院党组书记。因此，第一个顿号应改为逗号，或者党组书记前加“国务院”。

在表述同一个人物的多种职务或身份时，尤其是党内职务、行政职务和其他身份等并列时，往往会出现顿号的误用情况，造成层次不清。

同样，在表述原职务或身份时，也容易出现“原”的位置错误，比如“××市原市委副书记、市纪委书记、副市长”不能说成“××市委原副书记、市纪委书记、副市长”，因为“副市长”不是“市委”党内职务。当原职务、身份所属的机构、部门、单位等已不存在，或者名称已改变时，“原”应置于机构、部门或单位名称之前，比如“原新闻出版广电总局副局长×××”“原国家工商行政管理总局××司司长”；仍然延续存在的，不能表述如“原民政部副部长×××”“原山东省副省长×××”，应为“民政部原副部长×××”“山东省原副省长×××”。

（二）并列的引号或书名号之间的顿号

根据顿号的基本用法：“标有引号的并列成分之间、标有书名号的并列成分之间通常不用顿号。若有其他成分插在并列的引号之间或并列的书名号之间（如引语或书名号之后还有括注），宜用顿号。”（4.5.3.5）示例：

（55）店里挂着“顾客就是上帝”“质量就是生命”等横幅。

（56）《红楼梦》《三国演义》《西游记》《水浒传》，是我国长篇小说的四大名著。

（57）李白的“白发三千丈”（《秋浦歌》）、“朝如青丝暮成雪”（《将进酒》）都是脍炙人口的诗句。

（58）办公室里订有《人民日报》（海外版）、《光明日报》和《时代周刊》等报刊。

上述示例中的（57）（58）虽然列举了有其他成分插入时的情况，但是例子过于简单和特殊。在日常编辑工作中，我们经常会遇到更复杂的情况：一是多项并列的引号或书名号中，只有一项或几项有插入成分，这时没有插入成分的各项之间还用不用顿号呢？二是并列的多项中，有的是并列的引号或书名号，有的不是，这时又该怎么办呢？这些情况下，还是要遵循系统一致原则，即只要有一项需要用顿号，其他各项之间都应加顿号。例如：

（59）图书编校质量检查依据的重要工具书有《汉语大词典》、《辞海》（第6版）、《现代汉语词典》（第7版）、《中国大百科全书》、《新华字典》、《中国地图集》、《世界地图集》和《中华人民共和国行政区划简册》等。

（60）大会强调，保持香港、澳门长期繁荣稳定，必须全面准确贯彻“一国两制”、“港人治港”、“澳人治澳”、高度自治的方针。

此外，应该注意到，《标点符号用法》只是规定了标有引号或书名号的并列成分之间通常不用顿号，但并非是强制不能用顿号，使用顿号也不能说是错的。从基本用法的出发点看，是提倡和推荐不用顿号的，并且从标点符号的审美功能讲，这样也不美观。

可我们也注意到，在许多法律、法规和党政公文、报告中，使用顿号的情况仍然比较普遍。例如：

(61)《关于修改〈中华人民共和国地方各级人民代表大会和地方各级人民政府组织法〉、〈中华人民共和国全国人民代表大会和地方各级人民代表大会选举法〉、〈中华人民共和国全国人民代表大会和地方各级人民代表大会代表法〉的决定》

(62) 为了加强行政区划的管理，根据《中华人民共和国宪法》和《中华人民共和国地方各级人民代表大会和地方各级人民政府组织法》、《中华人民共和国民族区域自治法》的有关规定，制定本条例。(《行政区划管理条例》)

(63) 加快国家高速公路和国省干线公路建设及升级改造，全面提升公路技术等级和安全防护水平，打通省际“断头路”、“瓶颈路”，提高公路安全性。(《国务院关于深化泛珠三角区域合作的指导意见》)

虽说这么用不能计错，但从贯彻落实标准角度来讲，党政机关更应作出表率。何况在目前的中小学教科书中，已经按照标准的规定不再使用顿号了。

鉴于目前的这种不一致，当上述例中内容作为引文直接引用（用引号标注）时，为了保持引文内容的原貌和完整，不建议将标有引号或书名号的并列成分之间的顿号删除。

六、分号

定义：句内点号的一种，表示复句内部并列关系分句之间的停顿，以及非并列关系的多重复句中第一层分句之间的停顿。

（一）分号不能用在单句中

分号的一个非常明显的作用是分清分句间的结构层次。由于复句是由两个或两个以上的分句构成的，所以分号只能用在复句中。“一个复杂单句中，无论并列项有多少，结构怎么复杂，一般都不宜使用分号，否则容易出现逗号中包含分号，分号中又包含逗号的现象。”[4]47例如：

(64) 禁毒犯罪学，主要是对毒品犯罪的严重危害与特点，毒品犯罪的动态和打击防范措施；毒品犯罪群体的分析与社会控制；毒情的微观和宏观预测，以及青少年毒品犯罪的现状与特点、主客观原因、遏制对策等方面进行研究。(误)

(64) 是一个复杂单句。由于分号的误用，致使句子逻辑不清、结构混乱，晦涩难懂。句中的两个分号均应改为逗号。

(二) 分号用于分项列举时的用法

根据分号的基本用法，分号可“用于分项列举的各项之间”。(4.6.3.3) 我们知道，分号主要用于分句之间的停顿，而当分项列举的各项为并列词语时，则是分号用法的一种特殊情况。这时，有其严格限制条件，即“并列词语是带有次序词或者破折号的并列项”[4]50。例如：

(65 甲) 求职简历的主要内容包括：一、基本情况；二、工作经历；三、教育经历；四、个人特长；五、期望岗位。

(66 甲) 必备的职业道德包括：

——爱岗敬业；

——诚实守信；

——办事公道；

——服务群众；

——奉献社会。

如果并列词语不是带有次序词或者破折号的并列项，则直接使用顿号来表示并列词语之间的停顿即可。上面的（65 甲）（66 甲）可以表述为：

（65 乙）求职简历的主要内容包括：基本情况、工作经历、教育经历、个人特长和期望岗位。

（66 乙）必备的职业道德包括：爱岗敬业、诚实守信、办事公道、服务群众和奉献社会。

另外，根据分号用法补充规则："分项列举的各项有一项或多项已包含句号时，各项的末尾不能再用分号。"（A.5）例如：

（67）目标选择包括两个步骤：一是筛选目标。这步工作是指社会工作者与服务对象一同找出期望达到的初步目标并对各个目标进行讨论，以选择和决定具体的目标；二是定义目标。在目标筛选出来后，要将目标定义清楚，用具体、可操作的指标定义目标，以利于目标执行。（误）

（67）中的分号应改为句号。这是一种比较常见的分号误用情况。原因很简单，"分句内的停顿只能用比分号表示的停顿小的逗号，不能用比分号表示的停顿大的句号"[10]。相反，如果分项列举的各项中已经用了句号，各项的末尾就必须要用句号（或其他句末类点号）。

七、冒号

定义：句内点号的一种，表示语段中提示下文或总结上文的停顿。

（一）冒号的统领范围

根据冒号用法补充规则："冒号提示范围无论大小（一句话、几句话甚至几段话），都应与提示性话语保持一致（即在该范围的末尾要用句号点断）。应避免冒号涵盖范围过窄或过宽。"（A.6.2）

冒号的统领范围可长可短，它与总说性或提示性词语提示的内容（或者注释和说明的内容）的长短有关。常见的提示词语有"说""道""指出”“提出”“强调”“表明”“证明”“可见”“有”“是”“包括”“例如”“如”以及“其中”等等。一般情况下，当出现以上提示性词语时，其后往往使用冒号，尤其是提示的内容涵盖了几个由分号隔开的并列分句，甚至几个完整的句子或几个段落的时候。如果这时不用冒号，就会造成提示的内容涵盖不全的问题。这也是前面所谈到的，在逗号的用法中，为什么“用分号隔开的几个并列分句不能由逗号统领或总结”的一个主要原因。当然，如果提示的内容比较短，用逗号停顿就能达到层次清晰，也可以不用冒号，甚至有时连逗号停顿也不用。另外，如果只是语句平顺式的表述，并不强调提示作用，提示词语后一般也用逗号；如果提示词语后是带有引号的引文，则要注意后引号前后的标点不同。例如：

（68）这些数据表明，2019 年的楼市将进入下行阶段。

（69）全班有 20 个同学的考试成绩达到了优秀，其中女生有 15 人。

（70 甲）习近平总书记指出，文化是一个国家、一个民族的灵魂。

（70 乙）习近平总书记指出：文化是一个国家、一个民族的灵魂。

（70 丙）习近平总书记指出，“文化是一个国家、一个民族的灵魂”。

（70 丁）习近平总书记指出：“文化是一个国家、一个民族的灵魂。”

再者，对于这一补充规则，需要纠正的是：提示范围的末尾不是必须用句号点断，其他句末点号（问号、叹号）也可以，有时也用省略号、破折号等。例如：

（71）子曰：“人而不仁，如礼何？人而不仁，如乐何？”（《论语·八佾》）

（72）子曰：“巧言令色，鲜矣仁！”（《论语·学而》）

（73）他又讲起了那个故事：“从前有座山，山上有座庙，……”

（74）战士呜咽着说：“连长他牺——”话没说完就哭了起来。

（二）冒号一般不套用

根据冒号的基本用法：“一个句子内部一般不应套用冒号。在列举式或条文式表述中，如不得不套用冒号时，宜另起段落来显示各个层次。”（4.7.3.5）

一般情况下，应尽量避免在一个句子中套用冒号。因为在同一个语言层次中，如果套用冒号，会使语言结构的层次不清晰。例如：

（75 甲）阿尔德弗尔认为：人的需要分为三类：生存的需要、关系的需要和成长的需要。（第一个冒号应改为逗号。）

（76）植物的呼吸跟人的不一样：植物的根、茎、叶、花、果实都是“鼻子孔”，每一细胞都在进行呼吸：气体通过植物体上的一些小孔与薄膜进进出出。（第一个冒号可以改为句号，也可以改为逗号。）

有时也可以通过改变表述方式来避免冒号的套用。比如（75 甲）可以改为：

（75 乙）阿尔德弗尔认为：人的需要分为生存的需要、关系的需要和成长的需要三类。（冒号后的内容为非直接引语，冒号也可以改为逗号。）

而在列举式或条文式表述中，如果不得不套用冒号，可以用分行的办法显示不同的语言层次。示例：

（77）第十条　遗产按照下列顺序继承：

第一顺序：配偶、子女、父母。

第二顺序：兄弟姐妹、祖父母、外祖父母。

我们还会经常碰到另外一种情况，即在直接引语中又有直接引语，于是出现了两个冒号。例如：

(78) 曾子有疾，召门弟子曰："启予足，启予手。《诗》云：'战战兢兢，如临深渊，如履薄冰。'而今而后，吾知免夫，小子！"

(78) 中虽然也有两个冒号，但是已经用句号、双引号、单引号分出了不同的层次，不影响阅读，因此是正确的用法，不算套用冒号。

(三) 转述话语不用冒号

当引述的话不是原话，而是转述时，不能用冒号。例如：

(79) 他说，如果明天下雨的话，他就不来了。

(四) 冒号和比号的区别

由于冒号与比号长得比较像，二者很容易混淆，在编辑工作中也往往被忽视。

目前，中文出版物中比号的应用是比较混乱的。林穗芳在《冒号和比号的体式及其应用问题》一文中指出："我国国家标准所用的中文冒号和比号为形式和位置不同的符号，西文的冒号和比号为形式和位置相同的符号。比号为国际通用的数学符号，在西文书刊中的应用与国际标准一致，在中文书刊中的应用与国际标准往往不一致。"[11]28 我国采用的比号，"形体类似中式冒号，差别在于位置不同。冒号位于汉字的底线上，居左偏下。比号的位置高于数字和拉丁字母的基准线"[11]29。

《图书编校质量差错认定细则（修订版）》第五十条第（四）款的数学符号常见错误对照表显示：双点上下居中的"∶"为正确的比号，双点偏下的"："为错误的比号。

《标点符号用法》"5.1　横排文稿标点符号的位置和书写形式"中也指出，"句号、逗号、顿号、分号、冒号均置于相应文字之后，占一个字位置，居左下”。

因此，冒号（:）是居左偏下，比号（∶）是上下左右居中。例如：

（80）比例尺：1∶20000　　　公式：X∶Y=3∶5

必须注意的是，时间元素分隔符用的是冒号形式，一些书稿中经常会把它误用为比号。《数据元和交换格式　信息交换　日期和时间表示法》（GB/T 7408—2005）“4.5　分隔符的用法”中规定：“［:］（冒号）——用于分隔时间元素‘小时’和‘分’、‘分’和‘秒’。”《出版物上数字用法》（GB/T 15835—2011）也是遵循的这一用法，时、分、秒按照 GB/T 7408—2005 的“5.3.1.1”和“5.3.1.2”中的扩展格式，用“:”（半角字符宽度的冒号形式，占半个字位置）替代。例如：

（81）16:45（16 时 45 分）　　　12:25:36（12 时 25 分 36 秒）

八、引号

定义：标号的一种，标示语段中直接引用的内容或需要特别指出的成分。

（一）多层引号的用法

根据引号的基本用法：“当引号中还需要使用引号时，外面一层用双引号，里面一层用单引号。”（4.8.3.4）同样，需要用三层以上引号时，先用双引号，后用单引号，再用双引号，以此类推。不过，通常情况下，用三层以上引号的时候很少见。例如：

（82）子夏之门人问交于子张，子张曰：“子夏云何?”对曰：“子夏曰：‘可者与之，其不可者拒之。’”

（83）李教授说：“《老子今注今译》（陈鼓应注释）一书对‘有之以

为利，无之以为用’的注释是：‘冯友兰说：“老子所说的‘道’，是‘有’与‘无’的统一。”’”

（二）独立成段的引文前后的引号用法

根据引号的基本用法：“独立成段的引文如果只有一段，段首和段尾都用引号；不止一段时，每段开头仅用前引号，只在最后一段末尾用后引号。”（4.8.3.5）例如：

（84）《中共中央关于制定国民经济和社会发展第十四个五年规划和二〇三五年远景目标的建议》的第一部分“全面建成小康社会，开启全面建设社会主义现代化国家新征程”有三段内容：

“1. 决胜全面建成小康社会取得决定性成就。……

“2. 我国发展环境面临深刻复杂变化。……

“3. 到二〇三五年基本实现社会主义现代化远景目标。……”

另外，“独立成段的引文，还可以采用缩排不加引号的方法来表示。通常，引文要比正文多缩进两格，即第一行开头空四格，转行空两格，可不加引号，但引文前段正文末尾应有冒号或破折号”[4]58。（注：此时的引文部分可以不用变化字体、字号。）例如：

（85）《中国共产党章程》对国有企业党组织要发挥的作用有明确要求：

> 国有企业党委（党组）发挥领导作用，把方向、管大局、保落实，依照规定讨论和决定企业重大事项。国有企业和集体企业中党的基层组织，围绕企业生产经营开展工作。保证监督党和国家的方针、政策在本企业的贯彻执行；支持股东会、董事会、监事会和经理（厂长）依法行使职权；全

心全意依靠职工群众，支持职工代表大会开展工作；参与企业重大问题的决策；加强党组织的自身建设，领导思想政治工作、精神文明建设和工会、共青团等群团组织。

（三）专有名称、带有特定意义的短语的引号用法

火车、飞机、轮船、航天器具等运载工具的名称加引号时，要把“号”字放在引号内。例如：

（86）2020年7月23日，我国首次火星探测任务“天问一号”探测器发射升空，开启火星探测之旅。
（87）2007年4月，首列“和谐号”动车组从上海站出发驶往苏州。2017年6月，“复兴号”动车组首次亮相京沪高铁。

根据引号的基本用法：“在书写带月、日的事件、节日或其他特定意义的短语（含简称）时，通常只标引其中的月和日；需要突出和强调该事件或节日本身时，也可连同事件或节日一起标引。”（4.8.3.6）例如：

（88）“一二·九”运动公开揭露了日本帝国主义侵略中国，吞并华北的阴谋，打击了国民党政府的妥协投降政策，大大地促进了中国人民的觉醒。
（89）纪念“一二·九运动”80周年

（四）系列著作选题名称的引号用法

根据引号用法补充规则：“‘丛刊’‘文库’‘系列’‘书系’等作为系列著作的选题名，宜用引号标引。当‘丛刊’等为选题名的一部分时，放在引号之内，反之则放在引号之外。”（A.7）例如：

（90）“甲骨文丛书”

“人美学术文库”

“中华人民共和国政区大典”丛书

（五）引文末尾的引号内外标点用法

根据标点符号用法说明：“当引文完整且独立使用，或虽不独立使用但带有问号或叹号时，引号内句末点号应保留。除此之外，引号内不用句末点号。当引文处于句子停顿处（包括句子末尾）且引号内未使用点号时，引号外应使用点号；当引文位于非停顿处或者引号内已使用句末点号时，引号外不用点号。”（B. 2. 1）例如：

（91）“其作始也简，其将毕也必巨。”越到最后越要咬紧牙关，不能有丝毫松劲懈怠，不能有半点麻痹大意。

（92）在班长的“同志们，走吧！”的招呼声中，队伍冒着雨出发了。

（93）如果“各人自扫门前雪”，很容易顾此失彼。

（94）1927 年秋，著名的“三湾改编”确立了“支部建在连上”的制度，从政治上、组织上保证了“党指挥枪”。

（95）汉代《说文解字》这样解释“法”：“平之如水，从水。”意思是不偏不倚谓之法。

（96 甲）掌柜仍然同平常一样，笑着对他说：“孔乙己，你又偷东西了！”但他这回却不十分分辩，但说了一句“不要取笑！”（《孔乙己》）

针对（96 甲），常丽丽曾提出了不同看法，认为像句子末尾“不要取笑！”这样的非独立使用的引文，“当引文处于句子停顿处（包括句子末尾）且引号内已使用点号时，引号外是否使用点号，应根据整句的语气判断：当整句的语气与引文语气一致时，引号外不再使用点号；当整句的语气与引文语气不一致时，引号外应使用点号”[12]，即在句末加句号，修改为：

（96 乙）掌柜仍然同平常一样，笑着对他说："孔乙己，你又偷东西了！"但他这回却不十分分辩，但说了一句"不要取笑！"。

笔者比较赞同这种处理方式。《〈标点符号用法〉解读》在第五章"不同标点符号的连用"中也指出："引文完整，不独立，位于停顿处。此时引号内无点号（问号、叹号保留），引号外有点号。"[4]116也就是说，当引文停顿处位于句子中间时，引号外用句内点号；当引文停顿处位于句子末尾时，引号外用句末点号。

常丽丽还提出另外一种处理方式，即将其作为独立完整的引文来对待，引文前加上冒号，修改为：

（96 丙）掌柜仍然同平常一样，笑着对他说："孔乙己，你又偷东西了！"但他这回却不十分分辩，但说了一句："不要取笑！"

虽然就本例来说，加冒号不如加句号更符合文章中的表述语气和鲁迅先生的行文风格，但是，在某些情况下，这也不失为一种不错的选择方式。

九、括号

定义：标号的一种，标示语段中的注释内容、补充说明或其他特定意义的语句。

（一）不同形式括号的使用范围

括号的主要形式为圆括号"（ ）"，其他形式有方括号"［ ］"、六角括号"〔 〕"和方头括号"【 】"等。

1. 圆括号

圆括号主要用于5种情况：标示注释内容或补充说明；标示订正或补

加的文字；标示序次语；标示引语的出处；标示汉语拼音注音。（4.9.3.1）例如：

（97）在全面实施关检合作“三个一”（一次申报、一次查验、一次放行）的基础上，逐步推行“单一窗口”制度。

（98）（孔子）尝独立，鲤趋而过庭。

（99）（一）坚持党对一切工作的领导。

（100）“吾生也有涯，而知也无涯。”（〔战国〕庄子《庄子·养生主》）

（101）“女红（gōng）”是指旧时女子所做的纺织、缝纫、刺绣等工作和这些工作的成品。也作女工。

2. **方括号**

方括号主要用于标示作者国籍或所属朝代（4.9.3.2）。例如：

（102）[苏]高尔基《在人间》　　[宋]王安石《字说》

3. **六角括号**

六角括号主要用于3种情况：标示作者国籍或所属朝代（4.9.3.2）；标示公文发文字号中的发文年份（4.9.3.4）；标示被注释的词语（4.9.3.5）。例如：

（103）〔苏〕高尔基《在人间》　　〔宋〕王安石《字说》
国发〔2020〕13号　　〔家喻户晓〕每家每户都知道。

标示公文发文字号中的发文年份时，有一个不用六角括号的特殊情况。在《信息与文献　参考文献著录规则》（GB/T 7714—2015）的“4.6 电子资源”中有一个示例：“[2]北京市人民政府办公厅. 关于转发北京市企业投资项目核准暂行实施办法的通知：京政办发[2005]37号[A/OL].(2005－07－12)[2011－07－12].http://china.findlaw.cn/fagui/p_1/39934.html.”其中的发文年份“[2005]”用的是方括号。这是因为在参考文献著录用符号中，有“（）”“[ ]”，而没有“〔 〕”。遇到类似参考文献时，不应将“[ ]”改为“〔 〕”。

4. **方头括号**

方头括号主要用于2种情况：报刊标示电讯、报道的开头（4.9.3.3）；标示被注释的词语（4.9.3.5）。例如：

（104）【新华社北京11月8日电】　　【家喻户晓】每家每户都知道。

（二）括号的套用

根据括号的基本用法：“除科技书刊中的数学、逻辑公式外，所有括号（特别是同一形式的括号）应尽量避免套用。必须套用括号时，宜采用不同的括号形式配合使用。”（4.9.3.6）例如：

（105）【《现代汉语词典》（第7版）】　　（国发〔2020〕13号）
[《现代汉语词典》（第7版）]　　〔女红（gōng）〕

日常行文中，应尽量避免括号的套用。无法避免时，内括号应当严格遵循括号的使用范围，选择不同的括号形式作为外括号，并保持全书或全篇的体例一致。例如：

（106）〔国发（2020）13号〕（误）
（国发〔2020〕13号）（正）
（头版[据新华社消息]）（误）
（头版【据新华社消息】）（正）
（（东晋）王羲之《兰亭序》）（误）

（［东晋］王羲之《兰亭序》）（正）

另外需要注意，此标准中的括号用法不同于科技书刊中的数学、逻辑公式中的括号用法。比如《物理科学和技术中使用的数学符号》（GB/T 3102.11—1993）中，括号也分为4种，除圆括号“（ ）”、方括号“［ ］”外，还有花括号“｛ ｝”、角括号“〈 〉”。这些括号与其他数字、字母等组成特殊意义的括号。例如：

（107）（a，b）或］a，b［表示由a到b的开区间

［a，b］表示由a到b的闭区间

］a，b］或（a，b］表示由a到b（含于内）的左半开区间

［a，b［或［a，b）表示由a（含于内）到b的右半开区间

f（x）表示以x为自变量的函数

｛x_1，x_2，…，x_n｝表示x_1，x_2，…，x_n构成的集

（三）句内括号与句外括号

根据括号用法补充规则：“括号可分为句内括号和句外括号。句内括号用于注释句子里的某些词语，即本身就是句子的一部分，应紧跟在被注释的词语之后。句外括号则用于注释句子、句群或段落，即本身结构独立，不属于前面的句子、句群或段落，应位于所注释语段的句末点号之后。”（A.8）例如：

（108）汨罗屈子祠，又名屈原庙、汨罗庙、三闾庙（因屈原曾任楚国三闾大夫而得名），始建于汉代，现存建筑建于清乾隆十九年（1754年）。（汨罗是屈原流放后活动最频繁的区域之一，也是他晚年居住、写作和投江殉节之地。）

（四）括号内外的标点用法

根据标点符号用法说明：“括号内行文末尾需要时可用问号、叹号和省略号。除此之外，句内括号行文末尾通常不用标点符号。句外括号行文末尾是否用句号由括号内的语段结构决定：若语段较长、内容复杂，应用句号。句内括号外是否用点号取决于括号所处位置：若句内括号处于句子停顿处，应用点号。句外括号外通常不用点号。”（B. 2. 2）例如：

（109）1947 年至 1948 年间，物价飞涨，要用口袋去领工资（金圆券、法币……），回来后二斤棒子面（即玉米面）都买不到。

（110）他头也不抬，冷冷地问：“你叫什么名字？”（有停顿）

（111）这事你得拿主意，光说“不知道”怎么行？（无停顿）

（112）在香山老人的传说里，曹雪芹的足迹走遍了香山。（“足迹”和“走遍”不搭配。可以把“走遍”改为“遍布”。）

十、破折号

定义：标号的一种，标示语段中某些成分的注释、补充说明或语音、意义的变化。

（一）破折号与括号

破折号与括号都有“标示注释内容或补充说明”的基本用法，有时可以互用。例如：

（113 甲）唐大中五年——公元 851 年，诗人李商隐入梓州，写下了著名的《夜雨寄北》。

（113 乙）唐大中五年（公元 851 年），诗人李商隐入梓州，写下了著名的《夜雨寄北》。

但是二者又有不同。根据标点符号用法说明："破折号用于表示比较重要的解释说明，这种补充是正文的一部分，可与前后文连读；而括号表示比较一般的解释说明，只是注释而非正文，可不与前后文连读。"(B.1.7)

所以，（113 甲）用破折号比（113 乙）用括号更强调"公元 851 年"这个时间点，并且读的时候要连读出来。

（二）破折号与冒号

破折号与冒号都有"标示总结上文或提示下文"的基本用法，有时可以互用。例如：

(114 甲) 高举伟大旗帜，坚定"四个自信"：道路自信、理论自信、制度自信和文化自信。

(114 乙) 高举伟大旗帜，坚定"四个自信"——道路自信、理论自信、制度自信和文化自信。

（三）双破折号与逗号

根据破折号基本用法，破折号标示插入语时，用双破折号，有时也可以用逗号。(4.10.3.2) 例如：

(115 甲) 今天的聚会我们经理也来了——就是那个站在主持人边上穿西装的人——她平时很少出席这种场合。

(115 乙) 今天的聚会我们经理也来了，就是那个站在主持人边上穿西装的人，她平时很少出席这种场合。

用双破折号标示插入语时，如果删去插入语，破折号前后仍然可以连成一个完整的句子。

（四）破折号前后的标点用法

根据标点符号用法说明："破折号之前通常不用点号；但根据句子结构和行文需要，有时也可分别使用句内点号或句末点号。破折号之后通常不会紧跟着使用其他点号；但当破折号表示语音的停顿或延长时，根据语气表达的需要，其后可紧接问号或叹号。"（B.2.3）示例：

（116）小妹说："我现在工作得挺好，老板对我不错，工资也挺高。——我能抽支烟吗?"（表示话题的转折）

（117）我不是自然主义者，我主张文学高于现实，能够稍稍居高临下地去看现实，因为文学的任务不仅在于反映现实。光描写现存的事物还不够，还必须记住我们所希望的和可能产生的事物。必须使现象典型化。应该把微小而有代表性的事物写成重大的和典型的事物。——这就是文学的任务。（表示对前几句话的总结）

（118）"是他——?"石一川简直不敢相信自己的耳朵。

（119）"我终于考上大学啦！我终于考上啦——!"金石开兴奋得快要晕过去了。

十一、省略号

定义：标号的一种，标示语段中某些内容的省略及意义的断续等。

（一）省略号的连用

根据省略号的基本用法："在标示诗行、段落的省略时，可连用两个省略号（即相当于十二连点）。"（4.11.3.7）同时，在省略号用法补充规则中又指出："不能用多于两个省略号（多于12点）连在一起表示省略。省略号须与多点连续的连珠号相区别（后者主要是用于表示目录中标题和页码对应和连接的专门符号）。"（A.9.1）例如：

（120）将进酒

作者：李白

君不见，黄河之水天上来，奔流到海不复回。

君不见，高堂明镜悲白发，朝如青丝暮成雪！

…………

（121）劝学

作者：荀子

君子曰：学不可以已。

…………

积土成山，风雨兴焉；积水成渊，蛟龙生焉；积善成德，而神明自得，圣心备焉。故不积跬步，无以至千里；不积小流，无以成江海。骐骥一跃，不能十步；驽马十驾，功在不舍。锲而舍之，朽木不折；锲而不舍，金石可镂。蚓无爪牙之利，筋骨之强，上食埃土，下饮黄泉，用心一也。蟹六跪而二螯，非蛇鳝之穴无可寄托者，用心躁也。

…………

（二）省略号和“等”“等等”不能同时出现

根据省略号用法补充规则：“省略号和‘等’‘等等’‘什么的’等词语不能同时使用。在需要读出来的地方用‘等’‘等等’‘什么的’等词语，不用省略号。”（A. 9. 2）

一般情况下，标示列举的省略时，省略号与“等”或“等等”的功能是相同的，二者均可以使用，但不能同时使用。例如：

（122 甲）北京市的旅游景区有故宫博物院、天坛公园、颐和园、八达岭长城、明十三陵、周口店“北京人”遗址、恭王府、北海公园等。

（122 乙）北京市的旅游景区有故宫博物院、天坛公园、颐和园、八达岭长城、明十三陵、周口店“北京人”遗址、恭王府、北海公园……

需要注意的是，标示列举时，在三种情况下，省略号不能替代“等”或“等等”。

一是上述补充规则中所说的“在需要读出来的地方”，不能用省略号替代。

二是表示列举煞尾时，不能用省略号替代。例如：

（123）2019 年末，江苏省辖南京、无锡、徐州、常州、苏州、南通、连云港、淮安、盐城、扬州、镇江、泰州、宿迁等 13 个设区市。

三是当列举的内容作为定语时，不能用省略号替代。例如：

（124）成功举办第二届“一带一路”国际合作高峰论坛等重大主场外交活动，习近平主席等党和国家领导人出访多国，出席二十国集团领导人峰会、金砖国家领导人会晤、亚信峰会、上海合作组织峰会、东亚合作领导人系列会议、中欧领导人会晤、中日韩领导人会晤等重大活动。

（124）中的三个“等”，列举内容都是作为定语，分别修饰“重大主场外交活动”“党和国家领导人”“重大活动”三个中心语。由于定语与中心语的结合非常紧密，如果用省略号替代，就会割裂文意。

这里顺便说一下“等”与“等等”的用法区别。“等等”只用在两个或两个以上的并列词语后，而“等”既可以用在两个或两个以上的并列词语后，又可以用在单个词语后；“等等”后面不能跟随其他词语，而“等”不受限制；列举煞尾时，只能用“等”，有“共”的意思，其后往往跟随总和前列各项的数字。

再有就是“等”与“等等”用于句子末尾时，“等”与“等等”前的标点用法也有区别。“等”前不加标点，而“等等”前是否加标点、加什么标点，则要视前面的列举项之间用什么样的标点来确定。列举项之间用顿号时（包括不用顿号的并列的引号或书名号时），“等等”前不加标点；列举项之间用逗号时，“等等”前加逗号；列举项之间用分号时，“等等”

前则加分号。例如：

（125）中文标点符号包括句号、问号、叹号、逗号、顿号、分号、冒号、引号、括号、省略号、连接号等等。

（126）汉语中的介词有“从”“自”“往”“在”“当”“把”“对”“为”“以”“比”“被”“让”等等。

（127）党的十八大以来的五年，是党和国家事业全面开创新局面的五年，比如经济建设取得重大成就，全面深化改革取得重大突破，民主法治建设迈出重大步伐，思想文化建设取得重大进展，人民生活不断改善，全面从严治党成效卓著，等等。

（128）眼睛在反映内心世界方面发挥着重要作用：情绪变化会影响瞳孔大小，愉悦时会扩张，生气时会收缩；眨眼频率与内心紧张程度相关，感觉压力巨大时，眨眼频率会增加；目光投向能揭示内心活动，谈话中不断转移目光是对谈话内容失去兴趣的典型表现；遮住双眼有可能是看到了不愿意看的东西；当被指责时，常常会睁大眼睛；等等。

（三）省略号与破折号

在标点符号基本用法中，省略号可以“标示说话时断断续续”（4.11.3.4），破折号可以“标示话语的中断或间隔”（4.10.3.6）。这时，二者的区别在于：“凡是‘戛然而止’的宜用破折号，凡是‘余音袅袅’的宜用省略号。”[5]341示例：

（129）她磕磕巴巴地说：“可是……太太……我不知道……你一定是认错了。”

（130）“班长他牺——”小马话没说完就大哭起来。

另外，在基本用法中，省略号还有“标示语意未尽”（4.11.3.3）、

“标示对话中的沉默不语”（4.11.3.5）的功能，破折号还有“标示声音的延长”（4.10.3.5）的功能，这些都要结合具体语境来运用。例如：

（131）如果能离开城市的喧嚣，在寂静的密林间小憩，……

（132）“……”她紧闭双唇，眼睛里充满了愤怒。

（133）周朴园：（徐徐立起）哦，你，你，你是——（《雷雨》）

（四）省略号前后的标点用法

根据标点符号用法说明：“省略号之前通常不用点号。以下两种情况例外：省略号前的句子表示强烈语气、句末使用问号或叹号时；省略号前不用点号就无法标示停顿或表明结构关系时。省略号之后通常也不用点号，但当句末表达强烈的语气或感情时，可在省略号后用问号或叹号；当省略号后还有别的话、省略的文字和后面的话不连续且有停顿时，应在省略号后用点号；当表示特定格式的成分虚缺时，省略号后可用点号。”（B.2.4）示例：

（134）想起这些，我就觉得一辈子都对不起你。你对梁家的好，我感激不尽！……

（135）他进来了，……一身军装，一张朴实的脸，站在我们面前显得很高大，很年轻。

（136）这，这是……？

（137）动物界的规矩比人类还多，野骆驼、野猪、黄羊……，直至塔里木兔、跳鼠，都是各行其路，绝不混淆。

（138）大火被渐渐扑灭，但一片片油污又旋即出现在遇难船旁……。清污船迅速赶来，并施放围栏以控制油污。

（139）如果……，那么……。

十二、着重号

定义：标号的一种，标示语段中某些重要的或需要指明的文字。

（一）不能用下画线表示着重

通常情况下，在读书看报或阅读文件资料时，我们习惯于在比较重要或有启发的文字下面画线，能起到着重提示的作用。但作为标点符号，规范的着重号形式是标注在相应文字下方的圆点“. ”。根据着重号用法补充规则：“不应使用文字下加直线或波浪线等形式表示着重。文字下加直线为专名号形式（4.16）；文字下加浪纹线是特殊书名号（A.13.6）。着重号的形式统一为相应项目下加小圆点。”（A.10）例如：

（140）你喜欢人家，人家不喜欢你。（“人家”大致相当于“他”。）

（141）这是人家的东西，你不能拿。（“人家”不指具体哪个人，相当于“别人”，有时候也指“我”。）

（二）着重号不能滥用

着重号的作用是标示某些重要的或需要指明的文字，其目的是为了引起特别注意。一般情况下，不应大范围地或整段整段地使用着重号，不然就失去了应有的强调作用，也不符合标点符号的审美功能。需要强调的内容实在比较多的话，可以采用改变字体、字号或文字加粗等方式，效果会更好。例如：

（142）2019年4月2日，第十四次全国民政会议在北京召开。会上传达了习近平总书记的重要指示。习近平强调，**近年来，民政系统认真贯彻中央决策部署，革弊鼎新、攻坚克难，各项事业取得新进展，有力服务了改革发展稳定大局。**

习近平指出，**民政工作关系民生、连着民心，是社会建设的兜底性、基础性工作。各级党委和政府要坚持以人民为中心，加强对民政工作的领导，增强基层民政服务能力，推动民政事业持续健康发展。各级民政部门要加强党的建设，坚持改革创新，聚焦脱贫攻坚，聚焦特殊群体，聚焦群众关切，更好履行基本民生保障、基层社会治理、基本社会服务等职责，为全面建成小康社会、全面建设社会主义现代化国家作出新的贡献。**

标题中一般不使用着重号，因为标题本身就比较分明，能起到强调或引起注意的作用，如果再加上着重号，就显得多余了，也不符合经济性原则。

十三、连接号

定义：标号的一种，标示某些相关联成分之间的连接。

（一）不同形式连接号的使用范围

现行标准中的连接号有三种形式：短横线“-”、一字线“—”和浪纹线“~”。原标准中的“长横”（即二字线“——”）被取消了。主要是因为二字线与破折号在形式上完全一致，而且在功能上与一字线也基本一致，很容易引起使用上的混乱。

1. 短横线

短横线比汉字“一”略短，占半个字位置，因此又叫半字线。短横线主要用于5种情况（4.13.3.1）。

一是标示化合物的名称或表格、插图的编号。例如：

（143）3-氯-4-氟苯胺　　见表1-1　　如图3-2

二是用于连接号码，包括门牌号码、电话号码，以及用阿拉伯数字表示年月日等。例如：

（144）运河湾小区××号楼 3-301 室

电话：010-884888××　　2020-11-15

三是在复合名词中起连接作用。例如：

（145）鸣沙山-月牙泉风景名胜区　　中国-南亚科技伙伴计划

四是标示某些产品的名称和型号。例如：

（146）东风-17 近程弹道导弹　　手机型号 ELS-AN00（华为）

五是标示汉语拼音、外来语内部的分合。例如：

（147）fǎnfǔ-chànglián（反腐倡廉）　　路易-拿破仑·波拿巴

2. **一字线**

一字线比汉字“一”略长，顾名思义，占一个字位置。一字线主要用于标示时间、地域等相关项目的起止（4.13.3.2），或者递进式发展的相关项之间的连接。例如：

（148）2021—2035 年　　10 月 1 日—7 日　　北京—天津城际铁路

（149）社会工作实务的通用过程包括接案—预估—计划—介入—评估—结案六个阶段。

有个细节需要注意，在标示时间起止时，如果只有一个时间单位，连接号前的时间单位可以省略，如果有两个以上时间单位，连接号前的时间单位不建议省略。（标准中有示例：2011 年 2 月 3 日—10 日）。例如：

（150）1919—2019 年　　1—11 月　　5—8 日

2019 年 1 月 5 日—8 日　2019 年 1 月—11 月　11 月 5 日—8 日

3. 浪纹线

浪纹线占一个字位置，主要用于标示数值范围（由阿拉伯数字或汉字数字构成）的起止（4. 13. 3. 2）。例如：

（151）100～300 米　　第一～五讲

根据连接号用法补充规则：“浪纹线连接号用于标示数值范围时，在不引起歧义的情况下，前一数值附加符号或计量单位可省略。”（A. 11）例如：

（152）5 ℃～10 ℃（5～10 ℃）　　5 千米～10 千米（5～10 千米）
5 万～10 万元（不能省略为 5～10 万元）
20%～30%（不能省略为 20～30%）

（二）一字线、浪纹线是否可以互换

连接号的基本用法中有：“标示下列各种情况，一般用一字线，有时也可用浪纹线。”（4. 13. 3. 2）并分为两种情况，一种是“标示相关项目（如时间、地域等）的起止”，另一种是“标示数值范围（由阿拉伯数字或汉字数字构成）的起止”。但是在示例中，是把两种情况截然分开的：第一种情况用一字线，第二种情况用浪纹线。那么如何理解“一般用一字线，有时也可用浪纹线”呢？是不是二者可以互换？这也是文稿中经常混乱的地方，尤其是文稿中既有标示时间起止的情况，又有标示数值范围的情况时。如果分别用一字线、浪纹线，是不是有违系统体例一致原则？如果只用一字线或浪纹线，是不是又与标准的示例不符？

《出版物上的数字用法》“5. 1. 3　数值范围”的规定是：“在表示数值的范围时，可采用浪纹式连接号‘～’或一字线连接号‘—’。”并示例“400—429 页”“100—150 kg”。依此，是可以互换的。

但是从实际运用看，当数值范围两端的起止数字前有负号“-”时，如果用一字线连接号，就很容易与负号相混。因此，根据数字用法的表义清晰原则，选用浪纹线连接号会更好，尤其是在自然科学类图书中。这时，表义清晰原则是首要的。至于系统一致原则，如果我们把“标示相关项目（如时间、地域等）的起止”与“标示数值范围”分为两种独立的情况，分别遵循系统一致，是不是更便于操作呢?!

杜永道曾指出，“连接号，曲直有讲究”，“就当前连接号的使用情况而言，应当注意，表示时间起止时，宜用一字线，而表示数值范围时，宜用浪纹线”[7]66。

从《图书编校质量差错认定细则（修订版）》第五十条第（四）款中所列的常见符号错误情形可以看出，表示数值范围的正确符号是浪纹线“~”，不是一字线“—”、短横线“-”或破折号“——”。

因此，把二者区分开来用会更好。

（三）连接号的读法

连接号中的一字线和浪纹线读为“到”或“至”，短横线读为“杠”或不读。

在编辑工作中，我们经常发现复合名词中的短横线误为一字线的情形。这时，不妨通过连接号的读法来判别，如果不能读作“到”或“至”就用短横线，如果能读作“到”或“至”就用一字线或浪纹线。比如前面举的例子：

（153）鸣沙山-月牙泉风景名胜区（不读作“鸣沙山到月牙泉风景名胜区”）

中国-南亚科技伙伴计划（不读作“中国至南亚科技伙伴计划”）

第一~五讲（能读作“第一至五讲”）

2021—2035 年（能读作“2021 至 2035 年”）

北京—天津城际铁路（能读作“北京至天津城际铁路”）

（四）“2012～现在”“2012～今”等用法不规范

浪纹线是用来连接相关阿拉伯数字或汉字数字的，“现在”“今”不是数字，因此不能使用浪纹线。应改为“至”或“到”，并在“2012”后加“年”。例如：

（154）2012年到现在　　2012年至今

（五）连接号的行尾用法

连接号可以出现在一行的末尾，但不能出现在一行之首。汉语拼音、外来语在行末换行时，应在行末写完一个音节后加短横线连接号，下行开头接着写剩下的音节。

十四、间隔号

定义：标号的一种，标示某些相关联成分之间的分界。

间隔号的形式是居中的小圆点“·”。根据间隔号的基本用法（4.14.3），主要有5种情况。

一是标示外国人名或少数民族人名内部的分界。例如：

（155）亚当·斯密　比尔·盖茨　司马义·艾买提（维吾尔族）

需要注意的是，当外国人名里既有外文缩写字母，又有中文译名时，外文缩写字母后不能用间隔号，用下脚小圆点。例如：

（156）G. 昂温　J. E. 米勒　A. 罗伯特·李　埃斯尔·M. 戴尔

二是标示书名与篇（章、卷）名之间的分界。例如：

（157）《史记·项羽本纪》　　《论语·为政》

《楚辞·九章·思美人》

《中华人民共和国政区大典·北京卷》

《中国灾害志·断代卷·民国》

需要注意的是，间隔号用于书名时，前后两者分别是书名与书中的某一篇、某一章、某一卷，不是这种关系的，不能用间隔号。例如：

（158）《现代汉语词典·第7版》（误）

《现代汉语词典》（第7版）（正）

《中国民政统计年鉴·2019》（误）

《中国民政统计年鉴（2019）》《中国民政统计年鉴2019》（正）

三是标示词牌、曲牌、诗体名等和题名之间的分界。例如：

（159）《念奴娇·赤壁怀古》　《西坡羊·潼关怀古》　《七律·长征》

四是用在构成标题或栏目名称的并列词语之间。例如：

（160）《人性·法律·社会》　《信号·符号·语言》　《花·草·木》

需要注意的是，根据间隔号用法补充规则："当并列短语构成的标题中已用间隔号隔开时，不应再用'和'类连词。"（A.12）否则，会造成并列词语之间的关系改变，产生歧义。例如，《信号·符号·语言》就不能写成《信号·符号和语言》，否则并列关系就成了"信号"与"符号和语言"。当用"和""与"等连接词时，间隔号应改为顿号，即《信号、符号和语言》。

五是以月、日为标志的事件或节日，用汉字数字表示时，只在一、十一和十二月后用间隔号；当直接用阿拉伯数字表示时，月、日之间均用间隔号（半角字符）。例如：

(161)“一·二八”事变　　“四一二”反革命政变
“5·31”世界无烟日　“5·12”汶川大地震

十五、书名号

定义：标号的一种，标示语段中出现的各种作品的名称。

（一）非“作品”不能用书名号

书名号的误用主要是使用范围扩大化。

根据书名号的基本用法，可以用书名号标示的有：书名、卷名、篇名、刊物名、报纸名、文件名等（4.15.3.1）；电影、电视、音乐、诗歌、雕塑等各类用文字、声音、图像等表现的作品的名称（4.15.3.2）；全中文或中文在名称中占主导地位的软件名（4.15.3.3）；作品名的简称（4.15.3.4）。例如：

(162)《论语译注》（书名）
《中国灾害志·云南省卷》（卷名）
《荷塘月色》（篇名）
《求是》（刊物名）
《光明日报》（报纸名）
《关于加强和改进出版工作的意见》（文件名）
《上甘岭》（电影名）
《伪装者》（电视剧名）
《歌唱祖国》（歌曲名）
《二泉映月》（乐曲名）
《思想者》（雕塑名）
《忆秦娥·娄山关》（诗词名）
《新闻联播》（电视栏目名）

《整点快报》（广播栏目名）

《2020 年中央广播电视总台中秋晚会》（电视节目名）

《电路原理图》（图片名）

《企业微信》（软件名）

《关于加强和改进出版工作的意见》（以下简称《意见》）（文件简称）

根据书名号用法补充规则："不能视为作品的课程、课题、奖品奖状、商标、证照、组织机构、会议、活动等名称，不应用书名号。"（A. 13. 1）例如：

（163）《中国近代史》《世界古代史》是两门必修课程。（课程名误用）

主要承担《新时代民政法治体系建设研究》等课题。（课题名误用）

2009 年获《全国百佳图书出版单位》荣誉称号。（获奖名误用）

已完成《中社在线》商标注册工作。（商标名误用）

请携带《营业执照》副本复印件及《身份证》原件。（证件名误用）

本次活动由《中国社会出版社》主办。（单位名误用）

12 月 28 日，《全国民政工作会议》在北京召开。（会议名误用）

面向社会开展《我所知道的地名故事》征集活动。（活动名误用）

另外，根据书名号用法补充规则："有的名称应根据指称意义的不同确定是否用书名号。如文艺晚会指一项活动时，不用书名号；而特指一种节目名称时，可用书名号。再如展览作为一种文化传播的组织形式时，不用书名号；特定情况下将某项展览作为一种创作的作品时，可用书名号。"（A. 13. 2）示例：

（164）2008 年重阳联欢晚会受到观众的称赞和好评。

本台将重播《2008 年重阳联欢晚会》。

“雪域明珠——中国西藏文化展”今天隆重开幕。

《大地飞歌艺术展》是一部大型现代艺术作品。

再有，根据标点符号用法说明：“‘题为……’‘以……为题’中的‘题’，如果是诗文、图书、报告或其他作品可作为篇名、书名看待时，可用书名号；如果是写作、科研、辩论、谈话的主题，非特定作品的标题，应用引号。即‘题为……’‘以……为题’中的‘题’应根据其类别分别按书名号和引号的用法处理。”（B. 1. 8）示例：

（165）有篇题为《柳宗元的诗》的文章，全文才 2000 字，引文不实却达 11 处之多。

（166）今天一个以“地球·人口·资源·环境”为题的大型宣传活动在此间举行。

（167）《我的老师》写于 1956 年 9 月，是作者应《教师报》之约而写的。

（168）“我的老师”这类题目，同学们也许都写过。

（二）多层书名号的用法

根据书名号的基本用法：“当书名号中还需要书名号时，里面一层用单书名号，外面一层用双书名号。”（4. 15. 3. 5）同样，需要用三层以上书名号时，先用双书名号，后用单书名号，再用双书名号，以此类推。不过，通常情况下，用三层以上书名号的时候很少见。此用法与多层引号的用法相同。例如：

（169）《〈红楼梦〉评论》（王国维）

（170）《关于转发〈××部关于学习宣传贯彻《中华人民共和国民法典》的通知〉的通知》

（三）报社、杂志社名称的书名号用法

根据书名号用法补充规则：“书名后面表示该作品所属类别的普通名词不标在书名号内。”（A. 13. 3）例如：

（171）《中国社会报》社　《求是》杂志社　《中国社会工作》编辑部

在不会产生混淆的情况下，也可以省略书名号。例如：

（172）日前，中国老年报社 2019 年全国宣传工作会议在青海西宁召开。

当以报刊名指代报刊出版单位时，在不影响理解的前提下，也可以省略书名号。例如：

（173）依照会议工作安排，由中国社会报、中国老年报等承担会议期间和后续的宣传报道工作。（“中国社会报”“中国老年报”都是指单位。）

（四）书名的括注

根据书名号用法补充规则：“书名有时带有括注。如果括注是书名、篇名等的一部分，应放在书名号之内，反之则应放在书名号之外。”（A. 13. 4）例如：

（174）《杂诗十二首（其二）》
《中国社会工作学刊（第一辑）》
《中国共产党支部工作条例（试行）》
《现代汉语词典》（第 7 版）

《辞海》（第六版缩印本）

还有一些括注，像“草案”“讨论稿”“建议稿”“征求意见稿”“送审稿”“初稿”“二稿”等等，一般放在书名号之内较合适；而版本类的说明，像“修订版”“注音版”“大字版”“中文版”“英文版”“海外版”“刻本”“多卷本”“合订本”“增订本”“插图本”等等，一般宜放在书名号之外。

（五）注意单书名号的形式

正确的单书名号的形式为“〈 〉”，有时候容易误用为“< >”（小于号、大于号）、“< >”（英文半角尖括号）。

（六）书名号的特殊形式

根据书名号用法补充规则：“在古籍或某些文史类著作中，为与专名号配合，书名号也可改用浪线式‘﹏﹏﹏’，标注在书名下方。这可以看作是特殊的专名号或特殊的书名号。”（A. 13. 6）例如：

（175 甲）衡乃拟班固《两都》作《二京赋》，因以讽谏。（《后汉书·张衡传》）

（175 乙）衡乃拟班固两都作二京赋，因以讽谏。（《后汉书·张衡传》）

十六、专名号

定义：标号的一种，标示古籍和某些文史类著作中出现的特定类专有名词。

（一）“专有名词”的界定

专名号是平时用得较少的一种标号，其形式是一条直线，标注在相应文字的下方。

根据专名号的基本用法：“标示古籍、古籍引文或某些文史类著作中出现的专有名词，主要包括人名、地名、国名、民族名、朝代名、年号、宗教名、官署名、组织名等。”“现代汉语文本中的上述专有名词，以及古籍和现代文本中的单位名、官职名、事件名、会议名、书名等不应使用专名号。必须使用标号标示时，宜使用其他相应标号（如引号、书名号等）。”（4.16.3）例如：

（176）赵惠文王十六年，廉颇为赵将，伐齐，大破之，取阳晋，拜为上卿，以勇气闻于诸侯。（司马迁《史记·廉颇蔺相如列传》）（其中：“赵惠文王”“廉颇”为人名，“赵”“齐”为国名，“阳晋”为地名，使用专名号；而“上卿”为官职名，不使用专名号。）

（177）庆历四年春，滕子京谪守巴陵郡。……刻唐贤今人诗赋于其上，属予作文以记之。（范仲淹《岳阳楼记》）（其中：“庆历”为年号，“滕子京”为人名，“巴陵”为地名，“唐”为朝代名。）

（178）张衡字平之，南阳 西鄂人也。衡少善属文，游于三辅，因入京师，观太学，遂通五经，贯六艺。（范晔《后汉书·张衡传》）（其中：“张衡”“平之”“衡”为人名，“南阳”“西鄂”“三辅”“京师”为地名，“太学”为官署名。）

（二）行政区划地名中的通名不加专名号

行政区划地名一般由“专名+通名”组成，在标示专名号时，只标示专名，不标示通名。比如前面例子中“巴陵郡”中的“郡”，属通名，不需要加专名号。其他的中国古代行政区划中的“州”“府”“行省（省）”“都护府”“布政使司”“路”“道”“县”等通名，以及现在的“省”

“市”“县”“乡”等通名，也是一样的，不需要加专名号。

但是需要注意，有些通名如果已成为专名的一部分，就需要加上专名号。比如“徐州”，古代是指“徐（专名）+州（通名）”，现在则是指“徐州（专名）+市（通名）”。

（三）专名号不能相连

由于现在电脑排版的原因，当专名号标示的成分相连时，其下画线也会连在一起而无法分开，为了区分，需要用空格将其断开。比如（178）中的“南阳”和“西鄂”，是两个相连的地名，需要加空格断开。

十七、分隔号

定义：标号的一种，标示诗行、节拍及某些相关文字的分隔。

（一）分隔号的使用范围

分隔号是现行标准新增加的标号，主要是因为分隔号的“出现频率很高，其功能较为复杂，使用也较为混乱，而原标准中并没有关于分隔号的规定。针对这种情况，新标准根据实际使用和现有研究将分隔号的形式规范为‘/’”[4]95。

根据分隔号的基本用法（4.17.3），主要有5种情况。

一是诗歌接排时分隔诗行。例如：

（179）红豆生南国/春来发几枝/愿君多采撷/此物最相思。（王维《相思》）

二是标示诗文中的音节节拍。例如：

（180）故人/具/鸡黍，邀我/至/田家。绿树/村边/合，
青山/郭外/斜。开轩/面/场圃，把酒/话/桑麻。

待到/重阳/日，还来/就/菊花。（孟浩然《过故人庄》）

三是分隔供选择或可转换的两项，表示“或”。例如：

（181）无论他们/她们是否胜出，都值得敬佩。
（182）遥控器的开/关按钮在右上角。

四是分隔组成一对的两项，表示“和”。例如：

（183）在我国乒乓球历史上有很多经典的双打组合，其中以双子星刘国梁/孔令辉的男双组合最为默契。
（184）G71/G72 次高速动车组

五是分隔层级或类别。例如：

（185）《党政机关公文格式》规定，正文的结构层次序数一般依次为“一、/（一）/1./（1）”四级。
（186）《标点符号用法》的标准编号为 GB/T 15834—2011。

除了以上 5 种已经明确的规范用法之外，也有人提出，我们日常使用较多的分隔号表示“每”的用法应该被列入，比如“米/秒”“元/人”“件/天”等。黄鸿森曾指出：“分隔号表示‘每’的用法，应用频率如此之高，可以说其他用法难以与之比拟。可惜，没有被国标列入基本用法。”[13]苏培成也强调：“关于分隔号的用法，2011 年的修订本却漏掉了一种很常用的表示‘每’的用法——‘大白菜 1.1 元/公斤’里分隔号的用法。”[14]

笔者猜测，现行标准没有将分隔号表示“每”纳入规范用法，可能有两个原因：一是与分隔号作为新增标点符号有关，二是与《国际单位制及其应用》《有关量、单位和符号的一般原则》等标准的对接有关。《国际单位制及其应用》规定，“单位名称的简称可用作该单位的中文符号”，“中文符号只在小学、初中教科书和普通书刊中在有必要时使用”。《图书编校质量差错认定细则（修订版）》第四十一条规定：“除古籍和文学书籍外，所有出版物特别是教科书和科技书刊，在使用量和单位的名称、符号、书写规则时，都应符合1993年国家技术监督局发布的国家标准《量和单位》（GB 3100~3102—1993）的规定。”第四十五条规定，“非普及性书刊和高中以上教科书在表达量值时都应使用单位的国际符号”，并举例，“m/s^2”写作“米/秒^2”是违反国际规定的。可见，单位的中文符号的使用是受很大限制的。并且，单位的中文符号的书写方式也有专门要求，比如，“牛/平方米”应书写为“牛/米^2”，“立方米/秒”应书写为“米^3/秒”等。

（二）分隔号的形式

分隔号的形式是“/”。根据分隔号用法补充规则：“分隔号又称正斜线号，须与反斜线号‘\’相区别（后者主要是用于编写计算机程序的专门符号）。使用分隔号时，紧贴着分隔号的前后通常不用点号。”（A.14）

同时，《〈标点符号用法〉解读》中指出，除特殊情况外，分隔号现在一律规范为“/”形式，而不写为直线“|”。并且列举了两种“特殊情况”说明分隔号在特殊领域的用法：一是在辞书中有写为直线“|”的，如：“逛，闲游：逛荡|闲逛|游逛”；二是在讲语法的书中，为标明复句层次，有写作双竖线的，如：“竹叶烧了，‖还有竹枝；|竹枝断了，‖还有竹鞭；|竹鞭砍了，‖还有深埋地下的竹根。”[4]96

除此之外，我们还会经常碰到双正斜线“//”。比如，《现代汉语词典》条目的注音中表示中间可以插入其他成分的标示（如“【隔断】gé//duàn”），《信息与文献　参考文献著录规则》中用于专著中析出文献的出处项前的标示（如“周易外传：卷5[M]//王夫之．船山全书：第6卷．长沙：岳麓书社，2011：1109．”），网页地址中超文本传输协议后的标示（如“http://”），等等。这些将来能否被列入分隔号的一种形式或用法，有待进一步研究和规范。

十八、序次语后的标点用法

（一）使用逗号的情形

根据标点符号用法说明："'第''其'字头序次语，或'首先''其次''最后'等做序次语时，后用逗号。"（B. 3. 1）例如：

（187）这一定义指出了如下几点：第一，社会工作是以帮助他人为目的的活动；第二，社会工作是以科学知识为基础的活动；第三，社会工作是一套科学的助人方法；第四，社会工作是职业化的助人活动。

（188）社会工作的目标有三个层面：其一，服务对象层面；其二，社会层面；其三，文化层面。

（189）人生回顾介入的三个具体步骤是：首先，建立良好的信任关系；其次，回顾人生经历；最后，制作人生回顾手册。

（二）使用顿号的情形

根据标点符号用法说明："不带括号的汉字数字或'天干地支'做序次语时，后用顿号。"（B. 3. 2）例如：

（190）首先要弄清楚两个概念：一、什么是意识形态？二、什么是意识形态工作？

（191）每篇稿子的署名分四个方面：甲、撰稿；乙、初审；丙、复审；丁、终审。

（三）使用下脚点的情形

根据标点符号用法说明："不带括号的阿拉伯数字、拉丁字母或罗马数字做序次语时，后面用下脚点（该符号属于外文的标点符号）。”（B. 3. 3）例如：

（192）现代园林建筑更重要的是为了审美的需要：1. 布局美；2. 造型美；3. 韵律美；4. 意境美。

（193）根据封面信的写作要求，此封面信缺少的内容是：A. 调查者身份；B. 调查目的；C. 调查伦理；D. 被调查者来源。

（四）无标点的情形

根据标点符号用法说明（B. 3. 4）：“加括号的序次语后面不用任何点号。”例如：

（194）季节性失业具有以下特点：（一）地理区域性；（二）行业性；（三）规律性；（四）失业持续期的有限性。

（195）优抚安置社会工作的四个特点：（1）政治性；（2）特殊性；（3）协调性；（4）有限性。

根据标点符号用法说明：“阿拉伯数字与下脚点结合表示章节关系的序次语末尾不用任何点号。”（B. 3. 5）例如：

（196）2 失业　　2. 1 正常性失业　　2. 2 非正常性失业

根据标点符号用法说明：“用于章节、条款的序次语后宜用空格表示停顿。”（B. 3. 6）例如：

（197）第七讲　坚持党对一切工作的领导

根据标点符号用法说明：“序次简单、叙述性较强的序次语后不用标点符号。”（B.3.7）例如：

（198）社会工作对社会的功能有四个方面：一是维持社会秩序，二是建构社会资本，三是促进社会和谐，四是推动社会进步。

（五）序次语的层次结构

根据标点符号用法说明：“同类数字形式的序次语，带括号的通常位于不带括号的下一层。通常第一层是带有顿号的汉字数字；第二层是带括号的汉字数字；第三层是带下脚点的阿拉伯数字；第四层是带括号的阿拉伯数字；再往下可以是带圈的阿拉伯数字或小写拉丁字母。一般可根据文章特点选择从某一层序次语开始行文，选定之后应顺着序次语的层次向下行文，但使用层次较低的序次语之后不宜反过来再使用层次更高的序次语。”（B.3.8）示例：

（199）一、……（一）……1.……（1）……①/a.……

十九、标点符号的位置和书写形式

（一）横排文稿标点符号

1. 占字位置

占半个字位置：短横线、间隔号、分隔号，以及半角字符的标点符号。

占一个字位置：句号、问号、叹号、逗号、顿号、分号、冒号、一字线、浪纹线，以及两个问号（叹号）叠用、问号和叹号连用时。

占两个字位置：破折号、省略号、引号、括号、书名号（其中引号、括号、书名号的前后两个部分各占一个字位置）。

占四个字位置：省略号连用时，并必须单独占一行。

2. **行首末位置**

能出现在行首位置的标点符号：破折号、省略号，以及引号、括号、书名号的前一半。其余标点符号均不能出现在行首。而且，破折号、省略号不能中间断开分处上行之末和下行之首。

需要特别注意，分隔号比较特殊，既不能出现在一行之首，也不能出现在一行之末。

（二）竖排文稿标点符号

现在的图书多以横排文字为主，但也会涉及竖排版式。主要注意两点。

引号改用双引号“﹃”“﹄”和单引号“﹁”“﹂”，括号改用“︵”“︶”，标在相应项目的上下。

竖排文稿中使用浪线式书名号“﹏”，与专名号一样，都标在相应文字的左侧。而着重号，标在相应文字的右侧。

第五节　其他标准中的标点符号用法

一、《出版物上数字用法》中的标点符号用法

《出版物上数字用法》（GB/T 15835—2011）中涉及的标点符号用法主要如下。

（一）逗号

5.1.1　千分撇的分节方式采用逗号“,”。当四位以上的整数或小数采用千分撇方式分节时，整数部分每三位一组，以“,”分节。小数部分不分节。四位以内的整数可以不分节。

（二）顿号

5.2.1　两个数字连用表示概数时，两数之间不用顿号“、”隔开。

（三）冒号

5.1.5　“时”“分”也可按照GB/T 7408—2005的5.3.1.1和5.3.1.2中的扩展格式，用“:”替代。

（注：此时的冒号“:”是作为分隔符，是半角字符宽度的冒号，占半个字位置。）

（四）连接号

5.1.3　在表示数值的范围时，可采用浪纹式连接号“~”。

（注：此处删去了用一字线连接号“—”表示数值范围的情况，主要是考虑到用浪纹式连接号“~”更便于实际运用。具体参见前面连接号中的“一字线、浪纹线是否可以互换”部分。）

5.1.4　“年”“月”可按照GB/T 7408—2005的5.2.1.1中的扩展格式，用“-”替代，但年月日不完整时不能替代。

（注：此时的短横线连接号“-”是作为分隔符，占半个字位置。）

（五）间隔号

5.1.6　含有月日的专名采用阿拉伯数字表示时，应采用间隔号“·”将月、日分开，并在数字前后加引号。

5.2.3　含有月日的专名采用汉字数字表示时，如果涉及一月、十一月、十二月，应用间隔号“·”将表示月日的数字隔开，涉及其他月份时，不用间隔号。

二、《中文出版物夹用英文的编辑规范》中的标点符号用法

《中文出版物夹用英文的编辑规范》（CY/T 154—2017）中关于标点符

号用法的内容占了相当大的篇幅，比较特殊，需要区分中文整体与局部英文的各种情况。详见第五章，此处略。

三、《汉语拼音正词法基本规则》中的标点符号用法

《汉语拼音正词法基本规则》（GB/T 16159—2012）中涉及的标点符号用法如下。

6.7　汉语拼音拼写时，句号使用小圆点“.”，连接号用半字线“-”，省略号也可使用3个小圆点“…”，顿号也可用逗号“,”代替，其他标点符号遵循GB/T 15834的规定。

四、《科技文献的章节编号方法》中的标点符号用法

《科技文献的章节编号方法》（CY/T 35—2001）适用于科技文献、图书、连续出版物、手稿、非正式出版物和使用说明书等。其中涉及的标点符号用法主要有：

科技文献的内容需要列项说明时，可在各项前加编号，可在各项前加符号，也可在各项前加汉字序次语。

3.2　列项说明的符号：科技文献的列项说明，可在各项前用破折号，如：——，也可用实心圆或其他符号，如：·、◆、■、◇等。

3.3　列项说明的汉字序次语：科技文献的列项说明，也可在各项前用汉字序次语，如：第一，第二，第三；其一，其二，其三；首先，其次，再次；一、二、三；甲、乙、丙。

注：序次语“第一”“其一”“首先”的后面只能用逗号，不用顿号；序次语“一”“甲”的后面只能用顿号，不用逗号。

参考文献：

[1] 李行健.《语法修辞讲话》写作的前前后后:访著名语言学家吕叔湘[J]. 咬文嚼字,2015(9):52.

[2]苏培成．新中国标点符号规范述略[J]．语文建设,1996(1):5.
[3]郭攀．二十世纪以来汉语标点符号研究[M]．武汉:华中师范大学出版社,2009:13.
[4]教育部语言文字信息管理司．《标点符号用法》解读[M]．北京:语文出版社,2012.
[5]吕叔湘,朱德熙．语法修辞讲话[M]．北京:商务印书馆,2013.
[6]林穗芳．标点符号学习与应用[M]．北京:人民出版社,2000:52.
[7]杜永道．新版《标点符号用法》中应注意的几个细节[J]．秘书工作,2014(12).
[8]范桂娟,朱怀．连词“及”的用法及历时演变[J]．现代语文(语言研究版),2015(3):35.
[9]陆嘉琦．国家标准的起草和编辑出版应审慎:2011年版国家标准《标点符号用法》指瑕[J]．科技与出版,2014(2):27.
[10]苏培成．语言文字应用探微[M]．北京:商务印书馆,2019:115.
[11]林穗芳．冒号和比号的体式及其应用问题[J]．出版科学,2008(4).
[12]常丽丽．《标点符号用法》商榷一则[N]．语言文字周报,2019-12-04(003).
[13]黄鸿森．《标点符号用法》商兑八则[J]．中国出版,2017(15):28.
[14]苏培成．语言文字规范的人文性[N]．语言文字周报,2017-12-13(004).

第四章

中文书刊名称汉语拼音拼写法

《中文书刊名称汉语拼音拼写法》（GB/T 3259—1992①）是规定如何用汉语拼音拼写我国出版的中文书刊名称的国家标准，是《中文书刊名称汉语拼音拼写法》（GB/T 3259—1982②）的替代标准。

该标准明确要求："国内出版的中文书刊应依照本标准的规定，在封面，或扉页，或封底，或版权页上加注汉语拼音书名、刊名。"

图书书名的汉语拼音拼写，与图书设计质量是否合格紧密相关。③ 在《图书编校质量差错认定细则（修订版）》和《图书编校质量差错率计算方法》中，汉语拼音拼写差错是编校质量检查的一个重要方面。④

---

① 原发布编号为 GB 3259—92。

② 原发布编号为 GB 3259—82。

③ 由于图书书名汉语拼音常放置在封面或封底上，所以关系到设计质量。《图书质量管理规定》第六条关于图书设计质量的要求是：图书的整体设计和封面（包括封一、封二、封三、封底、勒口、护封、封套、书脊）、扉页、插图等设计中有 1 项不符合国家有关技术标准和规定的，其设计质量属不合格。

④ 《图书编校质量差错认定细则（修订版）》第四条明确规定，文字差错包括汉语拼音差错。第十一条规定，汉语拼音的拼写应以词为单位连写，转行必须在一个完整的音节处，并加转行线"-"（占一个汉字的 1/3）。《图书编校质量差错率计算方法》是《图书质量管理规定》的附件，其中关于文字差错的计算标准有：封一、扉页上的文字差错，每处要计 2 个差错；汉语拼音不符合规定的，以一个对应的汉字或词组为单位，计 1 个差错。

第一节　标准的历史沿革和执行情况

《中文书刊名称汉语拼音拼写法》（以下简称《拼写法》）的拼写规则的依据是《汉语拼音方案》。《汉语拼音方案》于1958年2月11日第一届全国人民代表大会第五次会议上通过，它“是在毛泽东、周恩来以及陈毅、吴玉章等老一辈革命家亲自指导下研制并颁布推行的”[1]。推行《汉语拼音方案》与推行简化汉字、推广普通话是语言文字工作的三大任务。

1982年6月19日，为了加强书刊工作的科学管理，便于国内、国际的文献交流，国家标准局批复了全国文献工作标准化技术委员会报批的《拼写法》为国家标准（编号GB 3259—1982），自1983年2月1日起施行。该标准明确规定，此拼写法应是我国正式出版的中文书刊使用汉语拼音拼写名称时共同遵守的，并适用于国内用中文出版而向国外发行的书刊。

1992年2月1日，国家技术监督局发布了修订后的《拼写法》，对拼写规则作了完善，1992年11月1日起实施。

长期以来，《拼写法》作为一项国家标准，在图书出版实践中并没有得到重视，执行率不高，拼写规则使用混乱，拼写错误也较多，是其他国家标准施行中不多见的。

早在1984年，即标准实施大半年后，《文字改革》杂志编辑部调查了国内部分出版物，就发现许多出版单位在执行《拼写法》时，除加注汉语拼音但不符合拼写规则的一些情况外，有很多的书名根本不加注汉语拼音。[2]如果说这是因为《拼写法》颁布时间太短，出版单位贯彻落实还要有一个过程的话，那么更长时间以后的执行情况也并不好。

到2003年，也就是《拼写法》施行20周年的时候，有人曾作调查，在统计的122家出版社的208种中文图书中，书名加注汉语拼音的图书只有69种。[3]加注图书仅占调查总数的1/3。

到2013年，也就是《拼写法》施行30周年的时候，有人对中文科技类图书作了专门调查，对 100 家出版社的 2009—2011 年出版的 300 种中文科技图书进行了随机取样，发现书名加注汉语拼音的只有 123 种，仅占调查总数的 41.0%。并且在这 123 种图书中，按照《拼写法》正确加注汉语拼音书名的只有 85 种，正确率仅为 69%。[4]

笔者曾问过一些编辑和封面设计人员，大都不知道还有这么一个标准。2019 年 5 月，笔者在北京图书大厦作了一次《拼写法》执行情况的随机抽样调查。样本采集原则有三：第一，尽可能准确地反映近期《拼写法》的执行状况，抽查图书均选择 2018 年以来的新版图书。第二，尽可能反映全国范围内的执行状况。出版社的选择，既考虑中央与地方的总量均衡，又考虑涵盖区域尽可能广，共采集中央出版社 109 家、地方出版社 105 家，涉及 27 个省份。第三，尽可能真实地反映执行率。样本数量上，大部分出版社随机选取 1 种，少部分选取 2~3 种，旨在通过同一出版社的 2~3 种图书，来判断该出版社是按《拼写法》的要求主动执行，还是因设计需要而偶然所致。

调查共采集 214 家出版社的 316 种图书，其中 107 种图书书名加注了汉语拼音，约占样本总量的 34%。与“2003 年”相比，执行率基本持平；与“2013 年”相比，执行率有所下降。再次印证，遵守和执行《拼写法》的出版社只占百分之三四十。从同一出版社多样本是否一致看，54 家选取 2 种样本的出版社中有 12 家不一致，24 家选取 3 种样本的出版社中有 6 家不一致，说明这些不一致的出版社对图书书名是否加注汉语拼音，没有统一要求。从拼写正确率看，107 种中有 11 种拼写错误，正确率近 90%，比“2013 年”有较大提升。11 种拼写错误图书中，错误类型却不少，有连写错误、大小写错误、序数拼写错误、人名拼写错误、拼写不全和竖排问题。

造成上述问题的原因，除了对《拼写法》拼写规则不掌握外，可能与标准制定时间比较早有关。现行标准是 1992 年修订的，已施行 28 年。而与汉语拼音拼写规则相关的《汉语拼音正词法基本规则》（GB/T 16159）是 1996 年发布、2012 年作了修订，《中国人名汉语拼音字母拼写规则》（GB/T 28039）是 2011 年制定的。因此，《拼写法》的有关内容应与它们相衔接，宜适时作出修订。

第二节　主要拼写规则辨析

一、连写与分写

《拼写法》的拼写原则是以词为单位。常见的连写、分写问题，即是把该分写的连写、该连写的分写了。最典型的是全部按单个汉字拼音分写，或者所有汉字拼音连成一串。比如《习近平新时代中国特色社会主义思想三十讲》的书名拼写是：Xi Jinping xinshidaizhongguoteseshehuizhuyisixiang sanshijiang，“新时代中国特色社会主义思想”与“三十讲”均连成了一串，且没有区分大小写。

（一）字词的连写与分写

——拼写规则：“中文书刊名称拼写基本上以词为书写单位。”（5.1）例如：

（1）社会/工作/综合/能力 Shehui Gongzuo Zonghe Nengli

——拼写规则：“结合紧密的双音节和三音节的结构（不论词或词组），要连写。”（5.2）例如：

（2）中国/旅居/养老 Zhongguo Lüju Yanglao
水浒传 Shuihuzhuan
如何/当好/社会/组织/秘书长
Ruhe Danghao Shehui Zuzhi Mishuzhang

——拼写规则：“四音节以上的表示一个整体概念的名称按词（或语

节）分开写，不能按词或语节划分的，全部连写。”（5.3）例如：

（3）符号/互动论 Fuhao Hudonglun
历史学家 Lishixuejia
中华/人民/共和国/慈善法 Zhonghua Renmin Gongheguo Cishanfa

——拼写规则：“名词与单音节前加成分和单音节后加成分，连写。”前加成分的词主要有“总、副、非、无、零、超、反、正、半、准、可”等，后加成分的词主要有“学、家、长、们、员、手、儿、师、者、性、度、法”等。（5.4）例如：

（4）总编辑 Zongbianji　　非理性 Feilixing
无意识 Wuyishi　　零容忍 Lingrongren
超短裙 Chaoduanqun　　反函数 Fanhanshu
同学们 Tongxuemen　　偶然性 Ouranxing
物理学 Wulixue　　艺术家 Yishujia
弄潮儿 Nongchaor　　透明度 Toumingdu

——拼写规则：“虚词与其他语词分写”（5.5）。虚词是指“一般不能单独成句，意义比较抽象，有帮助造句作用的词。汉语的虚词包括副词、介词、连词、助词、叹词、拟声词六类”[5]1477-1478。

副词，如“很、最、更、非常、都、总、就、仅仅、已、曾、刚、才、正、马上、终于、简直、居然、只好、不”等。

介词，如“从、自、往、在、当、把、对、为、以、比、被、让”等。

连词，如“和、与、而且、但是、因为、如果”等。

助词，如“的、地、得、了、着、过、呢、吗、吧、似的”等。

叹词，如“啊、哎、哟、哼、嗯、喂”等。

拟声词，如“乒乓、叮咚、扑哧、轰、哗”等。

以上这些虚词，都要分写。例如：

（5）签单/其实/很/简单 Qiandan Qishi hen Jiandan
健康/从/心/开始 Jiankang cong Xin Kaishi
村民/的/权利/和/义务 Cunmin de Quanli he Yiwu
科学/技术/改变/了/什么 Kexue Jishu Gaibian le Shenme

另外，根据《汉语拼音正词法基本规则》（GB/T 16159—2012）“6.1.9.1”，助词“的、地、得”前面的词是单音节的，也可连写。例如：

（6）我的/童年 Wode Tongnian
我/的/童年 Wo de Tongnian
（7）孩子/读得/懂的/山海经 Haizi Dude Dongde Shanhaijing
孩子/读/得/懂/的/山海经 Haizi Du de Dong de Shanhaijing

（二）人名、地名的连写与分写

——拼写规则：“汉语人名按姓和名分写”，“已经专名化的称呼，连写”。（5.7）例如：

（8）刘备 Liu Bei　　司马/相如 Sima Xiangru
孔子 Kongzi　　西施 Xishi

有一种特殊的人名专名化情况需要注意，当以人名命名地名时，人名中的姓和名要连写，即按照地名专名处理。例如：

（9）张自忠/路 Zhangzizhong Lu　　左权/县 Zuoquan Xian
徐霞客/镇 Xuxiake Zhen　　黄骅/市 Huanghua Shi

《拼写法》中对人名的拼写规则的规定比较简单，后来发布的《中国人名汉语拼音字母拼写规则》（GB/T 28039—2011）规定得则比较全面些。比如：双姓，中间加连接号，每个姓氏开头字母大写；笔名、字（或号）、艺名、法名、代称、雅号、技名、神名、帝王名号和年号等，可以按正式人名写法拼写；三音节以内不能分出姓和名的，连写；四音节以上不能分出姓和名的，按语义结构或语音节律分写。因此，遇到以上这些情况时，建议参照《中国人名汉语拼音字母拼写规则》处理。例如：

（10）张刘/丽珍 Zhang-Liu Lizhen（双姓）
鲁/迅 Lu Xun（笔名）
曹/雪芹 Cao Xueqin（“雪芹”为号）
严/凤英 Yan Fengying（艺名）
王/右丞 Wang Youcheng（王维的代称）
汉/高祖 Han Gaozu（帝王名号）
鲁/智深 Lu Zhishen（“智深”为法名）
冰心 Bingxin（笔名）
雍正 Yongzheng（帝王年号）
麒麟童 Qilintong（艺名）
孟尝君 Mengchangjun（专称）
青莲/居士 Qinglian Jushi（李白的号）
玉皇/大帝 Yuhuang Dadi（神仙名）

——拼写规则：“汉语地名专名和通名分写”。（5.8）例如：

（11）北京/市 Beijing Shi　江苏/省 Jiangsu Sheng
沛/县 Pei Xian　松花/江 Songhua Jiang
武夷/山 Wuyi Shan　长安/街 Chang' an Jie
广场/西侧/路 Guangchang Xice Lu

根据《汉语拼音正词法基本规则》“6.2.2.2”，专名与通名的附加成分，如是单音节的，与其相关部分连写。在《中国地名汉语拼音字母拼写规则（汉语地名部分）》（中国地名委员会、中国文字改革委员会、国家测绘局1984年12月25日发布，现行有效）、《中国地理实体通名　汉语拼音字母拼写规则》（GB/T 38207—2019）中，也有类似的规定。专名与通名的附加成分，一般是表方位（如东、西、南、北、中、上、下、前、后、左、右、内、外）、表形状（如大、小）、表新旧（如新、旧、古、故）、表数目（如一、二、三）等。例如：

（12）朝阳门/南大街 Chaoyangmen Nandajie
西四北/三条 Xisibei Santiao
复兴门内/大街 Fuxingmennei Dajie
劲松/中街 Jinsong Zhongjie
景山/后街 Jingshan Houjie
雄安/新区 Xiong'an Xinqu
旧鼓楼/大街 Jiugulou Dajie
故黄河/路 Guhuanghe Lu

地名也有专名化的情况，即当一个包括专名、通名的地名作为另一个地名的专名时，要按专名处理。《汉语拼音正词法基本规则》“6.2.2.3”规定：“已专名化的地名不再区分专名的通名，各音节连写。”例如：

（13）黑龙江/省 Heilongjiang Sheng
武夷山/市 Wuyishan Shi
徐州/市 Xuzhou Shi
渤海/湾 Bohai Wan
解放路/南小街 Jiefanglu Nanxiaojie

另外，《中国地理实体通名　汉语拼音字母拼写规则》还根据通名字数的多少，有连写与分写的细则：通名三个汉字以内，汉语拼音应连写，首字母大写；通名四个汉字以上，应按词或语节（词语内部由语音停顿而划分成的片段）分写，不能按词或语节划分的，应全部连写。例如：

(14) 北海/公园 Beihai Gongyuan
贺龙/体育场 Helong Tiyuchang
香港/特别/行政区 Xianggang Tebie Xingzhengqu
永春/高垄/输变电站 Yongchun Gaolong Shubiandianzhan

——拼写规则："书刊名称中的中国少数民族和外国的人名、地名可以按原文的拉丁字母拼法拼写，也可以按汉字注音拼写。"(5.10)

《拼写法》中的中国少数民族和外国的人名、地名的拼写示例，均是按汉字注音给出的。《汉语拼音正词法基本规则》"6.2.3"中规定"非汉语人名、地名的汉字名称，用汉语拼音拼写"。《中国人名汉语拼音字母拼写规则》"5.2.2"中的规定是："在一定的场合，可以在少数民族语人名音译转写原文后备注音译汉字及汉字的拼音；也可以先用或仅用音译汉字及汉字的拼音。"因此，为便于操作，用汉字名称的汉语拼音拼写更简单，不易出错。例如：

(15) 呼和/浩特/市/城区/地图 Huhe Haote Shi Chengqu Ditu
乌兰夫/文选 Wulanfu Wenxuan
马克思/恩格斯/选集 Makesi Engesi Xuanji
斯大林/格勒/三部曲 Sidalin Gele Sanbuqu

(三) 汉字数字和量词的连写与分写

——拼写规则："数词十一到九十九之间的整数，连写。"(5.11) 例如：

(16) 中国/共产党/的/九十/年

Zhongguo Gongchandang de Jiushi Nian

新手/社工/的/十一/项/操练

Xinshou Shegong de Shiyi Xiang Caolian

——拼写规则："'百''千''亿'与前面的个位数，连写；'万''亿'与前面的十位以上的数，分写。"(5.12) 例如：

(17) 一千/亿/种/生活 Yiqian Yi Zhong Shenghuo

去过/一百/万/座/城市/的/猫

Quguo Yibai Wan Zuo Chengshi de Mao

另外，根据《汉语拼音正词法基本规则》，当前面的数词为"十"时，也可连写。例如：

(18) 十万/个/为什么 Shiwan Ge Weishenme

十/万/个/为什么 Shi Wan Ge Weishenme

——拼写规则："数词和量词分写。"(5.14) 例如：

(19) 四/个/春天 Si Ge Chuntian

两/个/天才 Liang Ge Tiancai

没有/一/条/道路/是/重复/的

Meiyou Yi Tiao Daolu Shi Chongfu de

另外，根据《汉语拼音正词法基本规则》：数词、量词与表示约数的"多""来""几"，分写；"十几""几十"连写；两个相邻的数字或表位数的单位并列表示约数，中间加连接号；复合量词内各并列成分连写。(6.1.5.6) 例如：

（20）五十/多/人 Wushi Duo Ren

几/天/几/夜 Ji Tian Ji Ye

十几/岁 Shiji Sui

几十/天 Jishi Tian

三五/天 San-wu Tian

七八/十/年代 Qi-ba Shi Niandai

千克·米/秒 Qiankemimeimiao

人次 Renci

吨公里 Dungongli

二、大写与小写

根据拼写规则，在字词方面，每个词第一个字母要大写，只有虚词与其他语词分写时，才小写；在人名、地名方面，人名按姓和名分写时，开头字母都要大写，地名专名和通名分写时，第一个字母都要大写。

根据拼写规则：虚词“因设计需要，也可以大写”（5. 5）。“因设计需要，也可以全用大写”（5. 1）。

从目前各出版单位图书书名的注音实际来看，基本上是采取全部大写的方式。这样操作更简单，也能避免大小写拼写错误。例如：

（21）在/改革/中/前行 ZAI GAIGE ZHONG QIANXING

社会/工作/法规/与/政策

SHEHUI GONGZUO FAGUI YU ZHENGCE

三、哪些照写

照写的情况只有一种：“阿拉伯数字和外文字母照写。”（5. 15）例如：

（22）民政/改革/40/年 Minzheng Gaige 40 Nian

MS Office/高级/应用/与/设计 MS Office Gaoji Yingyong yu Sheji

四、哪些加短横线

《拼写法》中涉及用短横线的有两处。

——拼写规则："并列结构、缩略语等可以用短横。"（5.6）这其中也包括两个相邻的数字表示概数时，代表月日的数词，以及双姓等。例如：

（23）明清/史/讲义 Ming-Qing Shi Jiangyi

环保/概论 Huan-bao Gailun

中共/党史/研究 Zhong-Gong Dangshi Yanjiu

京沪/高速/铁路 Jing-Hu Gaosu Tielu

最后/七八/个/人 Zuihou Qi-ba Ge Ren

七七/事变 Qi-qi Shibian

一二·九/运动 Yier-jiu Yundong

林张/淑敏 Lin-Zhang Shumin

需要注意的是，并列结构、缩略语等用短横线时，短横线后的大小写是不同的：一般名词、数字用小写［如上述例中的"Huan-bao（环保）""Qi-ba（七八）"］；而专有名词用大写，主要包括姓氏名、地名、国名、民族名、朝代名、年号、宗教名、组织名、机构名等［如上述例中的"Lin-Zhang（林张）""Ming-Qing（明清）""Jing-Hu（京沪）"］。

但是在实际操作中，对汉语缩略语的判别是比较困难的。缩略语，是指由词组紧缩省略而成的词语，也叫略语。[5]1256 而缩略语长期使用后，有一部分逐渐变成正式的词，如"超市"是"超级市场"的缩略语，"超市"已经成为双音节词，"超级市场"反而变得不常用了[6]。到底哪些可以看作缩略语，哪些可以看作正式的词，是有不同理解的。另外，从规则表述看，属选择型条款，是“可以用短横（线）”，也可以不用。所以，两种方式都是正确的。

这样的缩略语非常多，比如三审（初审、复审、终审）、三校（一、二、三校次）、高一（高中一年级）、大四（大学四年级）、影视（电影电视）、科教（科学教育）、高校（高等院校）、外长（外交部长）、调研（调查研究）、邮编（邮政编码）、整风（整顿作风）、民警（人民警察）、央视（中央电视台）、节能（节约能源）、高管（高层管理人员）、中小学（中学、小学）、中西医（中医、西医）、共青团（共产主义青年团）、军烈属（军属、烈属）、安理会（安全理事会）、社科院（社会科学院）、长三角（长江三角洲）等等。不过，对于四音节以上的缩略语，还是按照《拼写法》拼写规则“5.3”处理比较好。如：

（24）一国两制 Yi Guo Liang Zhi　　四个自信 Si Ge Zixin
关停并产 Guan Ting Bing Chan　　巴解组织 Bajie Zuzhi

——拼写规则：“表示序数的‘第’与后面的数词中间，加短横。”（5.13）例如：

（25）第十三/次/全国/民政/会议
Di-shisan Ci Quanguo Minzheng Huiyi
语言/表达/第一/课 Yuyan Biaoda Di-yi Ke

涉及短横线处转行时，《汉语拼音正词法基本规则》“6.6.3”规定：“在有连接号处移行时，末尾保留连接号，下行开头补加连接号。”这一规则，主要是为了保留词语拼写中原有的内部结构形式，以免混淆。例如：

（26）Di-shisan（第十三）移作“……Di-
-shisan”

五、怎样看待“一律横写”

拼写规则“5.16”规定：“中文书刊的汉语拼音名称一律横写。”

“一律横写”可以有两种理解：一是横写横排，只排一行；二是横写竖排，分成多个横行。这两种情况都符合要求。当书名比较短时，可以横写横排成一行；当书名比较长时，可以横写竖排成多个横行。根据设计和审美需求，即使比较短的书名也可以排成多个横行。

比较多的错误是，只考虑了设计审美需求，尤其是在汉字书名竖排时，将汉语拼音也竖排了（即顺时针旋转90度）。

六、拼写不全的问题

拼写不全是指整个书名只拼写了一部分，有的拼写，有的没有拼写。这种情况常发生在有副书名、丛书名的时候。例如：

(27) 胡锦涛文选　第一卷 HU JINTAO WENXUAN（此书漏拼“第一卷”。）

(28) 贯彻落实习近平新时代中国特色社会主义思想在改革发展稳定中攻坚克难案例·文化建设（具体拼写略。此书漏拼“文化建设”。）

书名的拼写，建议以图书在版编目数据中的书名登记项为准，书名内容要全部拼写。

七、“ü”上两点不能丢

根据《汉语拼音方案》，ü前面没有声母的时候，写成yu、yue、yuan、yun，ü上两点省略；跟声母j、q、x拼的时候，写成ju、qu、xu，ü上两点也省略；但是跟声母n、l拼的时候，仍然写成nü、lü。

因此，当书名中有“女、虐、疟”“吕、旅、屡、缕、履、律、虑、率、绿”等汉字时，不要将 ü 上两点丢掉。例如：

（29）走出/女儿/国 Zouchu Nü'er Guo　　效率/法则 Xiaolü Faze
图说/吕祖/故事 Tushuo Lüzu Gushi　　绿色/农业 Lüse Nongye
生态/旅游/发展/与/管理 Shengtai Lüyou Fazhan yu Guanli
婚姻/家庭/法律/指南 Hunyin Jiating Falü Zhinan

八、隔音符号的用法

根据《汉语拼音方案》，当 a、o、e 开头的音节连接在其他音节后面的时候，如果音节的界限发生混淆，应使用隔音符号（'）隔开。例如：

（30）长安 Chang'an　　山坳 Shan'ao　　关爱 Guan'ai
海鸥 Hai'ou　　斗殴 Dou'ou　　丧偶 Sang'ou
感恩 Gan'en　　名额 Ming'e　　嫦娥 Chang'e

涉及隔音符号移行时，《汉语拼音正词法基本规则》“6.6.2”规定：“音节前有隔音符号，移行时，去掉隔音符号，加连接号。”这时，隔音符号的隔断作用由连接号承担了。例如：

（31）Gan'en（感恩）移作“……Gan-
en……”

九、“陕西”的特殊拼法

根据《中国省、自治区、直辖市、特别行政区汉字简称、罗马字母拼写及代码表》，为了区分“山西”与“陕西”，其拼写分别为“Shanxi”和

“Shaanxi”，字母码分别为“SX”和“SN”。

十、标点符号的拼写

《拼写法》中没有关于标点符号的使用规则，只是规定“阿拉伯数字和外文字母照写”（包括阿拉伯数字和外文字母组合本身的标点符号，也是照写）。虽然书名中的标点符号一般很少，但也会时有涉及。从一些图书案例中也可以看出，各出版社并不相同，甚至同一个出版社也不一致。例如：

（32）习近平关于“不忘初心、牢记使命”论述摘编
XI JINPING GUANYU BUWANG CHUXIN LAOJI SHIMING LUNSHU ZHAIBIAN（没有引号、顿号）

（33）“不忘初心、牢记使命”优秀共产党员先进事迹选编
“BUWANG CHUXIN、LAOJI SHIMING” YOUXIU GONGCHAN DANGYUAN XIANJIN SHIJI XUANBIAN（有引号、顿号）

（34）《中国共产党纪律处分条例》释义
ZHONGGUO GONGCHANDANG JILÜ CHUFEN TIAOLI SHIYI（无书名号）

（35）党的十九届四中全会《决定》学习辅导百问
DANG DE SHIJIU JIE SIZHONG QUANHUI《JUEDING》XUEXI FUDAO BAI WEN（有书名号）

从《拼写法》中给出的带有标点的示例看，阿拉伯数字和外文字母组合本身的标点符号是照写的，如“1979—1980”“IBM-PC（0520）”，其他的示例只有“威廉·李卜克内西传 Weilian Libukeneixi Zhuan”中有间隔

号，并没有照写。那么到底该如何处理呢？

笔者认为，书名中的标点符号，无论是拼写还是不拼写，应以表义清晰为原则，如果有些标点符号省略了会产生歧义，就不应该省略。林穗芳曾举了几个例子，比如：《〈福乐智慧〉哲学思想初探》中的书名《福乐智慧》拼音漏写书名号，就看不出这是书名；《领导·经验·哲学》中的书名拼音全部连写，中间未加间隔号，“领导”“经验”和“哲学”就变成主从关系，而不是原来的并列关系了；《中国人“打败”中国人》的拼音书名中的“打败”未加引号，就成为中国人真正被中国人打败了。[7]这很有代表性。其他的还比如书名中的逗号、顿号、冒号、问号、叹号，甚至省略号、括号、连接号、破折号、分隔号等等，有些也不能随意省略。

我们不妨借鉴一下《汉语拼音正词法基本规则》，其“6.7　标点符号使用规则”专门作了规定：汉语拼音拼写时，句号使用小圆点“.”，连接号用半字线“-”，省略号也可使用 3 个小圆点“…”，顿号也可用逗号“,”代替，其他标点符号遵循 GB/T 15834 的规定。虽然这一规则并不完全适合图书书名的拼写，但是大多数的标点符号还是应该在拼写汉语拼音时保留下来，也期待《拼写法》能尽早作出修订，解决这些疑惑。

虽然《拼写法》的贯彻落实还任重道远，但是汉语拼音的国际化传播作用将越发重要。改革开放 40 多年来，尤其是党的十八大以来，我国综合国力不断增强，国家文化软实力和中华文化影响力大幅提升，我国各领域的优秀传统和先进理念在世界范围内产生了重要影响，为汉语拼音发挥作用提供了前提和基础。并且随着全球化的不断深入，各国各民族文化的互联互通、文明互鉴，汉语拼音的“以内带外”作用会越发明显，从“Peking”到“Beijing”，从“dumpling”到“jiaozi”（饺子），从“Confucius”“Mencius”到“Kongzi”（孔子）、“Mengzi”（孟子），还有“Renminbi”（人民币）、“Hongbao”（红包），等等，这些均借助汉语拼音“原汁原味”地传播了中国文化，充分发挥了汉语拼音在国际交往中的作用，表现出我们深厚的文化初心与不断强大的文化自信。

习近平总书记指出：文化是一个国家、一个民族的灵魂。在新时代中国特色社会主义文化建设中，文化自信是更基础、更广泛、更深厚的自信，是一个国家、一个民族发展中更基本、更深沉、更持久的力量。习近平总书记强调："没有高度的文化自信，没有文化的繁荣兴盛，就没有中华民族伟大复兴。"所以，贯彻实施好《拼写法》是坚定中国文化自信的一个重要方面，是推动中国文化影响力提升、推动中国文化海外传播、建设中国文化强国的体现。

参考文献：

[1]《汉语拼音方案》颁布60周年纪念座谈会在京举行[EB/OL].(2018-05-10)[2020-12-14]. http://www.china-language.edu.cn/yw/gjywxx/201805/t20180510_30026.html.

[2]北京市部分出版社书刊加注汉语拼音情况的调查报告[J]. 文字改革,1984(1):45.

[3]盛桂琴. 中文书刊名称汉语拼音拼写问题[J]. 伊犁师范学院学报,2003(3):84.

[4] 甘敏敏,干锦春. 中文科技图书名称汉语拼音拼写情况调查与分析[J]. 科技与出版,2013(4):78-79.

[5]中国社会科学院语言研究所词典编辑室. 现代汉语词典[M]. 第7版. 北京:商务印书馆,2016.

[6]教育部语言文字信息管理司.《汉语拼音正词法基本规则》解读[M]. 北京:语文出版社,2013:27.

[7]林穗芳. 书刊名称汉语拼音拼写要规范化[J]. 中国出版,1995(7):58.

第五章

中文出版物夹用英文的编辑规范

《中文出版物夹用英文的编辑规范》（CY/T 154—2017）是规定夹用英文的中文出版物的编辑规则的新闻出版行业标准。内容包括主要标点符号的用法、人名缩略翻译的处理、字母大小写用法、空格的规则、转行的规则、英文书刊名的标示方法、字体与字号的用法，以及数字与量和单位符号的用法等。

第一节　标准出台的背景

2010 年 3 月，国家广播电影电视总局的一则“改口令”[1]引起了不小的波澜。4 月，各广播影视机构接到通知，要求规范使用广播语言，在非外语频道，播音员主持人在口播新闻、采访、影视记录字幕等方面，要尽量避免使用外语以及外语缩略词。如果特殊情况需要使用，需要在后面加上中文解释，诸如 NBA（美国男子篮球职业联赛）、GDP（国内生产总值）、WTO（世界贸易组织）、CPI（消费价格指数）等。其实，这也没有什么大惊小怪的。早在 2001 年 1 月 1 日起施行的《中华人民共和国国家通用语言文字法》第十四条中就明确规定，广播、电影、电视用语用字，应当以国家通用语言文字为基本。而对于中文出版物，国家通用语言文字法第十一条则规定：“汉语文出版物应当符合国家通用语言文字的规范和标准。汉语文出版物中需要使用外国语言文字的，应当用国家通用语言文字作必要的注释。”

根据陆建平①的研究，中文出版物夹用英文的现象最早出现在晚清和民国时期，田汉在其剧作《乱钟》和《名优之死》中就采用了这种行文方式；钱钟书在小说《围城》里刻画的一些人物，说话的时候总喜欢夹带几个英文单词或者一两句英文句子；中华人民共和国成立后，这种中文里夹带英文的现象偶尔还能在一些文学作品中看到。改革开放之后，随着国际交流的深入和英文等外文出版物的引进，中文出版物夹用英文的现象越来越常见。[2]尤其是随着香港的回归，“中文为准”与“英文为准”的讨论与争鸣一直不断。

面对这种情况，亟待有关主管部门采取相应措施予以规范，这也是出现2010年3月所谓“改口令”一事的主要原因之一。

随后，2010年11月，新闻出版总署发布《关于进一步规范出版物文字使用的通知》。通知指出，随着经济社会的发展，在报纸、期刊、图书、音像制品和电子书、互联网等各类出版物中，外国语言文字使用量剧增，出现了在汉语言中随意夹杂英语等外来语、直接使用英文单词或字母缩写，生造一些非中非外、含义不清的词语等滥用语言文字的问题，严重损害了汉语言文字的规范性和纯洁性，破坏了和谐健康的语言文化环境，造成了不良的社会影响。通知强调，要高度重视规范使用外国语言文字。出版媒体和出版单位要进一步加强外国语言文字的使用规范化，尊重并遵循汉语言及所使用的外国语言文字的结构规律和词汇、语法规则。在汉语出版物中，禁止出现随意夹带使用英文单词或字母缩写等外国语言文字；禁止生造非中非外、含义不清的词语；禁止任意增减外文字母、颠倒词序等违反语言规范现象。汉语文出版物中需要使用外国语言文字的，应当用国家通用语言文字作必要的注释。外国语言文字的翻译应当符合翻译的基本原则和惯例。外国人名、地名等专有名词和科学技术术语要按有关规定翻

① 陆建平，《中文出版物夹用英文的编辑规范》的主要起草人之一，浙江大学传媒与国际文化学院教授，浙江大学外语传媒出版质量研究中心主任。

译成国家通用语言文字。

2014 年 6 月，国家语言文字工作委员会正式发布《夹用英文的中文文本的标点符号用法（草案）》，对中文出版物中夹用英文的 13 种常用标点符号作了规范，并在“附则”中规定了“大小写用法”和“英文书刊名的标示方法”，开始有了初步的统一标准。

2015 年 7 月，国家新闻出版广电总局批准“夹用英文的中文文本的出版标准”项目研究。

2017 年 4 月 17 日，国家新闻出版广电总局正式发布并实施《中文出版物夹用英文的编辑规范》(CY/T 154—2017)。该标准以《夹用英文的中文文本的标点符号用法（草案）》为基础，对中文出版物中夹用英文的部分，尤其是中英文连接处的主要标点符号用法作了明确规范，并在草案“大小写用法”和“英文书刊名的标示方法”的基础上，增加了人名缩略翻译的处理、空格的规则、转行的规则、字体与字号的用法，以及数字与量和单位符号的用法等 5 项内容。该标准的出台，为中文出版物夹用英文的编辑处理方式提供了统一规范。

第二节　主要用法辨析

一、适用范围与主要原则

本标准适用于夹用英文的中文出版物。也就是说，可以把夹在中文出版物中的英文内容当作是中文语句中的一个成分，或者是当作英文符号来看待，整体上仍然是中文。以此为基础，“总则”中规定了两个主要原则。

第一，夹用英文的中文出版物编辑时，应以中文编辑要件为主，以英文编辑要件为辅。

第二，夹用英文的中文出版物整体的编辑方式应体现中文的特点，对夹于中文内的英文内容内部，应采用英文的编辑方式。

以上两个主要原则，可以简单归纳为：中文为本，主次有别；各遵其道，内外有别。

二、中英文标点符号的主要区别

由于该标准是以《夹用英文的中文文本的标点符号用法（草案）》为基础的，所以标准中大多的内容与标点符号用法有关。除“5　主要标点符号的用法”中的12种常见标点符号用法外，“6　人名缩略翻译的处理”中主要涉及中文间隔号用法，“10　英文书刊名的标示方法”中主要涉及中文书名号用法等。

下面简要归纳一下中英文标点符号的不同。

一是位置与形式不同。中文标点符号大多占一个字位置，为全角符号；英文标点符号大多占半个字位置，为半角符号。并且，有些外形相同，有些外形不同。例如：

中文句号：“。”　　英文句号：“. ”

中文破折号：“——”（长度相当于两个汉字位置）

英文破折号：“–”（长度相当于英文字母M）

中文省略号：“……”

英文省略号：“. . . ”

中文连接号：“—”（一字线）、“～”（浪纹线）、“–”（短横线）

英文连接号：“-”（即连字符，长度为英文字母m的1/3）

二是有些标点符号中文有而英文没有，有些英文有而中文没有。例如：中文标点符号有顿号、书名号、间隔号、专名号等，英文没有；英文有撇号“’”、双连字号“=”[3]101等，中文没有。

而对于分隔号①，由于中文分隔号是占半个字的位置，所以在形式与用法上与英文分隔号（斜线）“/”大致相同。比如《图书编辑校对实用

① 《夹用英文的中文文本的标点符号用法（草案）》中包括分隔号的用法，现行标准中删除了。

手册》（第四版）一书中，列出了英文斜线“/”的三种主要用法：一是分开两者中选一种的词，如“and/or”；二是分开一段连续时间中应加划分的部分（月或年），如“the fiscal year 1972/1973”；三是常代表“每”，如“20 km /h”[3]102-103。另外，英文斜线也可以用于标示诗歌接排时的分隔诗行。

三、主要用法

从标准的主体内容看，虽然分列了8项，但归纳起来主要有两个方面。

一是标点符号用法方面。包括“5　主要标点符号的用法”“6　人名缩略翻译的处理”“10　英文书刊名的标示方法”3项内容。

二是体例规则方面。包括“7　字母大小写用法”“8　空格的规则”“9　转行的规则”“11　字体与字号的用法”“12　数字与量和单位符号的用法”5项内容。并且，“12　数字与量和单位符号的用法”中又主要涉及字体体例和空格规则。

（一）标点符号用法

标准中是按照每个标点符号分列表述其用法的，内容较多，看着有点儿复杂。究其根本，还是离不开两个主要原则。下面，试图按照中文点号与标号的分类方式进行归纳解析。

1. 句末点号：句号、问号、叹号

——中文陈述句、疑问句、感叹句中夹用英文单词或词组时，句子末尾应使用中文句末点号。示例：

（1）这一行里的turned out和上一行里的turned out意思不同。

（2）due to和because意思一样吗?

（3）grateful这个词用得多好!

——中文句子中夹用的英文陈述句、疑问句、感叹句用中文引号标示，该英文句子末尾用英文句末点号，整个中文句子末尾用中文句末点号。英文标题或英文引文中的问号、叹号应保留。示例：

(4)信中那句“It depends.”显得模棱两可。

(5)“Why shall I follow you?”是他提出的第一个问题。

(6)她说“That's amazing!”不一定表示赞许。

(7)今天晚报的头条是不是“Pension Stops Growing?”？

(8)谈判时最好别说“No way!”！

2. **句内点号：逗号、分号、冒号**

——中文句子中夹用的英文句子或语段内部如有逗号、分号、冒号，应使用英文逗号、分号、冒号。不在英文句子或语段内部的逗号、分号、冒号，应使用中文逗号、分号、冒号。示例：

(9) 谁也没注意到协议书中“The debt, if any, is to be written off.”所暗藏的玄机。

(10) 从那以后，他再也不说“Very well, sir.”。

(11) 同学们劝我一起去选图书，说:“Come with us, and you can choose for yourself; stay home, then you can only accept what is brought to you.”。

(12) 天气炎热，她嚷着要 ice cream；天冷了，她要的还是 ice cream。

(13) 我们寻找的问讯处原来就在身后，绿底白字写着：Information。

(14) 这位诗人的简介写得很清楚:“Lind Kruk is a well-published poet: *Songs of the Wind* (1991), *The Candlelight* (1995), *Crying for the Soul* (2011), etc.”。

——科学技术名称的英文全称与其缩略形式间，应使用英文逗号。英文原文自带逗号的科技名词，其缩略形式与原词之间应用英文分号标示。示例：

（15）脱氧核糖核酸（deoxyribonucleic acid,DNA）

（16）知信行模式（knowledge, attitude, belief, practice model; KABP model）

3. **句内点号：顿号**

英文中没有顿号，这里将顿号单列。

——中文句子中夹用两个或两个以上关系并列的英文字母、单词或词组时，中间宜使用中文顿号。标有引号的并列成分之间，顿号可以省略。示例：

（17）指示牌上 e、i 和 u 这三个字母印得模糊不清。

（18）这种情形下 may、might、can 和 could 都可以使用。

（19）turn in、turn out、turn down、turn up 等词组是否已构成成语？

（20）老师把“He went to bed.”“He turned in early.”“He fell asleep.”等句子写在黑板上。

4. **标号：引号、圆括号、破折号、省略号、连接号、间隔号**

——引号。中文句子中夹用英文句子时，英文句子用中文引号标示，但是夹用英文单词或词组时，不用引号标示。英文句子内部如需用引号，使用英文单引号。示例：

（21）见面就问“How old are you?”是不恰当的。

（22）我不介意他在签名前使用 ever yours 还是 sincerely yours。

（23）报道中是否删去了“The witness said,‘Nobody came to help.’”？

——圆括号。中文句子中夹用了用以注释、补充或说明的英文句子或语段时，该英文句子或语段外部用中文圆括号标示，其内部带有用圆括号标示注释、补充或说明时，应用英文圆括号。示例：

（24）这次会议被定性为“高峰论坛”（summit forum）。

（25）图表的说明是“In September 2015，14021 workers（71.9%）received ＄826 each.”。

——破折号。中文句子中夹用英文时，中英文之间若因解释、引入、话题转变、声音延长等需要使用破折号时，使用中文破折号，而英文部分内部使用英文破折号。示例：

（26）就因为提了几个问题，Tom竟被称作nuisance——讨厌鬼！
（27）“This is-?”老人指着倚门而立的年轻人向护士打听。

——省略号。中文句子中夹用英文时，英文内部的省略号使用英文省略号。示例：

（28）“as... as...”结构常用于表示“就如……一样……”。

——连接号。中文句子中夹用的英文单词、词组或语段内部需用连接号时，用英文连接号。中、英文之间，以及无语法关系的英文单位之间需用连接号时，用中文连接号。示例：

（29）产品说明书写着“A smoke alarm has been installed in the non-smoker.”，但没有说明烟雾报警器的型号是SA-3还是SA-5。
（30）Mrs. Smith的课文教学模式几乎一成不变：word study—text analysis—topic discussion。

——间隔号。主要涉及“6　人名缩略翻译的处理”。中文间隔号的基本用法中有“标示外国人名内部的分界”的用法。当人名缩略翻译时，中文部分后应使用中文间隔号，即中圆点“·”，而英文中没有间隔号，英文部分后应使用下脚点“.”。示例：

(31) 安东尼·G. 普瑞斯顿　　A. G. 普瑞斯顿

5. **标号：书名号**

主要涉及“10　英文书刊名的标示方法”。中文书刊名与英文书刊名的标示方法有很大区别。

——中文书刊名用中文书名号（双书名号“《》”和单书名号“〈〉”）标示。由于英文中没有书名号，所以当中文句子中夹有英文书名、报刊名时，不能借用中文书名号，也不能加引号，而应以英文斜体标示。示例：

(32)《今日晨报》第4版转载的那篇有关饮食结构的文章译自周一出版的 *Football Daily*。

(33) 她在《中国出版》、《出版发行研究》、*Learned Publishing* 等国内外期刊发表过数篇文章。

——中文句子中夹有英文文章标题时，该标题使用英文正体字，用中文引号标示。示例：

(34) *World of Tomorrow* 是去年的畅销书，其中第七篇文章“Will Human Be Joyfully Enslaved by Cellphone?”在读者中成为热门话题。

——中文句子中夹有的英文书名中带有的副书名，用冒号标示；夹有英文的文章副标题，用英文破折号标示。示例：

(35) 他昨天网购的那本原版书 *Self Regained*：*A Journey to Shangri-La*，中文名是不是可翻译为《凤凰涅槃：香格里拉之行》？

(36) 她的毕业论文最后定名为“Affecting Factors on Second Language Acquisition–A Survey of Foreign Students Learning Chinese in China”。

（二）体例规则

1. 字母大小写用法

——中文句子中夹用普通英文单词或词组，无论其位于中文句子的开头、中间还是末尾，首字母一律小写。但是，当夹用英文单词或词组属于首字母必须大写的专名时，其首字母应大写。示例：

（37）paper 可以构成合成词，如 paperboard（纸板）、notepaper（便笺）等。

（38）他们为什么把“卫生间”叫作 rest room？

（39）“长江”过去常译作 the Yangtze River。

——中文句子中夹用完整的英文句子时，应保留其首单词的首字母大写形式。示例：

（40）“Money talks.”并非真理。

（41）他在争辩中最后提的问题是“Does the end justify the means?”。

2. 字体与字号用法

——字体用法。一是中文文本中夹用英文时，字体常用搭配为：中文宋体类字体+英文衬线类字体（如 Times New Roman、Caslon 字体）；中文黑体类字体+英文无衬线类字体（如 Helvetica、Arial 字体）。二是中文文本中夹用英文时，文中如出现阿拉伯数字、常见的西文符号，其字体应与文中英文词句的字体保持一致。数字应采用半角形式，并且应遵循系统一致的原则。示例：

（42）瑞士著名语言学家弗迪南·德·索绪尔（Ferdinand de Saussure）1857 年出生于日内瓦。

（43）摄氏温标（Celsius），是一种世界上普遍使用的温标，符号为℃。

——字号。一般情况下，中文文本中夹用英文时，英文字号应与中文字号匹配。中文的字号大小一般称几号字，英文的字号大小一般按磅数。二者的大小对应关系大致如下：

初　号——42 P	四　号——14 P
小初号——36 P	小四号——12 P
一　号——26 P	五　号——10. 5 P
小一号——24 P	小五号—— 9 P
二　号——22 P	六　号—— 7. 5 P
小二号——18 P	小六号—— 6. 5 P
三　号——16 P	七　号—— 5. 5 P
小三号——15 P	八　号—— 5 P

以上仅是大致的对应关系。不同的排版软件，会略有不同；不同的中英文字体，以及不同字体的高与宽的比例和视觉上的差异等，也会有所区别。

3. 空格的规则

中文文本中夹用英文时，其空格的规则相对比较简单，主要分为三种情况。

一是中英文文字之间，是否留有空格，只要保持体例一致即可。

二是中文标点符号与英文之间，不设空格。

三是英文内部，以及单位符号位于数值之后且需要留有空隙时，应按英文排版规则留空。

4. 转行的规则

主要是指英文单词的转行规则。

一是转行时尽量不要将一个单词拆开。

二是确需断词转行时，应按照英文音节或构词断开单词，并添加英文连接号，紧跟断开词的前半部分处于行尾。本身就带有连接号的合成词断词时，要在连接号处断开。

三是不要把一个单词的单个字母放在行末或行首。

四是英文中的单音节词、人名、缩写词、阿拉伯数字及其后紧跟的单位符号不能断词。例如：“18000”作为一个数字，应在同一行中，不能断开在两行；“300 km/h”转行时，不能断开为“300”和“km/h”，更不能将单位符号“km/h”本身分行断开。

参考文献：

[1]广电总局限用外语缩写词[EB/OL].(2010-04-08)[2020-12-09].http://tech. sina. com. cn/t/2010-04-08/01534030979. shtml.

[2]陆建平．中文出版物夹用英文的规范研究[J]．中国出版,2016(21):36.

[3]黎洪波,利来友．图书编辑校对实用手册[M]．第四版．桂林:广西师范大学出版社,2016.

第六章

参考文献著录规则

《信息与文献　参考文献著录规则》（GB/T 7714—2015）规定了各个学科、各种类型信息资源的参考文献的著录项目、著录顺序、著录用符号、著录用文字、各个著录项目的著录方法以及参考文献在正文中的标注法，是《文后参考文献著录规则》（GB/T 7714—2005）的替代标准。

该标准适用于著者和编辑著录参考文献，是文献著录的重要依据。参考文献是作者书稿内容的重要组成，也是图书编辑审读、编校的重要内容。但是，长期以来，“参考文献作为论著的重要组成部分，一直是编辑加工的痛点”[1]68，主要原因是著者与编辑依据标准不统一，存在著录对象不准确、著录项目不完整、著录格式不一致、著录符号不规范、著录细则不严谨、标注方法不统一等问题。参考文献的重要作用是明确引用他人思想、理论、成果和数据的来源出处，其著录质量不仅体现了科学的继承性、作者的治学严谨性，也体现了图书编辑的职业技能水平，并最终影响图书出版质量。“对于出版单位来说，如果参考文献著录差错满天飞，更有甚者不著录参考文献，不仅严重影响其在读者心目中的形象，还可能导致侵权问题发生，影响出版单位的声誉。”[2]

在《图书编校质量差错认定细则（修订版）》和《图书编校质量差错

率计算方法》中都有涉及“参考文献”的质量要求。[①] 参考文献著录差错涉及面广，既包括一般性的文字差错和数字差错，也包括著录符号差错和著录格式、标注格式差错。

第一节　标准的历史沿革

我国参考文献著录规则国家标准历经了三个阶段。

1987 年 5 月 5 日，国家标准局发布《文后参考文献著录规则》（GB/T 7714—1987[②]），自 1988 年 1 月 1 日起实施。该标准规定了专著、连续出版物、专利文献、专著中析出的文献以及连续出版物中析出的文献 5 种著录对象的著录规则，主要内容包括著录项目与著录格式、著录来源、著录总则、著录细则、参考文献表、参考文献标注法 6 个部分，“是我国对参考文献进行专门规范的第一个国家标准，其发布为统一规范参考文献的著录标准做出了巨大贡献”[3]。

随着计算机和网络技术的发展，尤其是 20 世纪 90 年代中后期以来，参考文献中出现了大量网络信息资源与计算机文件，加之 GB/T 7714—1987 实施中的有益意见和建议，以及国际标准（ISO 690：1987）的新变化，2000 年 4 月，全国文献与信息标准化技术委员会启动了标准修订工作。2002 年 7 月，形成了《文后参考文献著录规则（报批稿）》。段明莲[③]曾指出：“该标准的修订有利于规范文后参考文献的著录，有利于我国出版事业的健康发展，有利于创建规范化的报刊书目数据库，更有利于文献信息资源检索与利用。”[4]2005 年 3 月 23 日，国家质量监督检验检疫总局、

① 《图书编校质量差错认定细则（修订版）》第六十一条明确规定，学术性专著参考文献，必须根据国家标准《信息与文献　参考文献著录规则》（GB/T 7714—2015）进行编排，不合要求的可以适当计错，并作了举例说明。《图书编校质量差错率计算方法》是《图书质量管理规定》的附件，其中明确提到“参考文献等中的一般性错字、别字、多字、漏字、倒字，每处计 1 个差错”。

② 原发布编号为 GB 7714—87。

③ 段明莲是历次参考文献著录规则国家标准（GB/T 7714—1987、GB/T 7714—2005 和 GB/T 7714—2015）的主要起草人之一。

国家标准化管理委员会联合发布《文后参考文献著录规则》（GB/T 7714—2005），替代了 GB/T 7714—1987，自 2005 年 10 月 1 日起实施。该标准著录对象增加了“电子文献”，著录对象达到了 6 种，主要内容包括著录项目与著录格式、著录信息源、著录用文字、著录用符号、著录细则、参考文献表、参考文献标注法 7 个部分。

随着参考文献著录实践中不断出现的新情况和新的国际标准（ISO 690：2010）的颁布，GB/T 7714 需要再次补充和完善。2015 年 5 月 15 日，国家质量监督检验检疫总局、国家标准化管理委员会联合发布《信息与文献　参考文献著录规则》（GB/T 7714—2015），替代了 GB/T 7714—2005，自 2015 年 12 月 1 日起实施。该标准著录对象仍为 6 种，其中“电子文献”更名为“电子资源”，主要内容仍为 7 个部分。陈浩元①曾指出：“新标准是一项基础性、通用性的国家标准，是在汲取国际标准给出的科学著录规则的基础上，与时俱进，结合我国著录实际，特别是总结旧标准实施中发现的问题，对其进行全面修订而成的。”“因此，无论是科技论著还是社会科学论著，无论是印刷版还是电子版，凡涉及参考文献著录，所依据的标准都是 GB/T 7714，从 2015 年 12 月 1 日起，均应执行新标准。”[5]339-340

第二节　现行标准的主要变化

一、标准名称与著录位置的变化

现行标准最明显的变化莫过于标准名称的变化，由《文后参考文献著录规则》更名为《信息与文献　参考文献著录规则》。没了“文后”两个字，意味着著录位置发生了变化，不再局限于文后，也可以在文中了。具

① 陈浩元是参考文献著录规则国家标准（GB/T 7714—2005 和 GB/T 7714—2015）的主要起草人之一。

体变化体现在三处条文中。

第一，“参考文献”定义的变化。现行标准将术语“文后参考文献”修订为“参考文献”，定义为：“对一个信息资源或其中一部分进行准确和详细著录的数据，位于文末或文中的信息源。”可见，参考文献可以著录于文末或文中。

第二，标注法的变化。“如果顺序编码制用脚注方式，序号可由计算机自动生成圈码。”可见，采用顺序编码制标注法时，可采用脚注方式著录在文中页面的下端，注码也可以不使用方括号而采用圈码。

第三，参考文献表的变化。“引文参考文献既可以集中著录在文后或文末，也可以分散著录在页下端。阅读型参考文献著录在文后、书的各章节后或书末。”可见，现行标准将参考文献分为引文参考文献与阅读型参考文献后，引文参考文献可以选择在文中著录，阅读型参考文献只能著录在文后。

二、主要概念的变化

在术语和定义方面，现行标准的变化比较大，除了将“文后参考文献”修订为“参考文献”外，其他变化如下。

第一，删除了参考文献无须著录的“并列题名”。

第二，新增了“引文参考文献”“阅读型参考文献”和“数字对象唯一标识符”（DOI）。首次把需要著录的参考文献分为引文参考文献和阅读型参考文献两种类型，首次将DOI作为电子资源必备著录项。

第三，根据现行标准的适用范围和用途，对除“合订题名”外的其他概念作了局部修订和调整。

——主要责任者。增加了“主要负责创建信息资源的实体”的概括性表述，并将“文献”修改为“信息资源”。

——专著。根据出版形态的变化，将“在限定的期限内出版的非连续性出版物”修订为“印刷型或非印刷型出版物”，并将各类“标准”纳入专著范畴。

——连续出版物。同样根据出版形态的变化，新增了“印刷或非印刷形式”的界定。

——析出文献。将“文献”修改为“信息资源”。

——电子资源。将原名称“电子文献”更名为“电子资源”。

——顺序编码制、著者-出版年制。均将“文后参考文献”修改为“引文参考文献”。

三、著录项目的变化

著录项目的变化体现在两个方面。

第一，著录项目的设置。主要有三处增减：一是 6 种著录对象中均增加了 DOI 项；二是专利文献题名项中删除了“专利国别”；三是电子资源出版项中增加了“引文页码”。

第二，著录项目的必备性。除了将新增 DOI 项作为电子资源必备项外，还将“文献类型标志（电子文献必备，其他文献任选）”改为“文献类型标识（任选）”，将“引用日期（联机文献必备，其他电子文献任选）”改为“引用日期”。

现行标准与原标准的著录项目对比见表 6-1 至表 6-6（表中标灰处为变化项）。

表 6-1　专著著录项目新旧标准对比

<table>
<tr><th>序号</th><th colspan="2">著录项目（2005）</th><th colspan="2">著录项目（2015）</th></tr>
<tr><td>1</td><td colspan="2">主要责任者</td><td colspan="2">主要责任者</td></tr>
<tr><td rowspan="3">2</td><td rowspan="3">题名项</td><td>题名</td><td rowspan="3">题名项</td><td>题名</td></tr>
<tr><td>其他题名信息</td><td>其他题名信息</td></tr>
<tr><td>文献类型标志（电子文献必备，其他文献任选）</td><td>文献类型标识（任选）</td></tr>
<tr><td>3</td><td colspan="2">其他责任者（任选）</td><td colspan="2">其他责任者（任选）</td></tr>
<tr><td>4</td><td colspan="2">版本项</td><td colspan="2">版本项</td></tr>
</table>

续表

序号	著录项目（2005）		著录项目（2015）	
5	出版项	出版地	出版项	出版地
		出版者		出版者
		出版年		出版年
		引文页码		引文页码
		引用日期（联机文献必备，其他电子文献任选）		引用日期
6	获取和访问路径（联机文献必备）		获取和访问路径（电子资源必备）	
7			数字对象唯一标识符（电子资源必备）	

表 6-2　专著中的析出文献著录项目新旧标准对比

序号	著录项目（2005）		著录项目（2015）	
1	析出文献主要责任者		析出文献主要责任者	
2	析出文献题名项	析出文献题名	析出文献题名项	析出文献题名
		文献类型标志（电子文献必备，其他文献任选）		文献类型标识（任选）
3	析出文献其他责任者（任选）		析出文献其他责任者（任选）	
4	出处项	专著主要责任者	出处项	专著主要责任者
		专著题名		专著题名
		其他题名信息		其他题名信息
5	版本项		版本项	
6	出版项	出版地	出版项	出版地
		出版者		出版者
		出版年		出版年
		析出文献的页码		析出文献的页码
		引用日期（联机文献必备，其他电子文献任选）		引用日期
7	获取和访问路径（联机文献必备）		获取和访问路径（电子资源必备）	
8			数字对象唯一标识符（电子资源必备）	

表 6-3　连续出版物著录项目新旧标准对比

序号	著录项目（2005）		著录项目（2015）	
1	主要责任者		主要责任者	
2	题名项	题名	题名项	题名
		其他题名信息		其他题名信息
		文献类型标志（电子文献必备，其他文献任选）		文献类型标识（任选）
3	卷、期、年、月或其他标志（任选）		年卷期或其他标识（任选）	
4	出版项	出版地	出版项	出版地
		出版者		出版者
		出版年		出版年
		引用日期（联机文献必备，其他电子文献任选）		引用日期
5	获取和访问路径（联机文献必备）		获取和访问路径（电子资源必备）	
6			数字对象唯一标识符（电子资源必备）	

表 6-4　连续出版物中的析出文献著录项目新旧标准对比

序号	著录项目（2005）		著录项目（2015）	
1	析出文献主要责任者		析出文献主要责任者	
2	析出文献题名项	析出文献题名	析出文献题名项	析出文献题名
		文献类型标志（电子文献必备，其他文献任选）		文献类型标识（任选）
3	出处项	连续出版物题名	出处项	连续出版物题名
		其他题名信息		其他题名信息
		年卷期标志与页码		年卷期标识与页码
		引用日期（联机文献必备，其他电子文献任选）		引用日期
4	获取和访问路径（联机文献必备）		获取和访问路径（电子资源必备）	
5			数字对象唯一标识符（电子资源必备）	

表 6-5　专利文献著录项目新旧标准对比

<table>
<tr><th>序号</th><th colspan="2">著录项目（2005）</th><th colspan="2">著录项目（2015）</th></tr>
<tr><td>1</td><td colspan="2">专利申请者或所有者</td><td colspan="2">专利申请者或所有者</td></tr>
<tr><td rowspan="4">2</td><td rowspan="4">题名项</td><td>专利题名</td><td rowspan="4">题名项</td><td>专利题名</td></tr>
<tr><td>专利国别</td><td></td></tr>
<tr><td>专利号</td><td>专利号</td></tr>
<tr><td>文献类型标志（电子文献必备，其他文献任选）</td><td>文献类型标识（任选）</td></tr>
<tr><td rowspan="2">3</td><td rowspan="2">出版项</td><td>公告日期或公开日期</td><td rowspan="2">出版项</td><td>公告日期或公开日期</td></tr>
<tr><td>引用日期（联机文献必备，其他电子文献任选）</td><td>引用日期</td></tr>
<tr><td>4</td><td colspan="2">获取和访问路径（联机文献必备）</td><td colspan="2">获取和访问路径（电子资源必备）</td></tr>
<tr><td>5</td><td colspan="2"></td><td colspan="2">数字对象唯一标识符（电子资源必备）</td></tr>
</table>

表 6-6　电子资源著录项目新旧标准对比

<table>
<tr><th>序号</th><th colspan="2">电子文献著录项目（2005）</th><th colspan="2">电子资源著录项目（2015）</th></tr>
<tr><td>1</td><td colspan="2">主要责任者</td><td colspan="2">主要责任者</td></tr>
<tr><td rowspan="3">2</td><td rowspan="3">题名项</td><td>题名</td><td rowspan="3">题名项</td><td>题名</td></tr>
<tr><td>其他题名信息</td><td>其他题名信息</td></tr>
<tr><td>文献类型标志（含文献载体标志）</td><td>文献类型标识（任选）</td></tr>
<tr><td rowspan="6">3</td><td rowspan="6">出版项</td><td>出版地</td><td rowspan="6">出版项</td><td>出版地</td></tr>
<tr><td>出版者</td><td>出版者</td></tr>
<tr><td>出版年</td><td>出版年</td></tr>
<tr><td></td><td>引文页码</td></tr>
<tr><td>更改或修改日期</td><td>更改或修改日期</td></tr>
<tr><td>引用日期</td><td>引用日期</td></tr>
<tr><td>4</td><td colspan="2">获取和访问路径</td><td colspan="2">获取和访问路径</td></tr>
<tr><td>5</td><td colspan="2"></td><td colspan="2">数字对象唯一标识符</td></tr>
</table>

四、著录用文字的变化

著录用文字新增了“必要时，可采用双语著录。用双语著录参考文献时，首先应用信息资源的原语种著录，然后用其他语种著录”的条款，并增补了韩文、日文、俄文的示例。

五、著录细则的变化

著录细则的变化体现在六个方面。

（一）责任者

一是个人著者的著录。将“用汉语拼音书写的中国著者姓名不得缩写”修改为“依据 GB/T 28039—2011 有关规定，用汉语拼音书写的人名，姓全大写，其名可缩写，取每个汉字拼音的首字母”。(8.1.1)

二是机关团体名称的著录。将“用拉丁文书写的机关团体名称应由上至下分级著录”修改为“机关团体名称应由上至下分级著录，上下级间用‘.’分隔，用汉字书写的机关团体名称除外”。(8.1.4)

（二）题名

一是题名。增加了“档案名”和“舆图名”。(8.2)

二是其他题名信息。增加了“专利号”“报告号”和“标准号”。(8.2.3)

（三）出版日期

增加了“公告日期、更新日期、引用日期”的细则。(8.4.4)

（四）页码

增加了“引自序言或扉页题词的页码，可按实际情况著录”的条款。(8.5)

（五）析出文献

期刊中析出文献页码的著录，增加了“阅读型参考文献的页码著录文章的起讫页或起始页，引文参考文献的页码著录引用信息所在页”的条款。(8.8.2)

（六）获取和访问路径、数字对象唯一标识符

两者均为新增加的细则。“根据电子资源在互联网中的实际情况，著录其获取和访问路径。”（8.6）“获取和访问路径中不含数字对象唯一标识符时，可依原文如实著录数字对象唯一标识符。否则，可省略数字对象唯一标识符。”（8.7）

六、参考文献类型及标识的变化

为便于识别参考文献类型、查找原文献、开展引文分析，现行标准新增了“档案”（A）、“舆图”（CM）、“数据集”（DS）和“其他”（Z）4种参考文献类型及标识。参考文献类型及标识由原来的12种增加到了16种。

现行标准并未对新增的4种参考文献类型的内涵给出解释。陈浩元的解读是：档案（A）是指分类保存以备查考的文件和材料，如人事档案、科技档案、法律法规、政府文件等；舆图（CM）是指世界、国家、区域的地图；数据集（DS）是指一种由数据所组成的集合，又称为资料集、数据集合或资料集合；归不进前15个类型的文献，是其他（Z）。[5]341

新增4种参考文献类型，有利于著者和编辑解决部分参考文献不便分类的问题，但是现行标准并没有给出具体示例，在实际应用中仍存在不明确和需要完善的地方。比如：档案著录是否需要标注所属机构？微博、微信等自媒体文字无标题如何著录？幻灯片是归属于档案（A）范畴还是其他（Z）范畴？手机导航中的舆图，如高德地图，是归属于舆图（CM）抑或数据集（DS）？微博、微信、百度百科等数据集信息常出现原作者自行

替换、更改、删除文章的情况，会给检索文献及引证文献带来困难，此类信息如何妥善处理?[6] 因此建议下次修订时，能作出更明确的说明，并列出示例。

第三节　主要著录规则辨析

一、引文参考文献与阅读型参考文献的区别

增补引文参考文献与阅读型参考文献是现行标准的一项重要修订内容。从定义可知：前者是指著者为撰写或编辑论著而引用的信息资源；后者是指著者为撰写或编辑论著而阅读过的信息资源，或供读者进一步阅读的信息资源。

引文参考文献比较好理解，是指实实在在引用的信息资源。对于阅读型参考文献，如果仅从定义文字看，很容易误以为是著者“阅读过”的所有信息资源，而忽略是否与撰写或编辑论著直接相关（对“直接相关”的逻辑边界会有不同理解，甚至有人建议取消阅读型参考文献，这里不作讨论)。根据陈浩元的解读：“无论是引文文献还是阅读型文献，凡是在论著的文献表中著录的，应将文献序号标注在正文中的引用处。”[5]341 也就是说，引文参考文献与阅读型参考文献都是需要著录的参考文献，都应在正文中的“引用”处标注，并且都要按照标注序号在参考文献表中对应列出，它们是参考文献的两种不同著录类型；阅读型参考文献并不是广义的所有“阅读过”的参考文献，“引用”也是前提条件。

针对陈浩元所说的这种“引用”，朱大明认为：为避免引文参考文献定义中的“引用”与“凡是在论著的参考文献表中著录的，应将文献序号标注在正文中的引用处”这一表述中的“引用”在理解上的歧义，可以将“文献序号标注在正文中的引用处”中的“引用”，理解为广义的“引用”，其既包括论著正文中对引用具体信息内容的引文参考文献的具体引

用（引文），也包括为撰写论著而阅读过或供读者进一步阅读的阅读型参考文献的整体引用（提示）。朱大明还进一步指出，其根本区别在于“引用”（广义的）的目的和效能不同：阅读型参考文献是提示著者阅读过的或提供读者进一步阅读的与论著相关的信息资源，以作为整体的借鉴和参考；引文参考文献则是引用了文献中的具体内容（引文）并用于具体学术论证的信息资源；未在正文中提示或提及的文献则不得在文后著录。[7]325

赵岩洁认为：在只有引用的文献才能作为参考文献这个前提下，阅读型参考文献可以进一步理解为著者为撰写或编辑论著而阅读并引用的信息资源，或供读者进一步阅读的信息资源；在论著中，有相当一部分引用仅仅作为整体借鉴参考，或是给出一个提示性说明，或是高度概括基本内容，并没有引用具体的观点、概念、方法、结果、数据等信息用于具体的学术论证，这类引用文献即属于阅读型参考文献；阅读型参考文献必须具备两个条件：引用和引用非具体信息。[8]

因此，不应把两者的区别聚焦在“引用”“阅读过”等具体文字上，应关注信息资源本身。

引文参考文献是具体的、局部的、更精确的信息，其引用形式一般分为直接引用和间接引用。直接引用是指引文为原文照录，是“原封不动”“原汁原味”，应在引文前后加双引号。间接引用①是指引文非原文照录，但与原文具有高度的一致性，是著者运用自己的语言对原文重新组织后的表述。

阅读型参考文献是整体性的、概括性的、更多具有说明与提示功能的信息，能反映著者阅读过的与论著内容相关的更广阔的信息，是为了给读者提供进一步深入了解相关信息的途径，其“引用”形式可分为概括式引用和提及式引用。概括式引用是指对参考文献的主要观点、结论等的整体概括说明。提及式引用是指仅仅提到参考文献本身或其作者、相关概念等，起提示作用，并不对具体内容展开论述。

---

① 对间接引用有不同理解，有的认为除加双引号的原文引用外，其他的所有引用，包括下面提到的阅读型参考文献的概括式引用和提及式引用，都属于间接引用。这里的间接引用是指狭义的概念。

引文参考文献是著录到“点”，阅读型参考文献是著录到“面”。一个属微观，能精确到某个页码；一个属宏观，是泛泛而谈。这也是为什么“阅读型参考文献的页码著录文章的起讫页或起始页，引文参考文献的页码著录引用信息所在页”的原因。

下面举几个例子作对比（为区别于正文参考文献编码序号，本章举例的参考文献序号使用“A×”形式编排）。

（1）媒介的内容融合，就是“分属于不同媒介形态的内容生产，依托数字技术形成了跨平台和跨媒体的使用，利用数字化终端，形成多层次、多类型内容融合产品”[A1]。

[A1]蔡雯,王学文. 角度·视野·轨迹:试析有关“媒介融合”的研究[J]. 国际新闻界,2009(11):90.

（2）日本在食品安全方面以《食品卫生法》为基础，辅以多项具体的专项法律法规如《屠宰法》《食品安全基本法》《健康促进法》《食品与农业农村基本法》等。[A2]

[A2]马淑芳,王靖. 国外食品安全法律制度及其启示[J]. 学术交流,2009(12):93.

（3）有的研究是关注政协界别变迁与政党吸纳能力的关系，认为政协界别变迁强化了共产党统合社会的能力，是执政党和社会维系利益多元化格局及政治稳定的重要平台。[A3]

[A3]李后强,郭丹,陈兰馨. 政协界别变迁:中国共产党政治吸纳能力的一个研究视角[J]. 邓小平研究,2018(1):47-59.

（4）为充分体现参考文献的作用，一方面应遵循参考文献引用的基本原则[A4]；另一方面则应严格遵守参考文献引用著录规则。

[A4]陶范. 参考文献引用原则辨析[J]. 编辑学报,2006(4):252-254.

[A1][A2]为引文参考文献。例（1）是引用原文，著录文献所在页“90”，属直接引用；例（2）是对引文原文的重新表述（引文原文为：“日本在食品安全方面以《食品卫生法》作为基础，同时有许多具体的专项法律，如《屠宰法》、《食品安全基本法》、《健康促进法》、《食品与农

业农村基本法》等”），著录文献所在页“93”，属间接引用。

［A3］［A4］为阅读型参考文献。例（3）是对文献的整体概述，著录页码为起讫页“47-59”，属概括式引用；例（4）提到了“参考文献引用的基本原则”，但并未展开表述，著录页码为起讫页“252-254”，属提及式引用。

二、增补阅读型参考文献的影响

原标准中“文后参考文献”的定义是“为撰写或编辑论文和著作而引用的有关文献信息资源”，现行标准中“引文参考文献”的定义是“著者为撰写或编辑论著而引用的信息资源”，两者基本一致。可见，引文参考文献是原标准所指参考文献的变身，阅读型参考文献是真正的“新人”。

现行标准条文中有三处涉及阅读型参考文献的文字：一是阅读型参考文献的定义；二是著录细则中阅读型参考文献页码著录要求，即“阅读型参考文献的页码著录文章的起讫页或起始页”；三是参考文献表中阅读型参考文献著录位置要求，即“阅读型参考文献著录在文后、书的各章节或书末”。虽然文字很少，但是增补阅读型参考文献的影响是多方面的。

第一，参考文献的类型不再单一。增补阅读型参考文献后，参考文献的类型从引文引用扩展到提示与说明性引用，即扩展到“阅读过”的信息资源。

第二，参考文献的著录要求更明确。规范著录参考文献，一方面能体现著者的科学研究态度与著作水平，另一方面能体现对前人成果的继承和对他人劳动的尊重。参考文献的真实性、准确性和可查性是最重要的著录要求，而能体现这些要求的重要标志是否标注“引文页码”及标注方式。根据陈浩元的解读：“凡专著、从专著和期刊中析出的文献作为引文文献引用时，均应标注引用信息所在页码，即‘引文页码’。”“专著仅在作为阅读型文献引用时才不标注‘引文页码’。但从文集和期刊中析出的文献作为阅读型文献引用时，应标注析出文献的起讫页或起始页。”[5]341这样才能“更加符合学术论著写作和编辑中参考文献著录的实际，能更好地反映不同类型的参考文献引证目的和作用，有利于规范引证动机和行为、细化著录规则”[7]324，以避免不查看源文献的直接转引，尤其是要杜绝二次转引和转引中出现的以讹传讹。

第三，对著者和编辑提出了更高要求。通常情况下，在中国知网（www. cnki. net）、维普资讯（www. cqvip. com）、万方数据（www. wanfangdata. com. cn）等信息检索平台上查询到的文章，参考文献的页码项多是起讫页格式。按照现行标准，这些文献用作阅读型参考文献时，直接复制原格式即可使用，如［A3］［A4］；用作引文参考文献时，则必须把起讫页改为引文所在页，如［A1］［A2］的起讫页原本为“87-91”“92-95”，著录时要分别著录引文所在页“90”“93”。从目前图书的参考文献著录情况看，能规范地通过页码格式区分阅读型参考文献与引文参考文献的还不是很多。

著录页码问题看似简单，真正做好并非易事。一方面，需要著者秉持严谨的科学态度，要亲自查阅原始文献，才能保障论著原稿的参考文献质量。这是重要前提，否则会给编辑审读带来困难，增加很多工作量。比如：有些文献内容很多，少则几页，多则十几页、几十页，要花费不少工夫去查找引文所在页；有些文献是内部资料、档案，不容易查阅到，很难核实；有些文献虽能检索到，但需要付费阅读、付费下载；等等。另一方面，需要图书编辑秉持良好的职业素养，要通过内文“引用”实际准确判断出是阅读型参考文献还是引文参考文献，并核查著录页码是否正确。同时，要避免引用不当问题，如错误的“转引”、断章取义的“曲引”及过多不当的“自引”等。

做好这些，既需要责任心，也需要付出时间和精力。

三、顺序编码制与著者-出版年制的概念商榷

在前面主要概念的变化中已经提到，顺序编码制、著者-出版年制的新定义只是将“文后参考文献”修订为“引文参考文献”：顺序编码制，“一种引文参考文献的标注体系，即引文采用序号标注，参考文

献表按引文的序号排序”；著者-出版年制，“一种引文参考文献的标注体系，即引文采用著者-出版年标注，参考文献表按著者字顺和出版年排序”。两者定义中均使用了“引文参考文献”，笔者认为值得商榷。

既然现行标准已经将参考文献划分为阅读型参考文献与引文参考文献两种类型，却又在新的定义中均表述为“一种引文参考文献的标注体系”，会自然地让人理解为，顺序编码制、著者-出版年制这两种标注法，针对的都是引文参考文献，而与阅读型参考文献无关。这可能也是引起大家对阅读型参考文献的概念产生疑惑和争议的一个原因。如果将定义中的“引文参考文献”改为“参考文献”，将“引文”改为“引用处”，是不是更好些呢?!

因此，建议修改为：顺序编码制，“一种参考文献的标注体系，即引用处采用序号标注，参考文献表按引用处的序号排序”；著者-出版年制，“一种参考文献的标注体系，即引用处采用著者-出版年标注，参考文献表按著者字顺和出版年排序”。

四、统一著录“数字对象唯一标识符”尚有难度

为适应网络环境下的电子资源存取路径发展需要，现行标准新增著录项“数字对象唯一标识符”（digital object identifier, DOI）。从定义可以看出，它是“针对数字资源的全球唯一永久性标识符，具有对资源进行永久命名标志、动态解析链接的特征”。正是由于其唯一性，DOI 又被称作数字时代的“身份证”。

在我国新闻出版领域，国家新闻出版总署于 2009 年 8 月正式立项制定相关行业标准，2012 年 3 月发布了《新闻出版数字资源唯一标识符》（CY/T 82—2012）。2018 年 6 月，国家市场监督管理总局、中国国家标准化管理委员会发布国家标准《信息与文献　数字对象唯一标识符系统》（GB/T 36369—2018），等同采用 ISO 26234：2012，规范了 DOI 系统的语法、描述和解析功能组件，以及对 DOI 名称进行创建、注册和管理的基本

原则。该标准指出：DOI 的含义是“对象的数字化标识符”而非“数字对象的标识符”；DOI 可以用来标识任何形式的对象，无论是物理的或数字的，或者是抽象的（如文字作品）；当存在某种功能需求，需要将该对象与其他对象区别开来时，DOI 可以用作对象的识别。比如，参考文献“杨昊．区块链：从密码朋克到人类命运共同体[J/OL]．国际论坛：1-19[2021-02-01]．https://doi.org/10.13549/j.cnki.cn11-3959/d.2021.02.002.”的 DOI 为“10.13549/j.cnki.cn11-3959/d.2021.02.002”。

DOI 能让读者快捷、准确地获取电子资源，也方便编辑人员的快速核查。现行标准关于 DOI 的著录规则是：获取和访问路径中不含 DOI 时，可依原文如实著录 DOI；否则，可省略 DOI。不过，在实际运用中，将 DOI 作为电子资源必备项著录还有一定难度，有些文献没有注册 DOI，很难统一要求。在现行标准的电子文献示例中，也有些电子资源并没有标注 DOI。相信，随着 DOI 系统的不断完善和管理机制的不断健全，一个完整的 DOI 体系将会逐渐形成。

五、如何理解著录项目的“任选”与“必备”

现行标准规定：“参考文献设必备项目与选择项目。凡是标注‘任选’字样的著录项目系参考文献的选择项目，其余均为必备项目。”

对“任选”的含义，陈浩元的解读是：“凡标有‘任选’的著录项目或要素，意为可标注也可不标。新标准的示例对‘任选’项目都做了标注，但并不表示要求。”[5]340可见，“任选”项可以根据实际情况、实际需要选择性标注，即使不标注也是符合标准的。也就是说，“任选”项如果有，可以标或不标，没有则省。比如“文献类型标识（任选）”“其他责任者（任选）”。当然，也要遵循系统一致原则，同一本图书的参考文献要保持体例统一。从参考文献的信息属性来讲，标注当然比不标注能提供更多信息。

对“必备”的含义，又该如何理解呢？比如原标准中的“引用日期（联机文献必备，其他电子文献任选）”变更为了“引用日期”，成为必备项目。对此，陈浩元的解读是：“凡属电子资源，‘引用日期’是不应省略的必备著录要素。”[5]340根据电子资源的定义，电子资源是指“以数字方式将图、文、声、像等信息存储在磁、光、电介质上，通过计算机、网络或相关设备使用的记录有知识内容或艺术内容的信息资源，包括电子公告、电子图书、电子期刊、数据库等”。也就是说，如果不属于电子公告、电子图书、电子期刊、数据库等电子资源，“引用日期”就不一定是必备著录项目，可以省略。这看上去与标准中规定的“凡是标注‘任选’字样的著录项目系参考文献的选择项目，其余均为必备项目”相矛盾。其实，所谓“必备项目”应理解为有则必备。在所有著录项目中，类似“引用日期”这样的“必备项目”还有不少，比如：

无责任者或者责任者情况不明的文献，“主要责任者”项应注明“佚名”或与之相应的词。凡采用顺序编码制组织的参考文献可省略，直接著录题名。(8.1.3)

其他题名信息根据信息资源外部特征的具体情况决定取舍。(8.2.3)

无出版地的中文文献著录“出版地不详”，外文文献著录“s.l.”，并置于方括号内。无出版地的电子资源可省略此项。(8.4.1.3)

无出版者的中文文献著录“出版者不详”，外文文献著录“s.n.”，并置于方括号内。无出版者的电子资源可省略此项。(8.4.2.3)

总之，“任选”是指有则可选，“必备”是指有则必备。

六、参考文献表的位置与排序商榷

对一本图书来说，参考文献表的编排应分为两个步骤：第一步是确定参考文献表的位置，第二步是确定参考文献表的排序。

（一）参考文献表的位置

现行标准规定：“参考文献表可以按顺序编码制组织，也可以按著者-出版年制组织。引文参考文献既可以集中著录在文后或书末，也可以分散著录在页下端。阅读型参考文献著录在文后、书的各章节后或书末。”这是对参考文献表的位置的总述，即无论是顺序编码制还是著者-出版年制，其位置设置有 4 种方式。

方式一：全部置于文后。

方式二：全部置于书末。

方式三：文中（引文参考文献）+文后（阅读型参考文献）。

方式四：文中（引文参考文献）+书末（阅读型参考文献）。

（二）参考文献表的排序

1. 顺序编码制参考文献表的排序

根据“9.1　顺序编码制”的要求：“参考文献表采用顺序编码制组织时，各篇文献应按正文部分标注的序号依次列出。”同时，“10.1.1”指出：“顺序编码制是按正文中引用的文献出现的先后顺序连续编码，将序号置于方括号中。如果顺序编码制用脚注方式时，序号可由计算机自动生成圈码。”

结合以上排序要求和位置设定方式，当引文参考文献、阅读型参考文献置于文后或书末并统一编码（方括号码）时，排序方式比较简单，可以分为 2 种。

方式一：文后按序号依次列出。

方式二：书末按序号依次列出。

而当引文参考文献采用脚注方式使用圈码，圈码本身又可分为每面、每章、全书 3 种连续编码时，排序就会变得复杂起来，有 6 种组合排序方式（见表 6-7）。

不仅如此，当引文参考文献采用脚注方式使用圈码时，还要考虑与注释①序号编码的关系。这时注释又可分为 3 种情况。

---

① 这里的注释是指除出处注以外的一般说明性注释，下同。注释的行文格式与正文相同，采用汉语标点符号用法格式。参考文献是采用专门的著录符号，不完全等同于标点符号，只是借用某些标点符号的形式。当引文参考文献采用脚注时，出处注可并入引文参考文献，没必要重复著录。

表 6-7　引文参考文献采用脚注时的 6 种排序方式

<table>
<tr><th rowspan="2">排序方式</th><th colspan="3">引文参考文献</th><th colspan="3">阅读型参考文献</th></tr>
<tr><th>位置</th><th>编码类型</th><th>连续编码方式</th><th>位置</th><th>编码类型</th><th>连续编码方式</th></tr>
<tr><td>方式一</td><td rowspan="6">文中</td><td rowspan="6">圈码</td><td>每面</td><td rowspan="3">文后</td><td rowspan="6">方括号码</td><td rowspan="3">每章</td></tr>
<tr><td>方式二</td><td>每章</td></tr>
<tr><td>方式三</td><td>全书</td></tr>
<tr><td>方式四</td><td>每面</td><td rowspan="3">书末</td><td rowspan="3">全书</td></tr>
<tr><td>方式五</td><td>每章</td></tr>
<tr><td>方式六</td><td>全书</td></tr>
</table>

一是注释采用脚注方式使用圈码时，注释与引文参考文献应每面连续混合编码，并在页下端按序号排列。

二是注释采用脚注，且编码采用区别于引文参考文献的圈码、阅读型参考文献的方括号码之外的第三种编码方式时，注释与引文参考文献为分别编码，在页下端应先排列注释、后排列引文参考文献。（此时注释采用的第三种编码方式可以选择“1，2，3，……”“［一］［二］［三］……”“a，b，c，……”“Ⅰ，Ⅱ，Ⅲ，……”“*，**，***，……”等形式。）

三是注释采用尾注（文后注）时，也要采用第三种编码方式以示区别。

这样的话，顺序编码制参考文献表的排序方式就更复杂、更困难了。造成这种排序复杂、困难的症结点，在于现行标准中参考文献的位置设定。而位置设定是由参考文献分为引文参考文献和阅读型参考文献，且引文参考文献可著录于文中、阅读型参考文献不能著录于文中引起的。因此，有人提出疑问：“2015 版将参考文献区分为阅读型参考文献和引文参考文献，但并没有对顺序编码制下如何排序做出说明，是全文统一编序号，还是分别编序号？如果是统一编序号，则对二者进行区分就失去了意义；如果分开编号，则排序的方式以及依据何在呢？”[9] 也有人指出，“阅读型参考文献是否需要单列值得考虑”[1]72。还有人建议，“废止两类参考文献的区分，仍以旧国标为准”[10]。

笔者认为，现行标准增补阅读型参考文献，还是应该肯定其进步意义的。引文参考文献与阅读型参考文献可以通过正文中的实际引用情况和页码著录情况等来区别，如果不将阅读型参考文献硬性规定为只能著录在文后或文末，就能比较容易地解决参考文献的排序问题。所以，是否可以考虑不将引文参考文献与阅读型参考文献的位置割裂，把参考文献的位置设定修改为“引文参考文献与阅读型参考文献既可以同时集中著录在文后或书末，也可以同时分散著录在页下端”呢？当著录在页下端时，可以选择两种编码与排列方式：一种是参考文献采用方括号码，注释采用圈码，页下端先排注释、后排参考文献；另一种是参考文献与注释都采用圈码，页下端按编码顺序依次混合排列。这两种方式都比较好操作。

目前来看，在不违背现行标准的前提下，还是将参考文献集中著录于文后或书末，注释采用脚注著录在页下端比较好操作一些。毕竟，注释与参考文献的功能有一定的区别：注释与正文内容关联更紧密，采用脚注便于读者快速了解相关说明；参考文献与正文内容关联相对弱一些，是正文内容的外延，统一著录在文后或书末更便于整体性地了解著者的文献参考与研究情况。

2. **著者-出版年制参考文献表的排序**

对著者-出版年制参考文献表来说，由于不存在正文中引用文献的编码问题，排序会相对简单些。

根据“9.2　著者-出版年制”的要求：“参考文献表采用著者-出版年制组织时，各篇文献首先按文种集中，可分为中文、日文、西文、俄文、其他文种5部分；然后按著者字顺和出版年排列。中文文献可以按著者汉语拼音字顺排列，也可以按著者的笔画笔顺排列。”

著者-出版年制参考文献表的排序难点也是在引文参考文献著录在页下端时。这时，要把阅读型参考文献区分出来，集中著录在文后或书末，会增加不少工作量。并且，要分别按照文种先集中，然后按字顺排列。从目前图书中的著者-出版年制参考文献表的位置来看，基本上是集中放置在文后或书末，这也就省却了将阅读型参考文献与引文参考文献进行区分的工作。

需要注意的是，标准中所说的“然后按著者字顺和出版年排列”，应是指先按著者字顺排列、再按出版年排列，而不是指两者选其一，两者不是“或”的关系。

七、参考文献的注码位置亟待规范

目前，还没有关于参考文献注码位置的专门规范，现行标准中也没有关于注码位置的具体规定。之所以要谈注码位置问题，一是因为注码位置决定着正文中引用文献内容的涵盖范围，如果标注不清，“会影响读者对作者观点和引用观点的判断”[11]97；二是因为目前图书中的注码位置标注得比较混乱或比较随意，不仅不同的著者标注习惯不一样，即使同一个著者或同一本图书中的标注也不甚一致。

参考文献的注码标注与注释基本相同，一些注释注码的标注要求可以给予参考，比如：《学术出版规范　注释》要求“文中的注码应紧跟被注文字，用右上角标标注”[12]，《社会科学辑刊》编辑部要求“注释序号置于所释语句（词或词组）或段落标点符号之后”[13]，《中国经济史研究》编辑部要求“正文中的注释序号统一置于包含引文的句子（有时候也可能是词或词组）或段落标点符号（包括顿号、逗号、分号、句号）之后”[14]，等等。可见，注码的标注至少有两个要求：一是注码为后置符号，采用右上角标注；二是注码应紧跟被标注内容。

参考文献的注码是标注在“引用处”，紧跟引用内容是最基本的原则。“紧跟引用内容有两层涵义：一是参考文献序号的标注位置能涵盖所有的引用内容，而不有所遗漏；二是参考文献序号的标注位置应置于引用内容之后，而不应包含非引用内容。”[11]98这看似简单，在实际操作中却非常复杂、情形各异。下面仅依据“引用处”的外在表现形式——有无引号，将参考文献的注码类型大致分为有引号标注和无引号标注。

（一）有引号标注

有引号标注是指引用内容为直接引用或表示特指，由引号标示，注码紧跟后引号标注。

讨论有引号标注时，很多人会将其分为各种不同情形，如引文内容是字、词或词组，还是一个句子、一段话或几段话？引文内容是否为独立完整的句子？引文文末点号是否放在后引号内？后引号后是否还有标点？等等，往往会用很大篇幅讨论引号等标点符号的用法问题。确实，注码位置与标点符号关系紧密，正确使用引号等标点符号是有引号标注的前提。

有引号标注的关键标识是引号。当只有一个引用处时，无论句式多么复杂，标点符号如何变化，注码都应始终紧跟后引号。例如：

(5) 顾炎武曾旗帜鲜明地说："凡文之不关于六经之指、当世之务者，一切不为。"[A5]

(6) 鲁迅认为，专门家之言多"悖"，"专门家除了他的专长之外，许多见识是往往不及博识家或常识者的"[A6]。

(7) 基层党政领导下的社区建设虽然具有多方协商的色彩，……，但其民主形式的背后依然是具有中国特色的国家意志对社区公共事务的"柔性控制"[A7]，因此，……。

当有多个引用处时，正常情况下，每一个引用处都应予以标注。但是当连续有两个以上引用处时，如果都是引用同一著者的同一文献，且引文所在页码相同或相连，这时为了避免过密地标注，也可以只标注在最后一个引用处后。此时，标注位置不一定是再紧跟后引号，要以能覆盖所有引用处为原则。例如：

(8) 一九六三年十二月三十日，毛泽东在一个文件上写了一个批语，说："对世界三大宗教（耶稣教、回教、佛教），至今影响着广大人口，我们却没有知识，国内没有一个由马克思主义者领导的研究机构，没有一本可看的这方面的刊物。""用历史唯物主义的观点写的文章也很少，例如任继愈发表的几篇谈佛学的文章，已如凤毛麟角，谈耶稣教、回教的没有见过。不批判神学就不能学好哲学史，也不能写

好文学史或世界史。”[A8]

[A8]毛泽东．加强宗教问题的研究[M]//毛泽东．毛泽东文集:第7卷．北京:人民出版社,1999:353.

(9) 毛泽东的这些看法，在第一次郑州会议和武昌会议的讲话中得到了充分展开。他说：“现在，我们有些人大有要消灭商品生产之势。……。这个观点是错误的，这是违背客观法则的。”“商品生产，要看它是同什么经济制度相联系，……，同社会主义制度相联系就是社会主义的商品生产。”[A9]

[A9]毛泽东．关于社会主义商品生产问题[M]//毛泽东．毛泽东文集:第7卷．北京:人民出版社,1999:437-439.

(10) 新时代的出版编辑应担负起新时代赋予的文化使命，要“坚定文化自信，推动新时代中国出版业繁荣兴盛”，要“把握编辑导向，以社会主义核心价值体系引领出版行为”，要“始终把社会效益放在首位，为全社会提供优秀精神食粮”，还要能“以国际视野讲好中国故事”。[A10]

[A10]周国清,朱美琳．新时代编辑主体的核心素养与使命担当[J]．中国编辑,2018(4):6-8.

如果不是连续引用，或者引文所在页码不相同也不相连，抑或标注在最后一个引用处后会导致标注范围不清时，还是分别标注比较稳妥。

通常情况下，如果是直接引用（如［A5］），或是对某个概念、理论、模式等的特指（如［A7］），应尽量使用引号，这样不仅“使读者能准确地分清哪些内容是作者的观点，哪些内容是作者引用的观点”[11]98，也易于更准确地标注。否则，会造成标注范围不清楚。例如：

(11 甲) 从我国经济体制转变的经验中可见，管制型的治理模式已经失灵，政府要树立其服务理念，确立以服务引领管理和治理的理念，寓治理和管理于服务之中，通过良好的终端服务实现基层管理和治理[A11]。

按照注码［A11］的位置，标注内容一般应指最后一句话“通过良好的终端服务实现基层管理和治理”。核对原文献后却发现，“确立……，通过良好的终端服务实现基层管理和治理”均为直接引用，所以应将其完整地加上引号才准确。

（11 乙）从我国经济体制转变的经验中可见，管制型的治理模式已经失灵，政府要树立其服务理念，“确立以服务引领管理和治理的理念，寓治理和管理于服务之中，通过良好的终端服务实现基层管理和治理”[A11]。

（二）无引号标注

无引号标注是指引用内容不带有引号，注码紧跟引用内容且能涵盖引用内容的标注。例如：

（12）学术性专著的参考文献，必须根据 2015 年发布的国家标准《信息与文献　参考文献著录规则》[A12]进行编排，不合要求的可以适当计错。

（13）对于这一说法，有文章做过介绍[A13]，这里就不一一赘述了。

（14）毛泽东说过，他是先学列宁的东西，后读马克思、恩格斯的书。[A14]

（15）斯潘塞认为，胜任力是与有效或出色工作绩效相关的个人潜在特征，包括五个层面，即知识、技能、自我概念、特质和动机。[A15]

（16）谈话中，毛泽东问起这个杂志，说：有一本杂志《自然辩证法研究通讯》，曾停了很久，现在复刊了。复刊了就好。现在第二期已经出了。[A16]

（12）（13）为提及式引用，紧跟提及内容标注即可，比较容易操作。（14）（16）为间接引用，（15）为概括式引用。（14）（15）（16）有一个共同点，就是都有提示引用词语（简称提引词）。提引词类似于冒号用法中谈到的提示性词语，有很多，有时是动词形式，有时是名词形式，例如说、道、讲过、说过、提出、指出、得出、规定、认为、建议、证明、表明、解读、解释、分析，以及观点、方法、方面、步骤、调查、研究、现象、问题、结果、结论等等。提引词后的句子实际上是对提引词的进一步补充说明或者是总结，它不但表示重要的意义，而且还能起到强调作用。[15]通过提引词，我们能够比较容易地判断出后面引用内容的范围。

无引号标注不像有引号标注那样，有“明显的形式标记——引号”[16]，因此会复杂很多。这也是参考文献注码位置比较混乱的重要原因。就像（11 甲）中的［A11］，有人认为标注内容是指整个句子，有人认为是“可见”之后的所有内容，无法统一。

为统一意见，实现准确地标注，就要将标点符号纳入标注范畴，借助标点符号的停顿功能。标点符号的停顿有长有短，因此管辖范围有多有少，对引用内容的范围能起到天然的分隔作用。注码在不同的标点符号后，引用内容的范围会不同；注码与标点符号的前后位置关系不同，引用内容的范围也会有区别。因此，无引号标注与标点符号的关系更加紧密。

在有提引词时，标注可分为两种情况：当提引词后为逗号时，引用内容的范围一般截至句末点号，注码标注在句末点号后，如［A14］［A15］；当提引词后为冒号时，引用内容的范围则以冒号的统领范围为准，注码标注在最后一个被统领的句末点号后，如［A16］。

在没有提引词，也不是提及式引用时，标注会相对复杂，需要结合标点符号的停顿功能和分隔作用仔细考究。通过下面的示例，可以对标注范围作个比较：

（17）系统是潜势、理论和资源，对示例有规范和制约作用[A17]；[A18]示例是系统的具体展示，对系统有反哺作用[A19]，可以丰富系统，增强系统的适用性应用性，突破旧理论、创立新理论[A20]，[A21]扩大研究领域，推动系统发展，促进学科建设和发展。[A22]

这是一个复句，由两个分句组成。文中 6 个注码的标注范围分别是：

［A22］紧跟句末点号句号“。”，标注的引用内容涵盖整个句子，因此标注范围最大。

［A18］紧跟第一个分句后的分号“；”，标注的引用内容是指分号前的所有内容，即“系统是潜势、理论和资源，对示例有规范和制约作用”；而［A17］是在分号“；”之前，标注的引用内容则是指“对示例有规范和制约作用”。

［A19］［A20］与［A17］的标注作用是一致的，都是标注在引用内容末尾的标点符号之前，标注的范围是指最近的两个标点符号之间的内容，即［A19］是指两个逗号“，”之间的内容——“对系统有反哺作用”，［A20］是指逗号“，”与顿号“、”之间的内容——“创立新理论”。

［A21］紧跟逗号“，”，标注的引用内容是指两个逗号之间的内容——“突破旧理论、创立新理论”。之所以［A21］必须标注在逗号之后，是因为其前面有停顿更短的顿号“、”，这样才能与［A20］区分开来。

当然，单就［A19］来说，标注在逗号之前与逗号之后，标注的引用内容是没有区别的；但是对于［A17］与［A18］、［A20］与［A21］来说，则完全不同。因此，对于［A19］这种情况，标注在逗号之前更好，更能体现紧跟引用内容的基本原则。

此外，还有一些特殊情况，当无法找到合适标注位置时，要通过修改标点来解决。比如引用内容是（17）中的第二个分句的全部时，可将分号改为句号，然后标注在［A22］处。

可见，无引号标注时，标注范围与标点符号息息相关，一个标点符号的错位就会影响到参考文献的引用质量。假如［A22］标注在句号“。”之前，标注的引用内容就会有天壤之别。

总之，参考文献的注码虽小，但注码位置有讲究，不能小觑。重视参考文献的注码位置，“建立起科学、规范的参考文献序号标注体系”[11]104，“一方面便于读者检索与阅读，另一方面也是对原作者成果的尊重，避免‘隐形’抄袭”[17]。所以，希望能出台统一的标注规范，改变这种混乱状况。

第四节　参考文献著录常见差错

现行标准的主要内容是顺序编码制参考文献著录规则，附录中的示例也全部是顺序编码制著录格式，所以下面以介绍顺序编码制参考文献著录中的常见差错为主，兼顾与著者-出版年制的对比。

一、著录格式

著录格式常见差错主要有两个方面：一是著录项目的顺序不正确，二是著录符号不规范。熟悉各类著录对象的基本格式，规范使用著录标识符号，是编辑参考文献的前提和基本要求。

（一）著录项目顺序

著录项目可以按照“任选”和“必备”的要求著录，但是著录项目的顺序不能随意调整。6 种著录对象的基本著录格式分别如下。

专著——主要责任者. 题名:其他题名信息[文献类型标识/文献载体标识]. 其他责任者. 版本项. 出版地:出版者,出版年:引文页码[引用日期]. 获取和访问路径. 数字对象唯一标识符.

专著中的析出文献——析出文献主要责任者. 析出文献题名[文献类型标识/文献载体标识]. 析出文献其他责任者//专著主要责任者. 专著题名:其他题名信息. 版本项. 出版地:出版者,出版年:析出文献的页码[引用日期]. 获取和访问路径. 数字对象唯一标识符.

连续出版物——主要责任者. 题名:其他题名信息[文献类型标识/文献载体标识]. 年,卷(期)-年,卷(期). 出版地:出版者,出版年[引用日期]. 获取和访问路径. 数字对象唯一标识符.

连续出版物中的析出文献——析出文献主要责任者. 析出文献题名

［文献类型标识/文献载体标识］. 连续出版物题名：其他题名信息，年，卷（期）：页码［引用日期］. 获取和访问路径 . 数字对象唯一标识符 .

专利文献——专利申请者或所有者 . 专利题名：专利号［文献类型标识/文献载体标识］. 公告日期或公开日期［引用日期］. 获取和访问路径 . 数字对象唯一标识符 .

电子资源——主要责任者 . 题名：其他题名信息［文献类型标识/文献载体标识］. 出版地：出版者，出版年：引文页码（更新或修改日期）［引用日期］. 获取和访问路径 . 数字对象唯一标识符 .

与顺序编码制不同的是，著者-出版年制的著录格式是将“出版年”放在了“主要责任者”之后，如“×××,2018”。

（二）著录符号

著录符号大多来自标点符号，但功能和用法与标点符号不同。它是一种前置符，主要用于分隔著录项目和要素，使之条块清晰、便于检索。

著录符号共 9 个，用途分别如下。

“.”——用于题名项、析出文献题名项、其他责任者、析出文献其他责任者、连续出版物的“年卷期或其他标识”项、版本项、出版项、连续出版物中析出文献的出处项、获取和访问路径以及数字对象唯一标识符前。每一条参考文献的结尾可用“.”号。

“:”——用于其他题名信息、出版者、引文页码、析出文献的页码前。

“,”——用于同一著作方式的责任者、“等”“译”字样、出版年、期刊年卷期标识中的年和卷号前。

“;”——用于同一责任者的合订题名以及期刊后续的年卷期标识与页码前。

“//”——用于专著中析出文献的出处项前。

“（）”——用于期刊年卷期标识中的期号、报纸的版次、电子资源的更新或修改日期以及非公元纪年的出版年。

“［ ］”——用于文献序号、文献类型标识、电子资源的引用日期以及自拟的信息。

“/”——用于合期的期号间以及文献载体标识前。

“-”——用于起讫序号和起讫页码间。

在著录符号的实际使用中，有以下几点需要说明。

第一，著录符号虽为前置符，但是第一个著录项目前不使用任何标识符号。

第二，“.”可用于每一条参考文献的结尾，如果不用也是规范的，只要全书体例一致即可。

第三，“,”可用于“等”“译”前，如果“等”“译”连用，可以省略“译”前的“,”，直接著录为“，等译”。现行标准中就有这样的示例：

（18）［×］罗杰斯．西方文明史：问题与源头［M］．潘惠霞，魏婧，杨艳，等译．大连：东北财经大学出版社，2011：15-16.

第四，“//”专门用于专著中析出文献的出处项前。报纸与期刊中的析出文献与源文献的关系用“.”表示。例如：

（19）［×］龚育之．毛泽东与自然科学［M］//龚育之，逄先知，石仲泉．2版．北京：生活·读书·新知三联书店，2009：65.

（20）［×］张国硕．中国早期都城的设都制度［N］．光明日报，2021-01-13(11).

（21）［×］柳斌杰．跨界联合打造数字出版新平台［J］．中国编辑，2018(3)：4.

第五，文献序号用方括号“［ ］”，一般是指顺序编码制参考文献表放在文后或文末时，如采用脚注则可在页下端使用圈码序号。现行标准并没有对著者-出版年制参考文献表的文献序号提出要求，从标准中的示例看，均没有编排序号。也有人建议，在著者-出版年制参考文献表中，应增加序号列条著录，这样会更清晰明了，也便于后期排版和校对人员处理。[1]72

二、著录细则

（一）主要责任者或其他责任者项

1. 姓名著录方式

根据“8.1.1”，姓名著录主要有3个原则。

第一，姓在前，名在后。

第二，姓全部著录，字母全大写；名可用缩写，缩写名后省略缩写点。欧美著者的中译名只著录其姓；同姓不同名的欧美著者，其中译名不仅要著录其姓，还需著录其名的首字母。用汉语拼音书写的人名，名可用缩写，缩写时取每个汉字拼音的首字母。

第三，不必著录著者的国别、朝代。

例如：

（22）白居易　（原题：〔唐〕李白）
马克思　（原题：［德］卡尔·马克思）
昂温 G，昂温 P S　（原题：［英］G. 昂温，P. S. 昂温）
EINSTEIN A　（原题：Albert Einstein）
CAO Xueqin　（原题：Cao Xueqin）
CAO X Q　（原题：Cao Xueqin）

按照陈浩元的解读：“姓前名后”，且“姓全部著录，字母全大写”，是采用了ISO 690的规范，是为了与国际标准接轨，便于人们快捷、正确地区分著者的姓和名；“姓前名后”的规则仅适用于参考文献表中的著录，在其他处仍应尊重其原有的姓名书写规则。陈浩元还进一步指出：名可缩写并省略缩写点，是出于著录简明性且不会产生歧义的考虑，仅表明一种提倡，但不是“要求”；现行标准对采用缩写点没有明文禁止，有的书刊统一采用对所有责任者全部照录的著录方式，应属允许。[5]342

姓名著录常见差错有以下 4 种情况。

一是姓与名的前后顺序颠倒。如：“昂温 G”误为“G 昂温”，“CAO Xueqin”误为“Xueqin CAO”或者“X Q CAO”等。

二是姓名著录不全。如：“CAO X Q”误为“CAO X”，“昂温 P S”误为“昂温 P”等。

三是仍然著录国别、朝代。从现行标准与原标准的示例对比看，现行标准的原题“（明）李时珍”在原标准中是“李时珍”，说明现行标准更强调不必著录国别、朝代。对是否需要著录国别、朝代的疑问，陈浩元的解答是：“不标注主要责任者的‘国籍’‘朝代’等不是‘失误’，而是新标准倡导的。”[18]当然，也不能太较真儿，如果著录了国别、朝代且体例统一，也不是不可。但是从遵循简明、实用的原则考虑，确实没有必要给参考文献著录附加太多实际意义并不大的“功能”和著录项目。[19]

此外，还有一个不必著录国别的情况是在专利文献中，现行标准删除了题名项中的原“专利国别”项。

四是著作方式方面。一方面是“画蛇添足”，在主要责任者后额外著录了“著”“编著”“编”“主编”“编写”等；另一方面是“偷工减料”，在其他责任者后忘记著录“译”“点校”“整理”等。对主要责任者不著录著作方式，王子舟提出过不同意见，认为：“不同的著作方式表达责任者对作品负有不同的责任，也是对作品的原创度、价值贡献的客观揭示。如果不做区分，就看不出责任者的主要学术贡献是什么。”他的建议是：“当著作方式为‘著’时，著作方式可以省略；其他著作方式，如编、编著、口述、绘制、录制等一律保留。”[20]

此外，需要注意著者-出版年制在正文中标注引用文献的著者的规则。根据“10.2.1”：正文引用的文献采用著者-出版年制时，各篇文献的标注内容由著者姓氏与出版年构成，并置于“（ ）”内。倘若只标注著者姓氏无法识别该人名时，可标注著者姓名，例如中国人、朝鲜人、日本人用汉字书写的姓名。倘若正文中已提及著者姓名，则在其后的“（ ）”内只著录出版年。这些也是正文标注时经常出错的地方。

2. 多个责任者的著录方式

根据“8.1.2”：著作方式相同的责任者不超过3个时，全部照录。超过3个时，只著录前3个责任者，其后加“，等”或与之相应的词。（注：相应的词如“et al.”。）例如：

（23）张衍,陈子琪　　　　　　（原题：张衍　陈子琪）
李后强,郭丹,陈兰馨　　　　（原题：李后强　郭丹　陈兰馨）
汪涛,陈兴盛,何贺贺,等　　（原题：汪涛　陈兴盛　何贺贺　刘劲松）
PICARDI M,GIORDANO C,PEPA R D,et al.
（原题：Marco Picardi,Claudia Giordano,Roberta Della Pepa,Novella Pugliese,Aldo Leone,Giuseppe Gentile,Fabrizio Pane）
金吾伦,胡新和,译　　　　　（原题：金吾伦　胡新和　译）
唐巧天,毛立坤,姜修宪,译　（原题：唐巧天　毛立坤　姜修宪　译）

多个责任者著录常见差错主要有两类：

一是漏录。遇2个或3个责任者时，只著录其中1个或2个；或者遇3个以上责任者时，漏录“等”字。如：“张衍，陈子琪”误为“张衍”，“汪涛，陈兴盛，何贺贺，等”误为“汪涛，陈兴盛，何贺贺”。

二是“等”“译”前不加“,”，或者是误将“等”“译”删除。如：“金吾伦，胡新和，译”误为“金吾伦，胡新和译”或者“金吾伦，胡新和”。

此外需要注意，采用著者-出版年制时，正文中引用文献的标注方式与参考文献表的著录方式有所不同。根据“10.2.2”：在正文中引用多著者文献时，对欧美著者只需标注第一个著者的姓，其后附“et al.”；对中国著者应标注第一著者的姓名，其后附“等”字。姓氏与“et al.”“等”之间留适当空隙。依此，上面例子在正文中应标注为“张衍 等”“李后强 等”“汪涛 等”“PICARDI et al.”；而其参考文献，则仍要按照不超过3个照录、超过3个加“等”或“et al.”进行著录。

3. 无责任者或者责任者不明的著录方式

根据“8.1.3”：无责任者或者责任者情况不明的文献，“主要责任者”项应注明“佚名”或与之相应的词。凡采用顺序编码制排列的参考文献可省略此项，直接著录题名。（注：相应的词如“Anon”。）示例：

（24） Anon, 1981. Coffee drinking and cancer of the pancreas [J]. Br Med J, 283 (6292):628.

（25）[×]师伏堂日记:第 4 册[M]. 北京:国家图书馆出版社,2009:155.

4. 机关团体名称的著录方式

根据“8.1.4”：凡是对文献负责的机关团体名称，通常根据著录信息源著录。机关团体名称应由上至下分级著录，上下级间用“.”分隔，用汉字书写的机关团体名称除外。例如：

（26）北京师范大学历史学院

（27）Beijing Normal University. Department of History

（二）题名项

题名项主要包括 3 部分内容：题名、其他题名信息和文献类型标识（含文献载体标识）。

根据“8.2”：题名包括书名、刊名、报纸名、专利题名、报告名、标准名、学位论文名、档案名、舆图名、析出的文献名等。其他题名信息包括副题名，说明题名文字，多卷书的分卷书名、卷次、册次，专利号，报告号，标准号等。

题名项著录常见差错主要有三类。

一是题名内容差错。题名应按照著录信息源所载的内容著录，不能随意更改，包括标点符号等。

值得注意的是，现行标准的题名示例中有“北京师范大学学报（自然科学版）”，这说明“自然科学版”是刊名的组成部分，不能将其作为说明题名文字或副题名而著录为“北京师范大学学报：自然科学版”。类似的还有“社会科学版”等。在实际工作中，这样的错误比较多见。

二是著录用符号差错。其他题名信息前应使用“:”，不能使用“——”（著录符号中没有“——”），也不能使用“（ ）”。尤其是著录带有“——”的副题名和带有“（ ）”的文件发文号时，很容易出错。例如：

（28）新编大学生心理健康教育——积极心理与自我成长（原题）
新编大学生心理健康教育:积极心理与自我成长（文献著录）

（29）民政部关于开展全国性社会团体 2019 年度检查的函（民函〔2020〕24 号）（原题）
民政部关于开展全国性社会团体 2019 年度检查的函:民函[2020]24 号（文献著录）

这里有个细节需要注意，由于著录符号中没有六角括号，著录发文号时，应将“〔 〕”变更为“[ ]”。

文献类型标识（含文献载体标识）则应使用“[ ]”，不能使用“( )”。如 [M]、[J]、[N]、[M/OL]、[J/OL]、[EB/OL] 等。

三是文献类型标识（含文献载体标识）张冠李戴。文献类型标识（含文献载体标识）应严格按照现行标准附录 B 所标类型著录。并且，电子文献不仅要著录文献类型标识，而且要著录文献载体标识。文献类型和文献载体标识代码见表 6-8 和表 6-9。

表 6-8　参考文献类型和标识代码

参考文献类型	文献类型标识代码
普通图书	M
会议录	C
汇编	G
报纸	N
期刊	J

续表

参考文献类型	文献类型标识代码
学位论文	D
报告	R
标准	S
专利	P
数据库	DB
计算机程序	CP
电子公告	EB
档案	A
舆图	CM
数据集	DS
其他	Z

表 6-9　电子资源载体和标识代码

电子资源的载体类型	载体类型标识代码
磁带	MT
磁盘	DK
光盘	CD
联机网络	OL

（三）版本项

版本项主要涉及专著和专著中的析出文献两类著录对象。

根据“8.3”：第 1 版不著录，其他版本说明应著录。版本用阿拉伯数字、序数缩写形式或其他标识表示。古籍的版本可著录“写本”“抄本”“刻本”“活字本”等。示例：

（30）[×]库恩．科学革命的结构:第 4 版[M]．金吾伦,胡新和,译．2 版．北京:北京大学出版社,2012.

（31）[×]康熙字典:巳集上:水部[M]．同文书局影印本．北京:中华书局,1962:50.

（32）［×］O'BRIEN J A. Introduction to information systems［M］. 7th ed. Burr Ridge, III: Irwin, 1994.

版本项著录常见差错主要是没有使用阿拉伯数字。如：“2 版”误为“二版”。另外，“第”字不需要著录，不能著录为“第 2 版”。

需要注意区别的是，（30）中的“第 4 版”属其他题名信息项，“2 版”则属版本项。

（四）出版项

出版项应按出版地、出版者、出版年顺序著录。如“北京：中国社会出版社，2019”。

1. 出版地

根据“8.4.1”：出版地著录出版者所在地的城市名称。文献中载有多个出版地，只著录第一个或处于显要位置的出版地。无出版地的中文文献著录“出版地不详”，外文文献著录“s. l.”，并置于方括号内。无出版地的电子文献可省略此项。

出版地著录常见差错主要有。

一是所在地的城市名称有误，或者是将城市名称误为省份名称。例如：

（33）南京：江苏大学出版社（误）　　镇江：江苏大学出版社（正）
南宁：广西师范大学出版社（误）　　桂林：广西师范大学出版社（正）
石家庄：河北大学出版社（误）　　保定：河北大学出版社（正）
郑州：河南大学出版社（误）　　开封：河南大学出版社（正）
江苏：河海大学出版社（误）　　南京：河海大学出版社（正）
台湾：联经出版公司（误）　　台北：联经出版公司（正）

二是非电子文献时，无出版地的不予著录或著录格式差错。应著录为“［出版地不详］”或“［s. l.］”。

2. 出版者

根据“8.4.2”：出版者可以按著录信息源所载的形式著录，也可以按国际公认的简化形式或缩写形式著录。文献中载有多个出版者时，只著录第一个或处于显要位置的出版者。无出版者的中文文献著录“出版者不详”，外文文献著录“s.n.”，并置于方括号内。无出版者的电子文献可省略此项。

图书出版中多个出版者的情况有不少，比如《出版专业实务·中级（2020年版）》的出版者是商务印书馆和中国书籍出版社，《出版专业实务·初级（2020年版）》的出版者是崇文书局和中国书籍出版社，只需分别著录“北京:商务印书馆”“武汉:崇文书局”即可。这与图书在版编目数据的著录不同，图书在版编目数据则要同时著录所有出版者，且有特殊格式要求，上述两种图书分别为“北京 ：商务印书馆 ：中国书籍出版社”“武汉 ：崇文书局 ；北京 ：中国书籍出版社”。

出版者著录常见差错主要是：非电子文献时，无出版者的不予著录或著录格式差错。应著录为“［出版者不详］”或“［s.n.］”。

3. 出版日期

根据“8.4.3”：出版年采用公元纪年，并用阿拉伯数字著录。如有其他纪年形式时，将原有的纪年形式置于“（ ）”内。报纸的出版日期按照“YYYY-MM-DD”格式，用阿拉伯数字著录。示例：

（34）［×］王夫之．宋论［M］．刻本．金陵:湘乡曾国荃,1865(清同治四年).

（35）［×］丁文祥．数字革命与竞争国际化［N］．中国青年报,2000-11-20(15).

出版年无法确定时，可依次选用版权年、印刷年、估计的出版年。估计的出版年需置于方括号内。例如：

（36）c1990　　（版权年）

1986印刷　　（印刷年）

［1933］　　（估计出版年）

也由此可见，专著、专著中的析出文献的出版年是指版次年，而非印次年。尤其是有些图书多次再版、多次重印时，版本记录中会列载历次版本、本版、本次印刷的时间，这时应以“本版”版次年为准。例如下面某词典书的版本记录：

(37) 1960 年 试印本　　1965 年 试用本
1978 年 12 月第 1 版　　1983 年 1 月第 2 版
1996 年 7 月第 3 版　　2002 年 5 月第 4 版
2005 年 6 月第 5 版　　2011 年 7 月第 425 次印刷

其出版年应著录为“2005”，而不是“2011”。

4. 公告日期、更新日期、引用日期

根据“8.4.4”：专利文献的公告日期或公开日期，电子资源的更新或修改日期、引用日期，按照“YYYY-MM-DD”格式，用阿拉伯数字著录。

常见差错主要是著录用符号不规范。要注意三者标识符号的不同。例如：

(38) 2019-01-05[2019-02-11]　　(公告日期+引用日期)
(2019-01-05)[2019-02-11]　　(更新日期+引用日期)
2018:110[2019-02-11]　　(页码+引用日期)

并且，由于引用日期属于出版项（出处项），当遇“公告日期+引用日期”“更新日期+引用日期”“页码+引用日期”时，即引用日期前有出版项的其他要素时，引用日期前不加任何标识符号。常见差错是其前多加了“,”或“.”。

5. 页码

根据“8.5”：专著或期刊中析出文献的页码或引文页码，应采用阿拉伯数字著录。引自序言或扉页题词的页码，可按实际情况著录。例如：

（39）2017:19-20　　2018：序言 2-3

2019：序二　　2020：扉页

“期刊中析出文献的页码是必备的著录要素。”[5]340 根据“8.8.2”：凡是从期刊中析出的文章，应在刊名之后注明其年、卷、期、页码。依据期刊的实际，可以有以下 3 种情况。

第一种：“年,卷(期)：页码”。如“2018,34(3):69”。

第二种：“年,卷:页码”。如“2018,34:69”。

第三种：“年(期):页码”。如“2018(3):69”。

主要是要注意设卷和不设卷的著录标识符号区别。

第二种情况时的常见差错是将“卷”误改为“期”。如“2018,34:69”误改为“2018(34):69”。

第三种情况时的常见差错是在“期”前加“,”。如“2018,(3):69”。

而采用著者-出版年制时，由于“年”放到了题名前，也要注意设卷和不设卷的著录标识符号区别。现行标准中也有这样的示例：

（40）山西师范大学学报(社会科学版),37(4):147

Lethaia,8:339

中国出版(5):38-39

还有一个细节，就是在现行标准的所有示例中，并没有发现期刊的“卷”“期”编虚位的情形。由此推断，期刊的“卷”“期”可不编虚位，如“9(5)”或“(4)”可不编为“09(05)”或“(04)”。

（五）多个序号的标注

根据“10.1.2”：同一处引用多篇文献时，应将各篇文献的序号在方括号内全部列出，各序号间用“,”。如遇连续序号，起讫序号间用短横线连接。此规则不适用于用计算机自动编码的序号。例如：

（41）［5,8,13］　［5-7］　［5,7-9］

常见差错有两种情况：

一是每个序号均使用方括号后并列，如将［5,8,13］标注为［5］［8］［13］。

二是连续序号间不使用短横线，如将［5-7］标注为［5,6,7］或［5，7］。

（六）序号中的页码标注

1. 顺序编码制

根据“10.1.3”：多次引用同一著者的同一文献时，在正文中标注首次引用的文献序号，并在序号的“［ ］”外著录引文页码。如本章正文中的参考文献序号“［1］68”“［1］72”等。这种情况下，参考文献表中不再著录引文页码（见本章参考文献［1］）。

常见差错有两种情况。

一是多次引用编多个序号，参考文献表中多次重复著录。

二是序号的“［ ］”外不标注引文页码，参考文献表中也不著录引文页码或者起讫页码。

采用脚注用计算机自动编序号时，应重复著录参考文献，但参考文献表中的著录项目可简化为文献序号及引文页码。如现行标准中的示例：“④ 同②:326-329”①。如果不简化，应该也属规范，只不过略显重复，比较多时会浪费版面。

2. 著者-出版年制

根据“10.2.4”：多次引用同一著者的同一文献，在正文中标注著者与出版年，并在“（ ）”外以角标的形式著录引文页码。如现行标准中的示例：“（中国社会科学院语言研究所词典编辑室，1996）^{1194}”“（中国社会科学院语言研究所词典编辑室，1996）^{235}”。

---

① 标准原文为“④ 同②326-329”，漏排了“:”。

常见差错是“（ ）”外不标注引文页码，参考文献表中也不著录引文页码或者起讫页码。

总之，参考文献著录质量对于图书整体质量而言至关重要，应引起出版界和编辑人员的足够重视。甚至一些图书在正文中没有任何引用标注，却在书末罗列了大量所谓的“参考文献”，是一种不规范、不负责任的行为，应予以纠正。

参考文献：

[1]贾晓林．从编辑视角看GB/T 7714标准的修订[J]．中国编辑,2018(7).

[2]贾晓林．出版物参考文献著录质量及其提高对策[J]．出版参考,2018(12):52.

[3]姜红贵．参考文献著录规则发展的历史脉络及新国标研究[J]．出版发行研究,2015(11):29.

[4]段明莲．我国新旧《文后参考文献著录规则》比较研究[J]．中国科技期刊研究,2003,14(6):630.

[5]陈浩元．GB/T 7714新标准对旧标准的主要修改及实施要点提示[J]．编辑学报,2015,27(4).

[6]张倩,曹健,姚实林,等．参考文献著录规则新增4种文献类型标识意义及其应用[J]．安徽理工大学学报(社会科学版),2018,20(2):108.

[7]朱大明．阅读型参考文献与引文参考文献的概念及特征[J]．编辑学报,2016,28(4).

[8]赵岩洁．阅读型参考文献概念理解和著录方法思考[J]．传播与版权,2019(10):48.

[9]陈海燕．《信息与文献 参考文献著录规则》(GB/T 7714—2015)部分条款解读[J]．中国科技期刊研究,2016,27(3):240.

[10]韩云波,蒋登科．参考文献国家标准GB/T 7714—2015的修订特色与细则商榷[J]．西南大学学报(社会科学版),2015,41(6):162.

[11] 杜生权．学术论文参考文献序号在正文中标注位置研究[J]．福建江夏学院学报,2018,8(5).

[12]全国新闻出版标准化技术委员会．学术出版规范 注释:CY/T 121—2015[S].

北京：中国书籍出版社，2015：3.

[13]《社会科学辑刊》关于参考文献、注释和夹注的规定[J]. 社会科学辑刊，2021(1)：208.

[14]《中国经济史研究》文稿体例及注释格式规定[J]. 中国经济史研究，2014(1)：167.

[15]杨玉东. 就句子结构的完整性谈参考文献文中标注位置[J]. 中国科技期刊研究，2005，14(5)：573.

[16]蔡晓宇，乔东亮. 注码符号标注位置刍议[J]. 北京印刷学院学报，2005(S1)：85.

[17]刘燕. 科技论文参考文献序号在正文中标注位置探讨[J]. 出版发行研究，2014(10)：82.

[18]陈浩元. 关于 GB/T 7714—2015 编校失误答同人问[J]. 编辑学报，2016，28(1)：2.

[19]黄城烟，王春燕. 参考文献新国标若干重要概念的理解和著录方法[J]. 编辑学报，2016，28(3)：242.

[20]王子舟.《信息与文献参考文献著录规则》的修订建议[J/OL]. 图书馆论坛：1-2[2020-12-24]. http://kns.cnki.net/kcms/detail/44.1306.g2.20200423.0903.002.html.

第七章

插图与表格

2019 年 5 月 29 日，国家新闻出版署同时发布《学术出版规范　插图》（CY/T 171—2019）和《学术出版规范　表格》（CY/T 170—2019）两个新闻出版行业标准，均自 2019 年 7 月 1 日起实施。其中，《学术出版规范　插图》规定了学术出版物插图的分类、构成及其要求、内容要求和编排要求，《学术出版规范　表格》规定了学术出版物表格的构成及其要求、分类、内容要求和编排要求。这两个标准不仅适用于学术图书、学术期刊，其他出版物也可参照使用。这在一定程度上解决了长期以来出版界在插图与表格的术语定义、基本构成、编排格式、内容要求等方面缺乏统一规范的问题。

插图与表格是图书内容的重要组成部分，与文字内容联系紧密，可以增强文字信息的传达效能。插图与表格还是图书中具有视觉特征的符号，可以通过色彩、画面、结构大小、位置编排等吸引读者，描绘出文字无法表达的直观意境，还能调节阅读节奏、提升阅读享受。有时候，一本好书会因为插图与表格的设计精美而出彩。因此，注重插图与表格的编辑质量，对提高图书整体质量起着重要作用，应树立插图与表格质量和文字质量同样重要的观念和意识。

根据《图书质量管理规定》，插图与表格是新闻出版行政部门对图书质量实施检查的重要内容之一，插图与表格的设计质量如果不符合国家有关技术标准和规定，图书设计质量属不合格。在《图书编校质量差错认定细则》和《图书编校质量差错率计算方法》中，插图与表格的内容差错、格式差错等也是编校质量检查的重要方面。①

第一节　插图与表格的构成

这两项标准不仅规范了插图与表格构成要素的相关术语和定义，而且对各构成部分提出了规范要求，这些都是图书编辑在工作中需要关注的地方。

一、插图的构成及常见问题

（一）插图的构成

插图是指排在文字中间配合说明内容的图。

《学术出版规范　插图》通过图示形式明确了插图的构成：插图一般由图、图号、图题和图注构成（见图 7-1）。其中：图号是指插图的编号；图题是指插图的名称；图注是指对插图或插图中某些内容加以说明的文字，包括图元注和整图注。

以往，常将图号称为图序、图题称为图名，而将图序和图名合称为图题。标准实施后，宜统一采用这些规范名称，以免产生混乱。

（二）插图构成常见问题

1. 图的质量问题

图的质量优劣决定着图是否可以采用。

---

① 《图书编校质量差错认定细则（修订版）》第五十八条是对插图的具体版面格式要求，第五十九条是对表格的具体版面格式要求。《图书编校质量差错率计算方法》中涉及插图与表格差错的计算标准是：图表中的一般性错字、别字、多字、漏字、倒字，每处计 1 个差错。图、表的位置错，每处计 1 个差错。图、表的内容与说明文字不符，每处计 2 个差错。

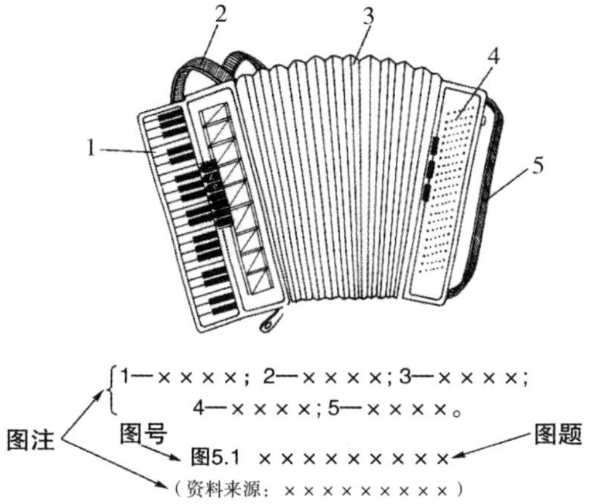

图 7-1　插图的构成

首先，图的内容与形式应力求统一，风格与体例应一致。如果图与图书的整体风格不符，即使内容再好、立意再新，也要舍弃。

其次，图应清晰，线条图要线条粗细合适、色调准确、布局合理、大小适当，连续色调图要层次感、饱和度适当。如果图的清晰度不够、分辨率不高、色彩不鲜明、无法实现缩放等，达不到印制质量要求，或者设计本身存在缺陷，也不能采用。有些图需要通过裁剪、去污、去除拍摄日期、增加亮度等技术处理后，才可使用。

2. **图号常见问题**

（1）图书中插图不编号。标准指出：正文中提到的插图应编号，只有一个插图时仍应编号。这是要求型条款。

（2）正文中提及插图时，不注明图号。在图书正文中，不宜使用“见下图”“如下图”等形式表述。如果下面紧跟的插图只有一个还好理解，当有连续或并列的插图时，就不知道具体指的是第一个图、哪几个图还是所有的图。也不宜使用“见××页图”，因为在排版和编校过程中，图书的页码经常会有变动。所以，正文中提及的插图应明确图号。

（3）编号不连续，漏编或多编。这主要是由于修改书稿时经常会忽略图号的变动，造成图号顺序不连贯或前后颠倒。

（4）图号编排格式不统一。很多文集、汇编类图书，或者由多个作者共同执笔完成的图书，会产生各自编号的情况。有的按章编号，有的按自己撰写部分编号；有的编号用短横线“-”，如“图1-1”“图1-2”，有的编号用下圆点“.”，如“图1.1”“图1.2”。这时，需要做全书的统一处理，并且应与全书的表格、公式的编号方式一致。

有的图书是采用全书依序编号，如“图1”“图2”等，一般不建议采取这种方式。通常情况下，图书的插图编号宜采用分章形式，这样既能避免编号范围过大，也便于编号的局部调整。

（5）分图号的标示不规范。同一个图号有多个分图时，分图号一般用字母a、b、c等标示。正文中提及分图时，可采用如“图3-1a”的形式来标示。

3. 图题常见问题

（1）图题太烦琐，不能简洁地显示插图的中心内容。

（2）图题泛指或笼统，无法准确反映插图的内容。一般不应使用“通名”类图题，如“示意图”“框架图”“变化图”“对比图”等。

（3）图题与分图题内容重复。

例如，图题“社会工作实务的通用过程中的六个阶段或步骤图”可以简化为“社会工作实务的通用过程”或“社会工作实务通用过程的六个阶段”。如果图题仅表述为“通用过程”，则会指向不明，不知道是关于什么的通用过程。6个分图题（接案、预估、计划、介入、评估、结案），也没必要重复图题内容而表述为“社会工作实务通用过程的接案阶段”等。通常情况下，图题过于追求简洁会导致内容缺失；分图题宜尽量简洁明了，使用词或词语，或者只有分图号，只要能实现图题与分图题名称的有机结合即可。

另外，标准对图题的设置属推荐型条款，即插图“宜”有图题，表明图题不是必备要素。

4. 图注常见问题

图注分为图元注和整图注。图元注是图构成单元或元素的名称或对其所作的说明，可直接标注在图元附近或者通过指引线标注。图例是特殊形式的图元注，主要是给出图中符号、图形、色块、比例尺等的名称和说明。整图注是对图整体（包括图的来源等）所作的说明，可用“注”引出或用括注等形式表示。

图注常见问题有以下几类。

（1）有图元注，而图中没有注码，或者是注码标注位置与注文内容不符。

（2）图元注注码顺序杂乱，没有按顺时针或逆时针方向依次排列。

（3）图例元素与图中元素不符，或者图例元素与其说明文字不符。

（4）指引线杂乱，不规范。当图元注数量较多或文字较长时，可通过指引线标注注码（阿拉伯数字或拉丁字母）。指引线应间隔均匀、排列整齐，不得相交。指引线可画成折线，但只可曲折一次。

二、表格的构成及常见问题

（一）表格的构成

表格是指按一定逻辑关系排列单元格，用于显示数据、事物分类等，便于直观呈现、快速比较和引用分析的表达形式。

《学术出版规范　表格》通过图示形式明确了表格的构成：表格一般由表号、表题、表头、表身和表注构成（见图 7-2）。其中：表号是指表格的编号；表题是指表格的名称；表头是指对表格各行和各列单元格内容进行概括和提示的栏目，包括纵表头和横表头，根据表头的栏头层级，还可分为单层栏头和多层栏头；表身是指表头之外的单元格总体；表注是指对表格或表格中某些内容加以注释或说明的文字，包括出处注、全表注和内容注。

表格的构成比插图要复杂得多，术语名称也多，标准中均作了规范。比如：表格中的横线称为行线，竖线称为栏线；表头与表身之间的线称为表头线；表格的四周将表头和表身一起围住的线统称表框线，包括顶线、底线和墙线。

以往对表格构成的称谓也是多样的。比如：常将表号称为表序、表题称为表名，而将表序和表名合称为表题；常将表头称为栏头或项目栏，横表头

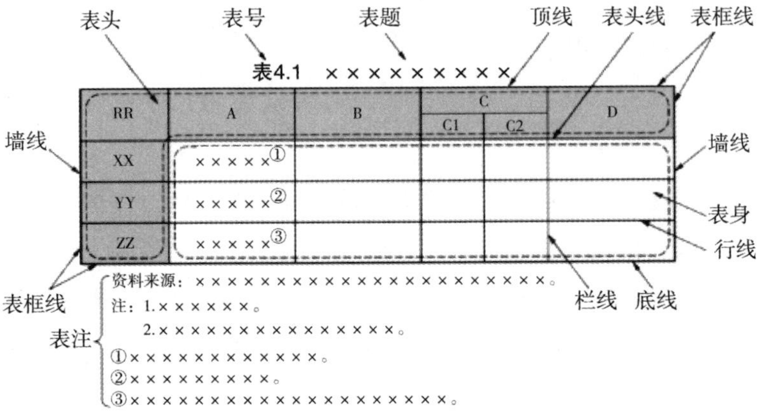

图 7-2 表格的构成

称为横向栏目，纵表头称为竖向栏目或竖表头；常将表身称为表体；常将顶线称为上边线或上框线，底线称为下边线或下框线，墙线则称为侧边线或侧框线；等等。标准实施后，宜统一采用这些规范名称，以免产生混乱。

根据表格的构成，标准还对表格进行了分类，包括全线表、省线表和无线表，并给出了图示。

全线表，是指表格外框有表框线，各项之间有行线、栏线的表格（见图 7-3）。

全线表为封闭式表格，也是图书中最常见的表格形态。好处是，独立性、完整性强；缺点是，如果行线、栏线过多，表身中单元格的内容较多，“容易使人产生‘密不透风’甚至‘沉闷’的感觉”[1]236。

省线表，是指省略墙线或部分行线、栏线的表格（见图 7-4）。其中，只保留顶线、横表头线和底线的省线表称为三线表（见图 7-5）。

省线表为半开放式表格，好处是能让版面显得更轻松、简洁、明朗，可以根据表格内容灵活选择省略哪些行线、栏线。但是，省线后不能有损表格内各个项目之间的表达关系。

三线表是省线表的特殊形式，但并不是说只能有三条线，当横表头分层时，可以在每个层次之间添加细行线。

无线表，是指既无表框线，也无行线和栏线的表格（见图 7-6）。

无线表为全开放式表格，一般适合于项目数量少、对比比较简单的表格。但是应注意各项目之间的一一对应关系，内容排列必须整齐、有序。

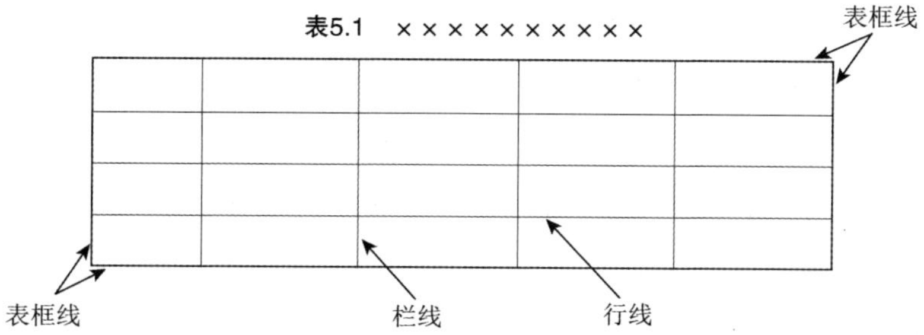

图 7-3　全线表

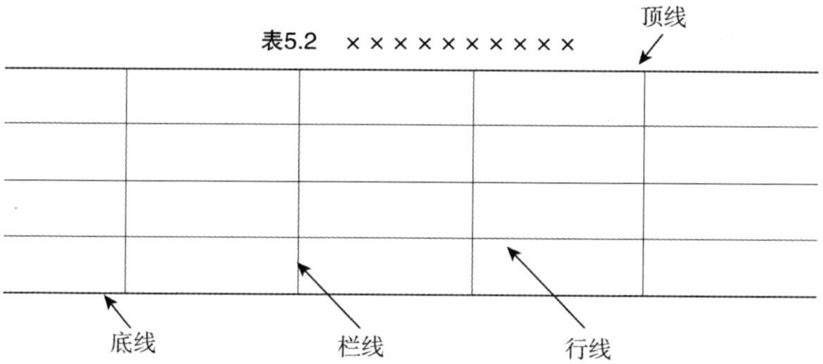

图 7-4　省线表

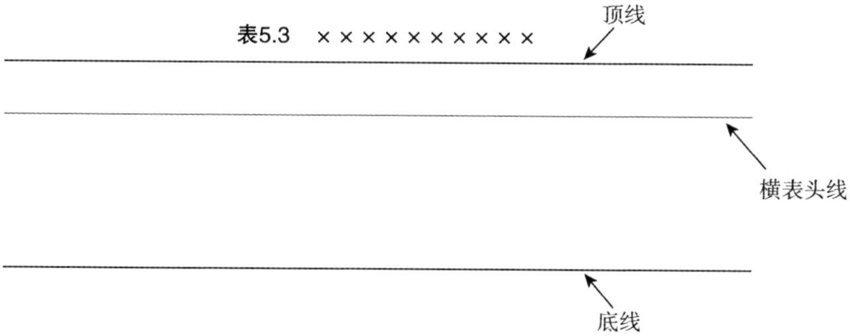

图 7-5　三线表

表5.4 番茄营养液配方

肥料名称	用量/（mg·L^{-1}）
硝酸钙	590
硝酸钾	606
硫酸镁	492
过磷酸钙	680

图 7-6 无线表

（二）表格构成常见问题

1. 表号常见问题

表号常见问题与图号十分相似。（略）

2. 表题常见问题

表题常见问题与图题也很相似。但必须注意，标准中对图题的要求是“宜”有图题，而对表题的要求是“应”有表题，一个属推荐型条款，一个属要求型条款。所以，图书中的表格只有表号而没有表题的做法，应予以纠正。

3. 表头常见问题

（1）表头中使用了斜线。这是表格设计中最常见的错误之一。除无线表外，全线表和省线表都应有表头，且“表头中不应使用斜线”，这是标准中的要求型条款。我们经常会发现有表头使用斜线的情形，甚至有的不止 1 条。遇到这种情况，必须通过调整栏目的方式重新设计。标准示例见图7-7。

（2）表头中量和单位的标注形式错误。如何标注表头中的量和单位一直存在不同方式：有用“量的名称或符号（单位符号）”形式的，如“体积（m^3）”或“V（m^3）”，“重力加速度（m/s^2）”或“g（m/s^2）”等；也有用“量的名称或符号，单位符号”形式的，如“体积，m^3”或“V，

示例1：错误的表头形式

类型/尺寸	A	B	C

示例2：正确的表头形式

尺寸	类型		
	A	B	C

图 7-7　表头的错误形式和正确形式

m^3”，“重力加速度，m/s^2”或“g，m/s^2”等。

其实，《有关量、单位和符号的一般原则》（GB/T 3101—1993）“2. 1 物理量、单位和数值”中早就指出：“为了区别量本身和用特定单位表示的量的数值，尤其是在图表中用特定单位表示的量的数值，可用下列两种方式之一表示：a. 用量与单位的比值，例如：$\lambda/\text{nm}=589.6$；b. 把量的符号加上花括号，并用单位的符号作为下标，例如：$\{\lambda\}_{\text{nm}}=589.6$。但是，第一种方式较好。”

《学术出版规范 表格》采用了第一种方式，并作为要求型条款：“表头中量和单位的标注形式应为‘量的名称或符号/单位符号’。”因此，应统一按此方式标注，如“体积/m^3”或“V/m^3”，“重力加速度/（m/s^2）”或“g/（m/s^2）”等。

标准中还规定：“表格中涉及的单位全部相同时，宜在表的右上方统一标注。”既可以用单位符号，也可以用单位名称，如“单位：m”“单位：m/s”“单位：%”“单位：万元”“单位：米”等。但必须注意，前提是当“表格中涉及的单位全部相同时”，只要表格中有一个栏目的单位不相同，就不应这样操作。

标准中给出了相应的示例（见图 7-8、图 7-9、图 7-10）。

4. 表身常见问题

（1）表身中单元格的数据填充不规范。主要表现在三个方面。

类型	线密度/（kg·m^{-1}）	内圆直径/mm	外圆直径/mm

图 7-8　表头量和单位标注形式“量的名称/单位符号”

类型	ρ/（kg·m^{-1}）	d/mm	D/mm

图 7-9　表头量和单位标注形式“量的符号/单位符号”

单位：mm

类型	长度	内圈直径	外圆直径

图 7-10　表格单位统一标注形式

①表身中单元格内的数值带有单位。表身中单元格内的数值单位应置于表头，或全表单位相同时标注于表的右上方，不宜放在单元格中。

②如何正确理解表身中单元格内数据的“不适用”“无法获得”以及“数值为零”的含义区别。数据“不适用”是指无此项；数据“无法获得”是指未发现；而“数值为零”则是指有此项，但结果为“0”。因此，如果需要区别，填充方式可分别对应为“空白”、一字线“—”和“0”。同时，要在正文或表注中说明这种区别。

③表身中同一量的数值修约数位不一致。通常情况下，应保持相同数位，比如统一保留小数点后两位等。一旦有不一致，要在表注中进行说明。

（2）共用单元格问题。是否共用单元格，在标准中属选择型条款，即表格相邻单元格内的文字、数字或符号相同时可分别写出，也可采用共用单元格的方式处理。为避免表格内容密密麻麻，能采用共用单元格的宜尽量采用，使表格内容更清晰、更简洁。标准中给出了共用单元格的示例（见图 7-11）。

RR	A	B
XX	H1	G1
XX	H1	G2
XX	H2	G3
XX	H2	G4
YY	H3	G5
YY	H3	G6
YY	H4	G7
YY	H4	G8

<table>
<tr><th>RR</th><th>A</th><th>B</th></tr>
<tr><td rowspan="4">XX</td><td rowspan="2">H1</td><td>G1</td></tr>
<tr><td>G2</td></tr>
<tr><td rowspan="2">H2</td><td>G3</td></tr>
<tr><td>G4</td></tr>
<tr><td rowspan="4">YY</td><td rowspan="2">H3</td><td>G5</td></tr>
<tr><td>G6</td></tr>
<tr><td rowspan="2">H4</td><td>G7</td></tr>
<tr><td>G8</td></tr>
</table>

图 7-11　表格中共用单元格的处理方式

5. 表注常见问题

标准中关于表注的要求基本上属于推荐型条款。比如：既可在表身又可在表注中列出的内容，“宜”在表身中列出；表注“宜”按出处注、全表注、内容注的顺序排列；出处注“宜”以“资料来源”引出，全表注“宜”以“注”引出，内容注注码“宜”采用圈码。

主要是把握表注的全书统一性。比如：出处注、全表注和内容注的排列顺序可以作适当调整，但应全书统一；注码可以采用圈码，也可以采用字母或“1）”的形式（有时表格内文字字号比较小，使用圈码后会变成黑点无法辨认，宜采用其他形式），但也应全书统一。

还有，当全表资料都来自一个信息源时，也有将出处注改为参考文献方式的，将参考文献序号标注在表题的右上角。当全表资料来自不同的信息源时，也有在表头中专设“资料来源”或“数据来源”“备注”等栏目的。

第二节　插图与表格的内容

插图与表格的内容，除了具有自明性、简明性和科学性等外，还应符合以下几方面要求。

一、符合正文内容需要

标准指出："插图应与正文内容相关，应选择能有效传达关键信息的插图形式。""表格内容与正文配合应相得益彰，内容适合用表格表达。"

插图与表格是对正文内容的配合和补充。插图"是正文内容的形象说明，与文字形成呼应"；"表格能够概括表述较多分类内容（或数据）及其相互关系，具有简明、系统、一目了然的功能，既节省篇幅，又条理清晰"[2]233-234。

因此，插图与表格的选择应以正文内容需要为前提，并通过精心设计、准确描绘，铺陈数据、揭示联系，紧扣正文内容，并提供文字不易表达的更多信息。如果原本用少量文字就能表达清晰的，就没必要额外设置插图或表格，既易造成内容重复，又浪费版面。当然，更不能见图见表却不见文，或者正文中提及的内容在插图与表格中根本没有体现。

二、与正文内容一致

标准指出：插图与表格中的术语、数值、符号等应与正文以及同一文本中其他插图与表格中的表述一致。

与正文内容一致体现在两个方面。一是对应一致，即插图与表格的描述内容应与正文提及的内容一致。插图与表格的内容是正文中用来论述、对照和引证的，像人、物的名称、数量、位置关系、形象或形状、场景，量的名称及缩写，符号的正斜体、大小写，数据、指标的描述和计算结果等，务必保持一致。二是前后一致，即插图与插图之间、表格与表格之间、正文与正文之间要符合逻辑。前后矛盾问题属于隐藏性差错，通常不易被发现，需要仔细对照。

三、符合有关标准和规范

插图与表格的设计与制作，内容表现的方式与方法，均应符合有关标准和规范。

一是插图与表格中的数值修约和极限数值的书写应符合 GB/T 8170 的规定，量和单位的名称、符号及书写应符合 GB 3100 和 GB/T 3101 的规定，数字形式的使用应符合 GB/T 15835 的规定，科学技术名词应符合 CY/T 119 的规定等。

应使用现行有效的标准，如 GB/T 8170—2008《数值修约规则与极限数值的表示和判定》、GB 3100—1993《国际单位制及其应用》、GB/T 3101—1993《有关量、单位和符号的一般原则》、GB/T 15835—2011《出版物上数字用法》、CY/T 119—2015《学术出版规范　科学技术名词》等。

二是插图中的结构示意图、原理示意图和流程图的设计制作，涉及的标志用图形符号、设备用图形符号和技术文件用图形符号，应符合现行的国家标准或行业标准。

这类标准有很多，近些年修订也比较多，应注意使用最新标准。

三是地图插图出版前应报送国家测绘地理信息管理部门审核批准，并应符合 GB/T 19996 的相关规定。

现行标准 GB/T 19996—2017《公开版本纸质地图质量评定》“5. 1. 1”规定：“公开出版的纸质地图不得表示下列内容：a）危害国家统一、主权和领土完整的；b）危害国家安全、损害国家荣誉和利益的；c）属于国家秘密的；d）影响民族团结、侵害民族风俗习惯的；e）法律、法规规定不得表示的其他内容。”

四是坐标曲线图的坐标轴、标值线的画法应规范，标目、标值、坐标原点应标注完整、规范、统一。如果坐标轴表达的是定性的变量，即未给出标值线和标值，坐标原点应用字母“O”标注，在坐标轴的末端应按照增量方向画出箭头，标目可排在坐标轴末端的外侧。如果坐标轴上已给出标值线和标值，坐标原点应用阿拉伯数字“0”或实际数值标注，不宜画出表示增量方向的箭头，标目应与被标注的坐标轴平行，居中排印在坐标轴和标值的外侧，标注形式应用“量的符号或名称/单位符号”。

五是引用他人的插图应获得著作权人的书面许可并注明来源。

图书中引用插图，尤其是互联网上的插图，很容易引起著作权问题。因此，要树立著作权保护意识，向作者进行著作权风险提示，明确书稿中插图的来源；当插图中有明显水印、底纹时，要核查插图的来源，取得著作权人的许可或购买相关插图的使用权。[3]

六是表格中连续数的分组应科学，不得重叠和遗漏。

表格中的分组情况比较普遍，往往存在分组交叉问题和覆盖不全问题。比如“0~18 岁、18~35 岁、35~60 岁、60 岁以上”的年龄构成分组中，“18 岁”“35 岁”“60 岁”3 个年龄在各分组中依次存在重叠问题，可修改为“0~17 岁、18~34 岁、35~59 岁、60 岁以上”等。再比如“大学程度、高中程度、初中程度、小学程度”的受教育程度分组中，未明确“大专程度”“中专程度”的划分情况，可修改为“大学（含大专）程度、高中（含中专）程度、初中程度、小学程度”等。

在分组中，还应注意“以上”“以下”等用语的使用。《立法技术规范（试行）（一）》中规定：“规范年龄、期限、尺度、重量等数量关系，涉及以上、以下、以内、不满、超过的规定时，‘以上、以下、以内’均含本数，‘不满、超过’均不含本数。”[4]有时为了避免产生歧义，可以括注“含”“不含”等，或者在图注、表注中予以详细说明。

四、保持全书体例一致

标准指出：全书的插图的图号、图题、图注的写法和格式应统一，同一内容的表示方法、同类图的画法、指引线的表示方法等应一致；全书的表格的表号、表题、表头、表身、表注的格式应统一。

系统一致性是编辑、制作图书的最基本原则之一。插图与表格的全书统一首先表现的就是体例统一，尤其是整体编排的技术处理和各构成要素的设置及版式的一致性。书稿排版之前，最好是根据图书的性质、内容、读者对象等对插图与表格的体例做合适的设计，向录排人员明确要求，以免在后续流程中再进行频繁的调整。

第三节　插图与表格的编排

一、编排的基本原则

一是插图与表格宜随文编排，排在第一次提及该图号或表号的正文之后，不宜截断正文自然段，不宜跨章节编排。

虽然这一要求是推荐型条款，但遵循“先文后图”“先文后表”依然是插图与表格位置编排的最基本原则。而且，最好是编排在第一次提及的自然段之后，并尽量不跨章节编排。除非作为插页，否则不宜将全书所有插图与表格集中设置在书末。

二是插图与表格作为插页处理时，不与正文连续编页码，但应在正文中提及该图号或表号，或者标注其位置。

插页也宜遵循“文在先”的原则，既可以紧随提及文字放在书中，也可集中放在书末。正文中提及处可以注明“后有插页”或“见书末插页”等。

二、各构成要素编排版式

标准对插图与表格各构成要素的编排版式作了细致要求，文字内容虽不多，但针对性很强。下面按照“版式——要素”的方式，从基本位置、字空版式、转行版式、用字版式、注末标点及表格用线等方面作归纳和阐释。

（一）基本位置

标准对各构成要素的基本位置提出如下要求。

1. 图号和图题、表号和表题

——图号和图题一般应置于图的正下方，且图号位于图题之前。

——表号和表题应置于表格顶线上方，宜居中排，且表号位于表题之前。

《出版专业实务·中级（2020年版）》教材中提出了更灵活的位置编排方式，也可作为参考。比如："科技图书中的图题和图注一般在图下居中排。有些图文并茂或以图为主的图书，图题的排法有所创意，有的在图下靠一边排，也有的在图侧竖排。"[2]218 "表号与表题有多种排法：可以整体居中排或居左排，表号与表题之间加1字空。也可以表题居中排，表号部分齐左或距左墙线2字排。""如果表格右上角设有类似'单位：×××'或'年月日'的文字，居中排的表题可稍偏左；若表题较长，排完表题后已无空位，这类文字可以另起一行排。"[2]220至于教材中提出的有些表格可以"只有表题、没有表号"或"只有表号、没有表题"的编排情况，笔者认为，还是把"表号""表题"作为必备要素比较好。

2. 图注、表注

——图元注应置于图号、图题上方，整图注应置于图号、图题下方。

——表注宜排在表格底线下方，一般按出处注、全表注、内容注的顺序排列。

3. 表头

——横表头各单元格内容宜居中排，纵表头各单元格内容宜左齐排。

——三线表的纵表头有第二、第三层级时，宜依次右缩一字。

4. 表身

——表身中行和列的数字、文字、图形宜对齐。表身中同一列中相同量的数值宜对齐，以个位、范围号、正号"+"、负号"-"等为准。表身各单元格中的文字为多行叙述时宜左齐排。

（二）字空版式

标准对字空版式提出如下要求。

1. 图号与图题、表号与表题

——图号与图题之间，表号与表题之间，均留一字空。

对图号、表号本身的“图”字、“表”字与数字编号之间，曾经有过比较复杂的字空版式要求，比如《出版专业实务·中级（2015 年版）》教材中就指出：“如果图题只有图序而没有图名，在‘图’字与序号之间加 1 字空。图序和图名都有时，‘图’字与序号之间加 1/2 字空，序号与图名之间加 1 字空。”[5]2020 年版教材已经删除了此内容。标准中也没有提及。也就是说，“图”字、“表”字与数字编号之间，是不设空格的。

2. 表注

——表注首行距左墙线一字空或两字空排。

（三）转行版式

标准对转行版式提出如下要求。

1. 图号和图题、表号和表题

——图号和图题、表号和表题的排字宽度，均不宜超过图或表的宽度。

——图题、表题较长需要转行时，应从意义相对完整的停顿处转行。

《出版专业实务·中级（2020 年版）》教材中进一步指出：“第二行的题文可采用齐头排或居中排。上下两行的字数长短要较均匀，不宜相差过多，最好是第二行略短于第一行。”[2]219

2. 图注、表注

——图注、表注的排字宽度，均不宜超过图或表的宽度。

（四）用字版式

插图与表格的用字版式（字号、字体），基本遵循了“正文>图号和图题>图注”和“正文>表号和表题≥表头≥表身≥表注”的编排方式，具体如下。

1. 图号和图题、表号和表题

——图号和图题的字号宜小于正文的字号。

——表号和表题的用字宜小于或轻于正文用字，字体宜重于表格其他部分的字体。

2. 图注、表注

——图注的字号宜小于图题字号或字体轻于图题用字。

——表注用字不宜大于或重于表身用字。

3. 表头

——表头用字不宜大于表题用字。

4. 表身

——表身用字不宜大于或重于表头用字。

（五）注末标点

注末是否加句号问题一直有争议，标准以要求型条款作了规范：“注末应用句号。”具体如下。

1. 图注

——图元的注码与注文之间可用一字线（如“1—”）或下圆点（如“1.”）隔开，各条注之间宜用分号隔开，注码不应排在行尾，最后一条注末应用句号。

2. 表注

——全表注的注文如果多于一条，各条之前宜加上用阿拉伯数字表示的序号（如“1.”“2.”）。每条注文应独立排为一段，末尾用句号。

——内容注的注文可分项接排，也可独立排为一段，注末应用句号。

标准中没有明确出处注末尾的标点使用情况，但是从“图 7-2 表格的构成”中可以看出，其末尾也用句号，与全表注、内容注是一致的。

（六）表格用线

——表框线应用粗线，其他用细线。

以往常将表框用线称为反线，行线、栏线称为正线，很不容易理解。

这次标准按用线的粗细来划分，更通俗易懂。

表格用线版式常被忽视，经常会看到有些表格使用同一种表线，或是表头线用了粗线、底线用了细线等。在实际工作中，除了按照标准的要求区别粗线与细线外，还应注意粗线与细线的宽度搭配，既要粗细分明，又要比例得当。

三、编排的技术处理

（一）串文排和通栏排

插图与表格的宽度不超过版心宽度的 1/2 时，宜串文排；超过版心宽度的 1/2 时，宜通栏排。

（二）卧排

插图与表格的宽度超过版心宽度、高度小于版心宽度时，可卧排。卧排应符合 CY/T 120—2015《学术出版规范　图书版式》中“6.6.2d”的规定：“卧排时，左翻页图书，图表的上方朝左；右翻页图书，图表的上方朝右。”

其中，卧排表多面接排时，从单双码面起排均可，不在一个视面上的接排表应重复横表头并加“表××（续）”或“续表”字样。栏线应对齐。标准中示例见图 7-12。

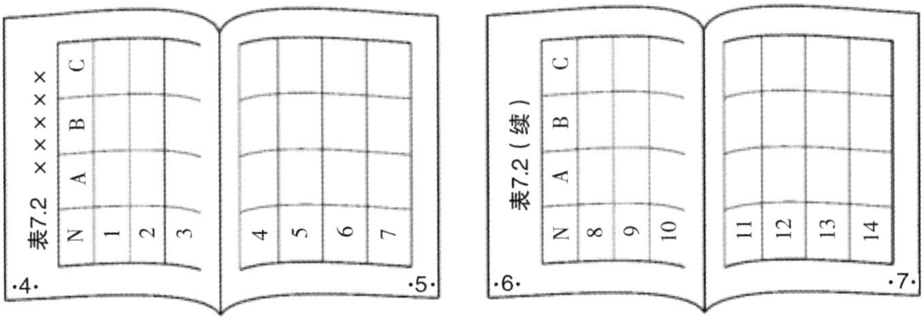

图 7-12　左翻书卧排表多面接排

（三）转页接排

插图（指由几个分图组成时）与表格在一面排不下时，可转页接排。

转页接排的插图，可在首页末排图号和图题，在转页接排的各页末重复排图号和图题（也可不要图题），并加“（续）”字样（标准中示例见图7-13）。也可仅在所有图都排完之后排图号和图题（标准中示例见图7-14）。

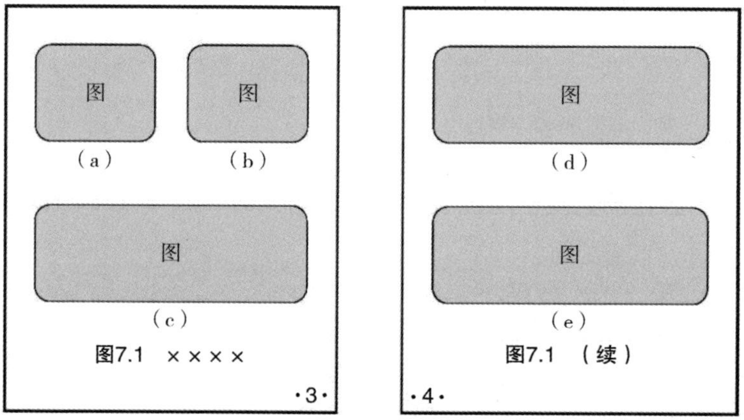

图 7-13　插图转页接排（方式 1）

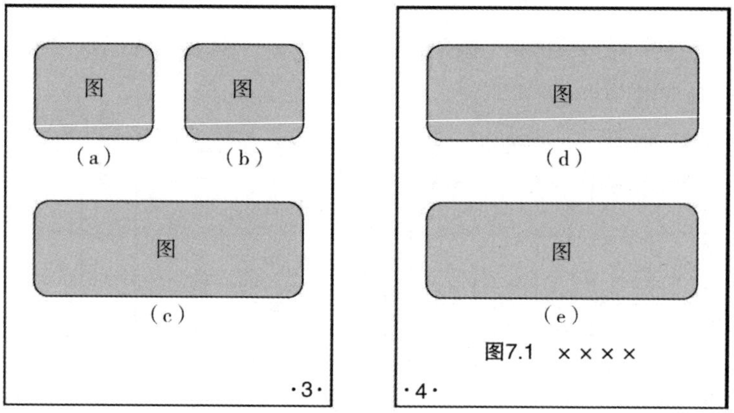

图 7-14　插图转页接排（方式 2）

转页接排的表格应重复排横表头和关于单位的陈述，并在横表头上方加“表××（续）”或“续表”字样。前页表格最下端的行线应用细线，转页接排表格的顶线应用粗线。

（四）跨页并合排

插图图幅过大并且超出一页版面尺寸的整幅图，可将图分两部分在双码面和单码面上跨页并合排。插图由几个分图组成，正好占用两个页码，可在双码面和单码面上跨页并合排，并可根据情况分为竖置跨页和卧置跨页两种方式（标准中示例见图 7-15、图 7-16）。

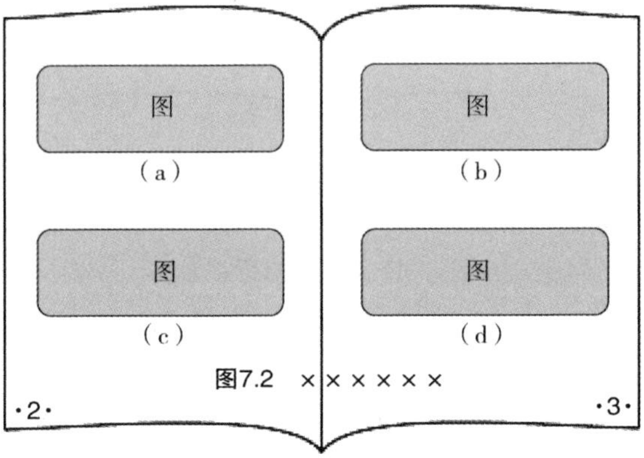

图 7-15　插图竖置跨页并合

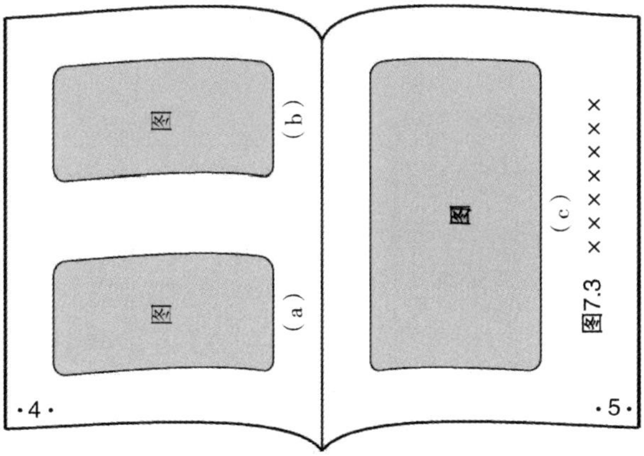

图 7-16　插图卧置跨页并合

如果表格的宽度相当于两个版心宽，可将表格排在由双码和单码两个页面拼合成的一个大版面上。跨页表格应从双码面跨至单码面，表号、表题居中，表注从双码面跨至单码面。跨页表格并合处的栏线应置于单码面，排正线，行线对齐。标准中示例见图 7-17。

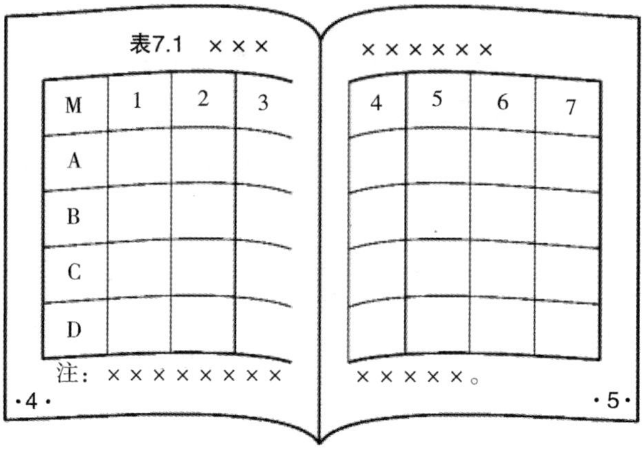

图 7-17 表格跨页并合

（五）表格的长表转栏

如果表格行多栏少，竖长横窄，可将表格纵向切断，转成两栏或多栏。表格转栏排后，横表头相同，纵表头不同，各栏的行数应相等，栏间应以双竖细线相隔。标准中示例见图 7-18。

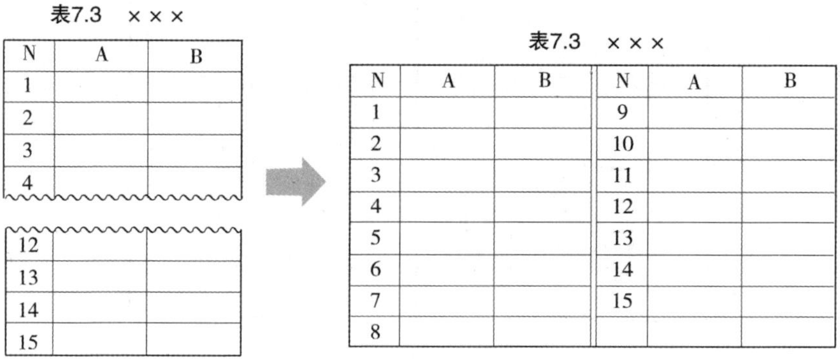

图 7-18 表格的长表转栏

（六）表格的宽表分段

如果表格栏多行少，横宽竖短，可将表格横向切断，排成上下叠排的两段或多段。表格分段排后，横表头不同，纵表头相同，上、下两段中间应以双横细线相隔。标准中示例见图 7-19。

表7.4　××××××

M	1	2	3	4	5	6	7	8	9	10	11	12
A												
B												

表7.4　××××××

M	1	2	3	4	5	6
A						
B						
M	7	8	9	10	11	12
A						
B						

图 7-19　表格的宽表分段

（七）表格的表头互换

如果表格版面受限，或栏目设置不合理，可将横表头和纵表头作互换处理。横、纵表头互换时，表身中各单元格内容应作相应的移动。标准中示例见图 7-20。

表7.5　××××××

M	1	2	3	…	*n*
A					
B					
C					

表7.5　××××××

N	A	B	C
1			
2			
⋮			
n			

原来的纵表头

原来的横表头

图 7-20　表格的表头互换

参考文献：

[1]国家新闻出版署出版专业资格考试办公室．出版专业实务：初级(2020年版)[M]．武汉：崇文书局，2020.

[2]国家新闻出版署出版专业资格考试办公室．出版专业实务：中级(2020年版)[M]．北京：商务印书馆，2020.

[3]刘薇．科技图书中插图常见问题分析及对策[J]．科技与出版，2012(8)：54.

[4]全国人民代表大会常务委员会法制工作委员会．关于印送《立法技术规范(试行)(一)》的函：法工委发[2009]62号[A/OL]．[2021-03-28]. https://www.pkulaw.com/chl/7063b7d283b4fb12bdfb.html? keyword=%e7%ab%8b%e6%b3%95%e6%8a%80%e6%9c%af%e8%a7%84%e8%8c%83.

[5]国家新闻出版广电总局出版专业资格考试办公室．出版专业实务：中级(2015年版)[M]．北京：商务印书馆，2015：208-209.

第八章

图书格式标准

《礼记·缁衣》有云："言有物而行有格也。"就是说讲话要有根据，做事要有规矩。格，有规格、格式之意；合格，即符合标准。图书格式，即图书出版制作的规格式样。本章主要介绍图书开本及其幅面尺寸、图书书脊规则、中国标准书号、中国标准书号条码、图书书名页、图书在版编目数据、图书结构编排（图书版式）等方面的图书格式标准。

《出版管理条例》第二十八条规定："出版物必须按照国家的有关规定载明作者、出版者、印刷者或者复制者、发行者的名称、地址，书号、刊号或者版号，在版编目数据，出版日期、刊期以及其他有关事项。出版物的规格、开本、版式、装帧、校对等必须符合国家标准和规范要求，保证出版物的质量。"

《图书出版管理规定》第五十一条规定，图书出版单位未按规定使用中国标准书号或者全国统一书号、图书条码、图书在版编目数据的，"一号多书"的，未按规定载明图书版本记录事项的，将由新闻出版总署或者省、自治区、直辖市新闻出版行政部门给予警告，并处 3 万元以下罚款。

《图书质量管理规定》第六条规定，图书的整体设计和封面、扉页、插图等设计中有一项不符合国家有关技术标准和规定的，其设计质量属不合格。第十二条规定，新闻出版行政部门对图书质量实施的检查包括：图书的正文、封面、扉页、版权页、前言（或序）、后记（或跋）、目录、插图及其文字说明等。

在《图书编校质量差错认定细则》和《图书编校质量差错率计算方法》中，图书格式差错是编校质量检查的一个非常重要的方面。①

第一节　图书开本及其幅面尺寸

一、标准的历史沿革及主要内容

现行标准《图书和杂志开本及其幅面尺寸》（GB/T 788—1999）是《图书杂志开本及其幅面尺寸》（GB/T 788—1987②）的替代标准。本标准首次发布于1965年，第一次修订于1987年，现行标准为第二次修订版。

1965年，《图书杂志开本及其幅面尺寸》（GB/T 788—1965③）国家标准由文化部制定，1966年4月1日起试行。该标准适用于一般图书、杂志，不适用于大画册、年谱、挂图、地图和线装书等。该标准与当时世界主要发达国家图书杂志开本标准基本一致。标准将开本分为基本开本和辅助开本两类。基本开本的纸张尺寸（单位mm，下同）分为880×1230、787×1092和695×960三种规格。辅助开本的纸张尺寸分为880×1092、787×1230、787×960、787×880、960×1092、695×1092六种规格。

随着新的国际标准（ISO 6716：1983）的制定，1985年开始对原标准进行修订。1987年2月23日，国家标准局发布修订后的《图书杂志开本

---

① 《图书编校质量差错认定细则（修订版）》第八部分——第五十一条至第六十三条，均为图书版面格式具体要求。《图书编校质量差错率计算方法》中涉及格式差错的计算标准是：(1) 影响文意、不合版式要求的另页、另面、另段、另行、接排、空行，需要空行、空格而未空的，每处计0.1个差错。(2) 字体错、字号错或字体、字号同时错，每处计0.1个差错；同一面内不重复计算，全书最多计1个差错。(3) 同一面上几个同级标题的位置、转行格式不统一且影响理解的，计0.1个差错；需要空格而未空格的，每处计0.1个差错。(4) 阿拉伯数字、外文缩写词转行的，外文单词未按音节转行的，每处计0.1个差错。(5) 图、表的位置错，每处计1个差错。图、表的内容与说明文字不符，每处计2个差错。(6) 书眉单双页位置互错，每处计0.1个差错，全书最多计1个差错。(7) 正文注码与注文注码不符，每处计0.1个差错。

② 原发布编号为GB 788—87。

③ 原发布编号为GB 788—65。

及其幅面尺寸》，并自 1987 年 12 月 1 日起实施。该标准适用于一般图书（含教科书）和杂志，不适用于需要采用特殊开本的图书和杂志。为与国际标准接轨，该标准采用了 A、B 两个系列的纸张，包括 A 系列的 880×1230、900×1280 规格和 B 系列的 1000×1400 规格，淘汰了国际标准中没有的 787×1092 和 695×960 两种规格。但是考虑到当时的设备、纸张以及原有纸型等实际情况，又把 787×1092 规格作为非标准开本允许使用并可过渡到 2000 年。

随着印刷技术的发展和国际标准大开本的不断采用，1999 年 11 月 11 日，国家质量技术监督局发布修订后的《图书和杂志开本及其幅面尺寸》（GB/T 788—1999），并自 2000 年 5 月 1 日起实施。该标准的主要修订内容是，将原标准附录中的非标准开本部分删除，将国际标准中没有的 880×1230 规格调整为 890×1240，并取消了“开数”的称谓。

现行标准中规定的纸张仍采用 A、B 两个系列。A 系列中的 890×1240 和 900×1280 两种规格均可以裁切成 A4（210×297）、A5（148×210）、A6（105×144）三种成品尺寸（允差±1 mm）。B 系列中的 1000×1400 规格可以裁切成 B5（169×239）、B6（119×165）、B7（82×115）三种成品尺寸（允差±1 mm）。其中的代码 A4 是表示将全张纸对折长边 4 次裁切为 16 开，A5、B5 是表示将全张纸对折长边 5 次裁切为 32 开，A6、B6 是表示将全张纸对折长边 6 次裁切为 64 开，B7 是表示将全张纸对折长边 7 次裁切为 128 开。

二、标准的重要性

《图书和杂志开本及其幅面尺寸》“不是一个简单的、孤立的尺寸标准”[1]。标准内容虽少（只有一页三个条款），书刊尺寸虽小，却不是一件小事，它“涉及机械、造纸、化工、印刷、出版等几个相关行业和部门”[2]。新增一种纸张的开本，意味着大量的资金投入、设备引进和技术改造；淘汰一种纸张的开本，意味着淘汰一批印制这种开本的设备以及造纸设备等。因此，标准的每次修订、调整，都会给经济社会发展带来较大的影响，甚至包括与我们每个人的生活都直接相关的书架规格的变化。尤其是图书馆等书刊收藏部门和各类实体书店，图书和杂志开本的变化会影响书刊的陈列与码放，会影响读者的查阅。更重要的是，图书和杂志开本与国际标准接轨，有利于“中华文化走出去”，有利于国际交流和文明互鉴，有利于增强我国文化软实力。所以，该标准既是一项基础标准，又是一项综合性标准。

三、存在的问题及建议

2000 年 1 月 3 日，新闻出版署下发《关于实施〈图书和杂志开本及其幅面尺寸〉国家标准的通知》，要求所有出版、印刷、发行单位须遵照执行。而根据姜志静[3]、邵胜春等[4]、梁金平等[5]的调查，标准的执行情况一直比较差，主要问题有：符合标准的图书很少，纸张规格很多，淘汰的纸张规格仍大量使用，开本标注不规范等。

其原因是多方面的，既有主观上的不重视，宣传和监督力度不够，又有客观上的制约因素。肖纯指出：国内纸张生产与国际标准存在差距，更改书刊幅面尺寸是一个比较复杂的问题，书刊所采用的幅面尺寸要与当前的印刷能力相适应；印刷原纸尺寸决定书刊成品尺寸，原纸尺寸越多，相同开本的成品尺寸就会越多；造纸设备的发展和出纸幅宽的提高，为按需裁切提供了可能，印刷设备、装订工艺及材料的不断变革，以及印刷装订的多样化、信息化、自动化、数字化发展，造成了书刊开本的多样化。[6]此外，大量的再版或重印图书对非标准开本纸张的需求仍然存在，也是造成开本及其尺寸多样化的原因之一。

由于用纸规格的多样、不标准，形成了一些“怪”现象：有的 16 开比 32 开小，比如“727×960　1/16”的成品尺寸是 170×228，“1000×1400　1/32”的成品尺寸是 169×239；有的成品尺寸相同，却是两种开数，比如“1000×1400　1/32”与“710×1000　1/16”，成品尺寸均是 169×239。另外，由于印刷和装订工艺的差异，实际成品尺寸与标注成品尺寸也会有误差。

基于以上原因，加之缺少统一的开本标注格式规范，造成了目前图书版本记录页的开本标注各式各样，甚至有标注不清的问题。

要扭转这种状况，必须各方协同。

对于出版单位，建议积极推广采用现行标准，将出版规划、纸张采购、印刷要求、版式设计、书稿录排等与现行标准对标，并将版本记录页的“载体形态记录”按照《图书书名页》(GB/T 12450—2001）“4. 2. 3. 3”的要求，“列载图书成品幅面尺寸”。

对于标准本身，也要与时俱进，毕竟 20 年前的标准与 20 年后的印刷技术、造纸设备的飞跃发展已不相称，可以考虑进行及时修订，适当增加国际标准中的原纸尺寸规格类型，以供出版单位多样化选择。

对于监管部门，建议一方面加大宣传引导，推进标准贯彻执行；另一方面加强质量审查力度，纳入相关质检环节。

第二节　图书书脊规则

《图书和其它出版物的书脊规则》（GB/T 11668—1989①）由国家技术监督局 1989 年 10 月 12 日发布，1990 年 6 月 1 日起实施。该标准规定了书脊的定义、内容和设计规则，适用于一般图书、系列出版物、多卷出版物、期刊报告、文件（如盒装文件和盒式磁带）以及拟上架的类似出版物，不适用于外文版图书及线装书。

一、图书书脊的功能

书脊是连接书的封面（封一）和封四（封底)，以缝、钉、粘或其他方法装订而成的转折部位，包括护封的相应位置。有时，书脊也称作

① 原发布编号为 GB 11668—89。

书背①。

对于书脊的重要性，中国书籍设计大师吕敬人指出："书籍长期的栖息地并不是在读者的手里。家庭的书柜，书店的书架，展览的书台是它们的归巢，那么展示书籍存在的职责可能非书脊莫属了。书脊是担负着书籍整体形态在空间展示的重要角色，与封面相比虽算不上A角，但最显山露水的当属书脊了。"[7]71 在实体书店里，在琳琅满目的书架上，一本书与读者的初次会面，是书脊与眼神的交流与碰撞。因此，书脊也被形象地称为"书籍之眼"。

书脊的功能首先是物理功能。书脊是封面与封底实现交会的牵手者，起到了物理连接功能。一个独立的封面或封底更多的是平面的构成，只有当书脊站在两者中间时，一本书才真正地成为一个完整的立体。当然，近几年也出现过一些"无脊之书"，特意裸露书脊装订过程中的胶订或线订形态。

其次是展示功能。"书脊的展示性，就是要给读者一个视觉的冲击，情感的冲动，激起爱慕之情，从书架上取而读之。"[7]72 对出版社来说，书脊的展示功能常常被忽视。面对每年新书出版量达几十万种，图书的在架生命周期越来越短的现实，书脊在市场销售中的作用越来越重要，成为促进市场销售的主要因素之一。因此，书脊展示功能强可以促进图书销售，展示功能也是一种销售功能。一本书从在书架上脱颖而出被吸引，到取下来看一看、读一读，再到产生购买欲望、实现购买行为，书脊是这一系列销售活动过程的开端。

再次是表达功能。表达功能就是书脊上的内容要准确和完整，既要一目了然，又要信息明确，从而引导读者了解图书内容。《图书和其它出版物的书脊规则》（以下简称《书脊规则》）中就指出："书脊名称的排印应醒目、清晰、整齐，使人易读，便于迅速查找。"

最后是审美功能。书脊是图书封面整体设计的重要组成部分，虽是狭

---

① 《出版术语》（CY/T 50—2008）中，是将书脊与书背区分开的，把书脊定义为书背两侧的凸起部分，即脊线。

窄的方寸之地，但作为“书籍之眼”，其空间构成上的美观大方，色彩、图案、文字上的和谐搭配，整体形象上的独具个性、有新意，也是决定读者多看它一眼的重要因素。有时，一个精美的书脊，不仅能给人带来美感，也能在一定程度上展现这本书的内涵。[8]

现实中，经常会看到一些图书书脊设计得不合理、不美观：有的天头小、地脚大，感觉头重脚轻；有的内容过满、字体过重、字号过大，或者字体纤细、过小，让人感觉压抑或显得小气；有的太过花哨，起不到突出书名的作用；等等。

因此，图书编辑既要提高对书脊重要性的认识，也要了解《书脊规则》的相关规定，才能最大限度地发挥书脊的功能。

二、主要规则辨析

（一）纵排书脊与横排书脊

纵排书脊是指书脊名称从上向下排字。横排书脊是指当书直立时，书脊名称横向排字。《书脊规则》规定：“书脊名称一般应采用纵排，横排也可采用。”至于什么情况下可采用横排，《书脊规则》中没有明确的要求。一般认为，书脊厚度在 50 mm 以上的可采用横排书脊[9-10]。

也有的是纵横结合，比如《现代汉语词典》，书名采用纵排，版本项“第 7 版”和出版者名称“商务印书馆”采用横排。虽然《书脊规则》中的图例是纵排全部纵排，横排全部横排，但也没有明确要求不能纵横结合，纵横结合应该也属规范。纵排还是横排主要还是结合书脊厚度与内容的实际情况，以更好地体现书脊的功能。

中文书脊名称纵排时，如果书名较长、有副书名、有多个作者需要分两列以上的，应按中文竖版格式从上至下、从右至左排列。名称中的阿拉伯数字，应按《出版物上数字用法》（GB/T 15835—2011）“5. 1. 7. 3　竖排文本中的数字方向”的规定，将“阿拉伯数字按顺时针方向转 90 度”。名称中的标点符号，应按《标点符号用法》（GB/T 15834—2011）“5. 2

竖排文稿标点符号的位置和书写形式”的规定执行。《书脊规则》指出的“书脊名称中含有外文或汉语拼音时，按外文习惯排印”，一般也是指按顺时针方向旋转 90 度。

（二）设计书脊名称的厚度标准

《书脊规则》规定：“书脊厚度大于或等于 5 mm 的图书及其它出版物，应设计书脊。”“若出版物太薄，厚度小于 5 mm 或其它原因不能印上书脊名称时，可在紧挨书脊边缘不大于 15 mm 处，印刷边缘名称。其内容除出版者名称不列入外，其它的内容与书脊名称相同。边缘名称排在封四。”并注：“边缘名称便于人们寻找上架的无书脊名称出版物及书脊朝上置于文件盒内或叠放的出版物。”

从《书脊规则》中的图例看，边缘名称一般采用纵排。

从标准条款表述看，书脊厚度小于 5 mm 的图书设计边缘名称属选择型条款，是否印刷边缘名称由出版单位选择决定。目前已出版的此类图书中，大多没有边缘名称。笔者随意从案头找了几本骑马钉装订的图书，如《中华人民共和国宪法》（人民出版社，2018 年版）、《中国共产党问责条例》（中国方正出版社，2019 年版）、《党政领导干部考核工作条例》（中国法制出版社，2019 年版）等，均没有印刷边缘名称。

（三）书脊名称的内容

《书脊规则》规定：“一般图书书脊上应设计主书名和出版者名称（或图案标志），如果版面允许，还应加上著者或译者姓名，也可加上副书名和其他内容。”“系列出版物的书脊名称，应包括本册的名称和出版者名称，如果版面允许，也可加上总书名和册号。”“多卷出版物的书脊名称，应包括多卷出版物的总名称、分卷号和出版者名称，但不列分卷名称。”

可见，一般图书的主书名、系列出版物的本册名称、多卷出版物的总名称和分卷号，出版者名称，是书脊名称的必备内容；其他内容可视版面情况选择列出。这是因为，“书名既是书脊的主角，也是读者最关心的内容之一”[11]；而出版者是图书产品责任者，反映的是产品质量和品牌效应，也是读者关心的重要内容。因此，要突出书名与出版者名称的重要地位。一般情况下，必备内容的字号宜大于其他内容的字号，除非是为了突出某项其他内容（如作者等）。现在有些图书的书脊没有列出版者名称，应属不规范。

需要特别注意的是书脊名称的准确性和一致性。《书脊规则》中强调："图书和其它出版物及其护封的书脊名称应与其封面、书名页上的名称一致（出版者名称用图案者除外），不应有文字和措词的变化。"如果封面和扉页上都没有的内容，书脊上一般不应出现。

对于书脊名称内容的上下排列顺序，《书脊规则》中没有明确要求，可根据实际需要来安排。一般情况下，书名在上，出版者名称在下，其他内容在中间。作者与著作方式之间的排列格式也没有明确要求，从已出版图书看，有的用空格，有的用斜线（包括正斜线"/"和反斜线"\"），有的用其他各种符号（如⊙、◎、■、◇、☆等），比较杂乱。就某一出版单位来说，书脊上的作者与著作方式的排列格式不宜太杂，应有所规范，尽量统一。

（四）书脊设计应考虑印刷装订因素

一是书脊的厚度要尽量测算准确，并考虑到印刷装订过程中的左右误差量。二是书脊与封面、封底之间不要有明显的线条划分或较大色块反差，会给印刷装订增加难度，一旦有误差，很难将就。三是书脊的天头、地脚不宜太小，要留出 1~2 mm 的裁切误差量，否则会影响书脊的美观。所以，应尽量将书脊与封面、封底进行整体性设计，之间过渡要自然，上下要留出裁切空间。

第三节　图书书号与条码

一、中国标准书号与条码管理

中国标准书号与条码的管理是我国图书出版管理工作中的一项重要内容。“我国已经建立起比较完整的有关书号的规制标准和法规体系，使政府的书号规制行为有章可循。”[12]

《出版管理条例》第二十一条规定，出版单位不得向任何单位或者个人出售或者以其他形式转让本单位的书号。第二十八条规定，出版物必须按照国家的有关规定载明书号。《图书出版管理规定》第二十六条规定：“图书使用中国标准书号或者全国统一书号、图书条码以及图书在版编目数据须符合有关标准和规定。”《图书质量保障体系》第十四条规定：坚持中国标准书号和图书条码使用标准。出版社必须严格按照国家标准和有关规定，正确使用中国标准书号和条码技术。《书号实名申领管理办法（试行）》第八条规定，出版单位在按规定完成书稿“三审”程序后，方可进行书号实名申领。《出版物条码管理办法》第十三条规定：“无条码的出版物或印有不符合质量标准条码的出版物不得上市销售。”第十五条规定：“出版单位应当按照有关对出版物条码的颜色及印刷位置的标准和规定印刷出版物条码。”第十六条规定：“印刷单位应当按照有关国家标准印刷出版物条码，不得随意缩小。”

此外，还有一些关于禁止“买卖书号”、禁止“一号多用”等书号管理方面的文件，下发时间虽然比较早，但至今仍然有效。比如：1993 年的《中共中央宣传部 新闻出版署关于禁止“买卖书号”的通知》，1994 年的新闻出版署《关于禁止中国标准书号“一号多用”的规定》，1997 年的新闻出版署《关于严格禁止买卖书号、刊号、版号等问题的若干规定》，2001 年的新闻出版总署《关于重申禁止中国标准书号“一号多用”规定的通知》等。

二、《中国标准书号》历史沿革及主要内容

《中国标准书号》（GB/T 5795—2006）规定了中国标准书号的结构、显示方式及印刷位置、分配及使用规则、与中国标准书号有关的元数据以及中国标准书号的管理系统，是《中国标准书号》（GB/T 5795—2002）的替代标准。本标准首次发布于1986年，第一次修订于2002年，现行标准为第二次修订版。

为使我国书号管理与国际标准接轨，1986年1月16日，国家标准局发布《中国标准书号》（GB/T 5795—1986①），并自1987年1月1日起实施。该标准规定：国际标准书号（ISBN）是中国标准书号的主体，由组号、出版社号、书序号、校验码4段10位数字组成；中国标准书号前冠以ISBN字样，中国组号为“7”，出版社号长度为2至6位数字，书序号由出版社负责管理分配，4段之间用连字符相连，例如“ISBN 7—01—134069—6”；中国标准书号应印在图书的版权页和封底（或护封）上。1986年7月14日，国家出版局《关于实施〈中国标准书号〉的通知》指出，“中国标准书号”将取代我国长期以来使用的“全国统一书号②”。为顺利实现从“全国统一书号”到“中国标准书号”的过渡，通知要求：1987年1月1日以后发稿的图书，从征订目录稿到版本记录一律采用“中国标准书号”；同时保留“全国统一书号”。1988年1月1日以后发稿的图书，一律取消“全国统一书号”，只用“中国标准书号”。“中国标准书号”不包括三类出版物：临时性印刷品，年画、年历画、挂历、台历等；无书名页的单张美术印刷品或折页美术印刷品（图片）；各级技术标准文献。上述不使用“中国标准书号”的图书，继续使用“全国统一书号”。

---

① 原发布编号为GB 5795—86。

② 1956年2月，文化部出版事业管理局发出通知要求，全国出版单位自1956年4月10日起实行“全国图书统一编号方案”。该方案1972年进行了修订。全国统一书号由图书分类号（共分17类，如语言文字代号为9、自然科学代号为13）、出版社代号（如人民出版社代号为001、商务印书馆代号为017）、序号三部分组成。

至今，全国统一书号仍在使用，主要用于一些特殊出版物的出版。比如《习近平关于“不忘初心、牢记使命”重要论述选编》（统一书号：35099·558）、《做到“两个维护”》（统一书号：35099·561）等图书。

2002年1月4日，国家质量监督检验检疫总局发布《中国标准书号》（GB/T 5795—2002），自2002年8月1日起实施。该标准进一步明确：采用国际标准书号作为中国标准书号，一个国际标准书号由标识符ISBN和由组号、出版者号、书名号、校验码4部分共10位数字组成；标识符ISBN使用大写英文字母，其后留半个汉字空，数字的各部分应以半字线连接，例如“ISBN 7-100-01777-7”；出版者号长度为2至7位数字；校验码的计算方法；中国标准书号应印制在图书封底（或护封）右下脚和图书在版编目数据中，其他介质出版物应印制在显著位置上。

2006年10月18日，国家质量监督检验检疫总局、国家标准化管理委员会发布《中国标准书号》（GB/T 5795-2006），自2007年1月1日起实施。主要修订内容是，中国标准书号由10位升至13位，由标识符ISBN和EAN·UCC（国际物品编码）前缀、组区号、出版者号、出版序号、校验码5部分组成，例如“ISBN 978-7-5064-2595-7”，并改变了校验码的计算方法。2006年12月6日，新闻出版总署《关于实施新版〈中国标准书号〉国家标准的通知》要求：2007年1月1日以后出版（包括再版、重印）的图书、音像制品和电子出版物，从征订目录到版本记录一律使用13位中国标准书号；不适用中国标准书号的四类出版物（暂时性印刷材料，年画、年历画、挂历、台历、明信片等；无书名页和正文的美术印刷品及美术折页纸张；各级技术标准文献；活页乐谱）将继续使用“全国统一书号”。并指出，中国标准书号是出版物的标识，每个中国标准书号对应唯一一种专题出版物，中国标准书号的唯一性是出版物信息准确、实用和出版流通、馆藏信息化建设的基础保证。

三、中国标准书号的分配与排印格式

（一）应使用不同书号或新书号的情况

一是每一出版物或其单行本应使用不同的书号。

二是同一出版物的不同产品形式（例如精装本、平装本、盲文版、录音带、视频、在线电子出版物等）应使用不同的书号。已经出版且单独制作、发行的电子出版物的不同格式（例如“. lit”“. pdf”“. html”以及“. pdb”等）应使用不同的书号。

三是相同内容而不同语种、不同文字版的出版物，应使用不同的书号。

四是相同内容而不同开本的出版物，应使用不同的书号。

五是相同内容而题名更改的出版物，应使用新书号。

六是出版物的任何部分有较大改动，形成新的版本时，应使用新书号。

七是多卷本的丛书、套书（含上、中、下册），在每卷册分别定价销售的情况下，各分卷册应单独使用书号。

（二）不使用新书号的情况

一是版本、形式或者出版者毫无变化的重印出版物，不使用新书号。

二是内容变化细微的重印出版物，不使用新书号。

三是相同内容而定价改变的重印出版物，不使用新书号，但需要申请附加码。

四是相同内容而封面设计改变的重印出版物，不使用新书号。

五是多卷本的丛书、套书的分卷册不分别定价销售，全套书只有一个总定价的，可使用一个书号。

（三）书号排印格式

中国标准书号应永久性出现在出版物上。印刷形式的出版物，中国标准书号应同时印刷在出版物的版本记录页和封底（或护封）上：在版本记录页中，中国标准书号应按其构成和格式要求印刷，并且字号不小于5号；在封底（或护封）上，中国标准书号应以条码格式印刷在封底（或护封）的右下角，条码符号上方印 OCR-B 字体的中国标准书号。电子出版物及其他非印刷形式出版物，中国标准书号应显示在有题名或版权说明的页面或屏幕上，或外装帧面和载体标识面上。同一出版物的不同产品形式所对应的中国标准书号同时出现时，按上下顺序排列。

书写或印刷中国标准书号时，标识符 ISBN 使用大写英文字母，其后留半个汉字空，数字的各部分应以半字线隔开。常见格式差错是：标识符 ISBN 后未留空或者留空过大，数字的各部分间的连接使用一字线而未使用半字线等，如“ISBN　978-7-02-006365-9”“ ISBN　978-7-5447-1430-3”“ISBN 978—7—100—03528—6”“ISBN 978—7—5087—1650—3”等。

四、《中国标准书号条码》历史沿革及条码排印格式

（一）《中国标准书号条码》历史沿革

《中国标准书号条码》（GB/T 12906—2008）规定了中国标准书号条码的代码结构、条码符号技术要求和印制位置，是《中国标准书号条码》（GB/T 12906—2001）的替代标准。本标准首次发布于1991年，第一次修订于2001年，现行标准为第二次修订版。

1991年5月17日，国家技术监督局发布《中国标准书号（ISBN 部分）条码》（GB/T 12906—1991①），规定了条码的结构、尺寸和印刷位置等，自1992年1月1日起实施。1993年8月9日，新闻出版署《关于在出版物上全面推广使用条码的通知》指出：随着我国社会主义市场经济体制的建立和改革开放事业的不断发展，在出版物上全面推广使用条码技术的时机和条件已逐渐成熟，决定自1994年1月1日起，所有使用

① 原发布编号为 GB 12906—91。

ISBN 号的图书（包括再版图书）都必须印有具有 978 前缀的条码；同时，成立新闻出版署条码中心，负责条码软片制作和提供。1996 年 3 月 12 日，新闻出版署《关于进一步在出版物上全面推广使用条码的通知》中强调，所有使用 ISBN 书号的出版物，包括再版书和重印书都必须使用条码。1996 年 6 月 1 日以后出版的图书，未使用条码的，不得上市销售。凡出版物无条码和条码印刷不合格的，应视为该出版物印刷质量不合格。

2001 年 4 月 9 日，国家质量技术监督局发布《中国标准书号条码》（GB/T 12906—2001），自 2001 年 10 月 1 日起实施。该标准修订了标准名称和适用范围，调整了条码印制位置，在代码结构形式上增加了主代码+附加码的形式，用于区别使用同一标准书号的出版物的价格变化。

2008 年 1 月 9 日，国家质量监督检验检疫总局、中国国家标准化管理委员会发布《中国标准书号条码》（GB/T 12906—2008），自 2008 年 8 月 1 日起实施。该标准除增加了部分技术内容外，还根据《中国标准书号》（GB/T 5795—2006）的要求，对条码印制位置作了适当调整。

（二）条码排印格式

1. 条码符号条空颜色搭配格式

现行标准规定：条码符号条与空的颜色反差越大越好；条色应采用深色，空色应采用浅色；白色作空，黑色作条是较理想的颜色搭配。并列出了 16 种可采用搭配方式①和 16 种不可采用搭配方式的参考表。

因此，在设计图书封面时，应考虑条与空的颜色搭配因素。目前大多数图书是采用现行标准推荐的方式——白色（作空）+黑色（作条）。如采用其他颜色搭配，可选择参考表中列出的其他 15 种可搭配方式。

---

① 可采用的 16 种条与空的颜色搭配方式为：白色（橙色、红色、黄色）+黑色（蓝色、绿色、深棕色）的 16 种组合。

2. 条码印制位置

在标准的两次修订时，均对条码印制位置作了调整。

1991 年标准的条码印制位置的规定最为复杂：“一般将条码印刷在图书封底（或护封）的左下角，条的方向与书脊平行（或垂直），也可根据需要将条码印刷在图书封 2 的左上角。”“书脊在右时，一般应将条码印刷在图书封底（或护封）的右下角，条的方向与书脊平行（或垂直），也可根据需要将条码印刷在图书封 2 的右上角。”可见，条码既可印刷在封底（或护封）上，也可印刷在封二上；条的方向既可以与书脊平行，也可以与书脊垂直；如果书脊在右，则又会有所不同。不仅仅如此，具体位置尺寸也比较烦琐：当条的方向与书脊平行时，距切口 9.5 mm（+2 mm，−5 mm），距底边或顶边 6.3 mm（+3 mm，−5 mm）；当条的方向与书脊垂直时，距切口 6.3 mm（±5 mm），距底边或顶边 9.5 mm（+3 mm，−5 mm）。

2001 年标准对条码印制位置规定进行了简化和完善：“图书上的条码印制优选位置为封 4（或护封）的左下角。非纸封面的精装书的条码印刷在图书封 2 的左上角或图书的其他显著位置。条码符号条的方向与装订线平行。”“音像出版物和电子出版物的条码印制在外包装背面的便于识读位置。”不仅取消了条的方向与书脊垂直的方式，而且对具体位置尺寸作了统一，将距切口、底边或顶边的距离均调整为 10 mm（±4 mm）。

现行标准对条码印制位置又进行了微调：一是将条码印制优选位置从封底（或护封与之对应位置）的左下角调整到右下角；二是将具体位置尺寸调整为距边线、底部或顶部均不小于 15 mm。其他不变。这样的格式变化，既简明、灵活，又能满足某些封面的个性化设计。

第四节　图书书名页

《图书质量保障体系》第十三条规定：坚持图书书名页使用标准。图书书名页是图书不可缺少的部分，具有重要的信息价值。出版社出版的图书必须严格按照国家的有关标准执行。

现行标准《图书书名页》（GB/T 12450—2001）于2001年12月19日由国家质量监督检验检疫总局发布，自2002年8月1日起实施。该标准是《图书书名页》（GB/T 12450—1990①）的替代标准，规定了图书书名页上的文字信息及其编排格式，适用于印刷出版的图书。标准主要起草人之一徐家宗曾指出，我国制定《图书书名页》国家标准，既是实行图书在版编目计划的一个组成部分，也是出版物格式标准化的一个环节。[13]

一、图书书名页编排顺序

图书书名页是位于图书正文之前载有完整书名信息的书页，包括主书名页和附书名页。图书书名页原则上按以下顺序编排。

首先，附书名页位于主书名页之前。附书名页与主书名页通常是相连的双页码和单页码，打开书，两者处于同一平面。这样编排的原因是，附书名页列载丛书、多卷书、翻译书、多语种书、会议录等信息②，主书名页列载本册图书书名、作者、出版者、版权说明、图书在版编目数据、版本记录等信息，两者是整体与个体的关系，整体在前，个体在后。两者编排在一个平面上，处于一个视野中，从左侧双数页码附书名页到右侧单数页码主书名页，合在一起，能清晰地形成一个完整的书名信息。当然，这种安排也不是绝对的，标准中也规定："必要时，可以使用附书名页单数页码面，或增加附书名页。""不设附书名页时，附书名页的书名信息需列载于扉页上。"不管怎样，附书名页应始终位于主书名页之前。

其次，扉页位于版本记录页之前。主书名页包括扉页和版本记录页，两者是主书名页"一页的两面"。其中：扉页位于主书名页的正面，即单

① 原发布编号为GB 12450—90。

② 丛书，列载丛书名、丛书主编。多卷书，列载多卷书的总书名、总卷数、主编或主要作者。翻译书，列载翻译书的原作书名、作者、出版者的原文，出版地、出版年及原版次，原版权说明，原作的ISBN。多语种书，列载多语种书的第二种语种及其他语种的书名、作者、出版者。会议录，列载会议名称、届次、日期、地点、组织者。

数页码面；版本记录页位于主书名页的背面，即双数页码面。正反两面合起来是一个完整的主书名页。现在，很多图书未将版本记录页印刷在扉页的背面，而是放在书末，并且有的位于双数页码面，有的位于单数页码面，这种做法是不规范的。

再次，扉页内容通常按图书书名、作者、出版者的顺序从上至下（横排）或从右至左（竖排）排列。

然后，版本记录页内容按版权说明、图书在版编目数据、版本记录的顺序分别排在版本记录页的上部、中部和下部。在没有版权说明时如何编排，现行标准中没有明确要求。从实践看，大多数图书是将图书在版编目数据移至上部；也有上部空出来的，图书在版编目数据依旧排在中部。从版本图书馆指出的图书在版编目数据的印刷中存在的问题——图书在版编目数据没有印在标准指定主书名页背面的中部位置，可以看出，即使没有版权说明，图书在版编目数据仍应位于中部。笔者以为，没有版权说明时，从页面布局考虑，可以将图书在版编目数据位置适当上移，位于中上部，也应该算是规范的。有些图书在版本记录页的上部、中部或下部标注“版权所有，侵权必究”等字样，严格地说，不属于版权说明。版权说明是指“经作者或版权所有者授权出版的作品，可标注版权符号©，并注明版权所有者的姓名及首次出版年份”。如果标注“版权所有，侵权必究”等字样，也应标注在版本记录页的上部，不宜置于中部或下部。

最后，版本记录内容通常按出版责任人记录、出版发行者说明、载体形态记录、印刷发行记录的顺序从上至下排列。

二、主要规则辨析

（一）扉页正书名必须醒目

扉页中的书名项包括正书名、并列书名及其他书名信息。根据现行标准规定：“正书名的编排必须醒目。”（4.1.1）正书名是主书名，为区别于从书名、套书名、副书名等书名信息，应位置更显著、字号更大、字体更突出。

（二）“编委会”不应列载于版本记录页

根据现行标准规定：“多作者时，在扉页列载主要作者，全部作者可在主书名页后加页列载。”（4.1.2）原标准的规定是：“多著作责任者可只列载主要著作责任者。”从这一变化来看，现行标准明确将“全部作者”（即通常的“编委会”）列载于主书名页之后。

这里的“编委会”是指“本卷（本册）编委会”。当同时存在“丛书（套书）编委会”时，如果还有附书名页，则可以根据“必要时，可以使用附书名页单数页码面，或增加附书名页”的规则，将“丛书（套书）编委会”列载于附书名页的背面，即双数页码面。如果没有附书名页，“丛书（套书）编委会”可列载于主书名页之后，“本卷（本册）编委会”之前。

（三）出版者所在地应标示城市名称

根据现行标准规定：“出版者名称采用全称，并标出其所在地（名称已表明所在地者可不另标）。”（4.1.3）出版者所在地应指城市名称，而非省份名称。有人认为像“浙江人民出版社”“广西师范大学出版社”这样的出版者属已表明所在地的看法，是不正确的，应标注“杭州”“桂林”才对。现在，很多出版社的名称中既没有表明所在地，又不在图书扉页标注城市名的做法，是不规范的。

（四）“内容简介”不应列载于版本记录页

版本记录页“提供图书的版权说明、图书在版编目数据和版本记录”3 项内容，并分别记录在版本记录页的上部、中部和下部。在没有版权说明的时候，一些图书为了利用这块“空地”，将“内容简介”放置在了版本记录页的上部。这种做法是不规范的。建议将“内容简介”另设页面置于版本记录页之后，或者利用封底、勒口上的位置。

（五）出版责任人包括哪些人

根据现行标准规定，出版责任人记录包括“责任编辑、装帧设计、责任校对和其他有关责任人”（4.2.3.1）。原标准是规定标注“出版人姓名”，即“出版社主要负责人姓名”，且“一个出版社在同一时期内只能有一个出版人”。从这一变化来看，更符合《图书出版管理规定》《图书质量保障体系》的要求，要坚持责任编辑制度、责任设计制度和责任校对制度。所以，在出版责任人记录中，责任编辑、装帧设计者、责任校对应是必备项目，其他有关责任人，如策划编辑、助理编辑、出版人、终审人等是选择性内容。现在，大多数图书将装帧设计责任人仅印制在封底或勒口的做法，是不规范的。

（六）版本记录页无须重复标注书名、作者及著作方式

书名、作者及著作方式是扉页列载的主要内容。现在，绝大多数图书又在版本记录上方、图书在版编目数据下方列载书名、作者及著作方式，是一种重复，是没必要的，现行标准中也没有这样的要求。况且，图书在版编目数据的第一项内容就是书名与作者项。即使是按照《中文书刊名称汉语拼音拼写法》的要求加注汉语拼音书名，也仅需列载书名及汉语拼音就可以了。

（七）出版发行者说明的内容更多元

与原标准的只要求“印刷者、发行者均采用全称”相比，现行标准对出版发行者说明的内容规定得更详细、更多元，即“出版者、排版印刷和装订者、发行者名称均采用全称。出版者名下注明详细地址及邮政编码，也可加注电话号码、电子信箱或因特网网址”。

出版者除地址、邮政编码、电话号码等传统信息外，可增加电子信箱、网址等。有不少出版社还将电话号码分为总编室、编辑部、发行部等部门，并且增加了出版者公众号、微店等二维码，对加强与读者沟通、促进销售具有很好的实用价值。

现行标准“将‘印刷者’细分为‘排版印刷和装订者’，使责任更加明细化”[14]，也是符合实际的。较早的排版，尤其是铅字排版，基本上是由印刷厂负责的。随着照排、印刷、装订技术的飞速发展和市场经济下的分工细化，很多图书的排版、印刷、装订是由不同的单位、公司承担了。但是，现在的版本记录中，很少有列载排版者的，应予以增加为宜，以体现排版者的权利与责任。

（八）明确开本列载图书成品幅面尺寸

原标准是要求列载“开本及其幅面尺寸”，现行标准进一步明确为列载“图书成品幅面尺寸”。这对开本标注的混乱现象有一定的规范作用。至于是否列载开本代号（开数）和未裁切纸张尺寸，标准中没有要求。但是，图书成品幅面尺寸应是必备项。

（九）印数不应被忽略

印数是图书版本记录的一项重要内容。近十多年来，甚至二十多年来，曾经的印数悄悄不见了。这应该与图书单品种印数下降有直接关系。有些图书现在只印刷一两千册，甚至几百册、几十册，实在是太少了，与其有损出版社颜面，倒不如不写了。现在能看到印数的，多是一些印量较大、发行较好、印次较多的图书。相信在图书出版高质量发展、总量控制的政策引导下，图书单品种印数会不断提升，印数会回归到版本记录中的。

（十）图书书名页排印版式亟待规范

虽然现行标准对图书书名页的文字信息的编排格式作出了规定，但只是框架性要求，除图书在版编目数据外，其他信息没有具体的排印版式要求。不仅各个出版单位不尽相同，甚至同一出版单位的不同图书也不统一。在相关国家标准或行业标准未出台之前，各出版单位应依据现行标准制定自己的企业标准予以规范和统一，不能任凭编辑的个人喜好自由设计。

总之，图书书名页既是一本图书的“身份证”，又是图书数据信息采集地，还与《图书在版编目数据》《图书和杂志开本及其幅面尺寸》《信息与文献　参考文献著录规则》《中文书刊名称汉语拼音拼写法》等标准密切相关。由于“图书书名页包含的内容很多，编制时稍不留神便容易出错”[15]，所以应引起编辑人员的高度重视。

第五节　图书在版编目数据

现行标准《图书在版编目数据》（GB/T 12451—2001）于 2001 年 12 月 19 日由国家质量监督检验检疫总局发布，自 2002 年 8 月 1 日起实施。该标准规定了图书在版编目数据的内容和选取规则及印刷格式，是《图书在版编目数据》（GB/T 12451—1990①）的替代标准。

图书在版编目，简称 CIP（cataloguing in publication），是指在图书出版过程中编制有限的书目数据的工作。图书在版编目数据，简称 CIP 数据，是指在图书出版过程中编制，并印制在图书上的书目数据。

CIP 数据应排印在版本记录页的中部位置。

一、CIP 数据的组成及格式

CIP 数据由标题、著录数据、检索数据、其他注记 4 部分组成，各部分之间空一行。

——标题。即“**图书在版编目（CIP）数据**”，为标准黑体字样，其中“CIP”必须用大写拉丁字母，并加圆括号。

——著录数据。包括书名与作者项、版本项、出版项、丛书项、附注项、标准书号项共 6 项。前 3 项连续著录，后 3 项均另起行著录。

——检索数据。包括书名检索点、作者检索点、主题词、分类号共 4

① 原发布编号为 GB 12451—90。

项。各类检索点用罗马数字加下圆点排序。各类之间留一个汉字空。除分类号外，同类检索点用阿拉伯数字圈码排序。分类号不止一个时，各个分类号之间留一个汉字空，但不用任何数字或符号排序。

书名、作者检索点采用简略著录法，即仅著录书名、作者姓名的首字，其后用“…”表示。

——其他注记。内容依据在版编目工作需要而定。

具体的印刷格式如下：

图书在版编目（CIP）数据

正书名 = 并列书名 ：其他书名信息 / 第一作者 ；其他作者 .— 版次及其他版本形式 / 与本版有关的第一作者 .— 出版地 ：出版者，出版时间

（正丛书名 = 并列丛书名 / 丛书主编，ISSN ：丛书编号 . 附属丛书名）

附注

国际标准书号（ISBN）

Ⅰ. 书名　Ⅱ. 作者　Ⅲ. 主题词　Ⅳ. 分类号

其他注记

二、申报 CIP 数据的注意事项

CIP 数据是在出版社填报的 CIP 申请单的基础上编制的。申报 CIP 数据是图书出版流程中的必备环节。规范、完整、准确地填写申报信息，既能提高编目工作效率，又能保障编目数据质量。

第一，按要求规范填写。填表前应仔细阅读填写注意事项，比如哪些是必填项（一般为标黑项），哪些是关键项（如正书名、并列书名、副书名及说明文字、第一作者、内容提要、作者简介等），哪些项有字数要求（如内容提要不少于 200 字，作者简介不少于 50 字，初审、复审意见分别

100字以上，终审意见50字以上）等。

第二，著录数据要完整和准确。常见问题有以下几类。一是遗漏副书名、分册名。二是作者姓名有误。有些作者姓名中含有生僻字，甚至需要造字时，要特别注意。三是著作方式有误。著作方式应与最后成书的封面、扉页一致，尤其是要注意“编著”与“编写”，“编”与“主编”“组织编写”等的不一致情况。四是未填写外国作者国别、翻译图书译者、翻译图书外文原书名。五是再版图书缺少版次或其他版本形式。六是有丛书名却未填报丛书名和丛书主编。七是内容提要编写质量不高。内容提要是进行图书分类和主题标引的重要依据。如果内容提要表述太简单，相关名词、概念不准确，语句不通顺，甚至有错别字，更甚者有因复制错误造成内容张冠李戴的，就无法全面准确地反映图书的内容，会直接影响图书在版编目数据的质量和制作周期。对此，中国版本图书馆有专门的内容提要编写要求①。

第三，认真检查，及时修正。一是提交申请前认真审核申报数据。二是拿到CIP数据后的复查。主要检查有没有字面上的错误，有没有内容遗漏，有没有主题错误或主题不准确，以及多卷书、丛书的格式和标引是否一致等。三是若发现错误或者关键信息项有变更，应及时填写修改单。由于CIP数据本身就是在图书出版过程中编制的，所以出现某些信息变动是正常现象，关键是要按照要求、流程及时处理，切不可自作主张私自改动。

第四，图书申报CIP数据后，若因故没有出版，必须及时申请撤销该书CIP数据。不得将其挪用于其他图书。

---

① 学术著作（社会科学与自然科学）：应综述图书所阐述或研究的基本问题、主要学术观点等；对书名中出现的新词语、新学科、不常见的专业术语、外文缩略语等，在内容提要中要进行必要的说明或解释；如果图书的内容不易归纳，可以列出原书的主要篇目或目次。

文艺作品：除了对内容进行介绍外，还必须介绍作品的体裁、作者生活时代和国籍；如果是文学作品，则必须说明是什么题材（包括小说、诗歌、散文等）；如果是书法技法或作品，则必须说明是什么书体（即行书、楷书、草书等）；如果是绘画技法或绘画作品，则必须说明是什么画种的技法或作品（即油画、山水画、人物画等）。

人物传记（包括回忆录、纪念文集等）：要交代清楚被传人的国别、生平、职业等。

个人的文集、全集：要先介绍该人的生平、职业，再介绍文集的内容。

多卷书和丛书：除了要从整体上对多卷书和丛书的内容作一个全面概括外，还必须对其中的每一本书作单独介绍。

三、CIP 数据常见编排差错

现行标准的主要起草人之一傅祚华指出：CIP 数据是“由中国版本图书馆专业人员统一编制，排出版样交给出版社的。这种工作程序，有利于保证数据的规范和惟一性”[16]3。“版本图书馆统一编制、提供给出版社的图书在版编目数据既是文字规范，也是格式规范，是不应随意改动的。”[16]4但是在图书排版和编校过程中，这种规范往往被“篡改”。

下面是一本图书的 CIP 数据版样，可以对照了解常见的编排差错情况。

图书在版编目（C I P）数据

流行的自我 ：青年时尚与文化认同 / 徐连明著. --
北京 ：中国社会出版社，2020.12
（现代城市社会与文化丛书 / 文军主编）
ISBN 978-7-5087-6445-0

Ⅰ. ①流… Ⅱ. ①徐… Ⅲ. ①青年－文化研究－中国
Ⅳ. ①D669.5

中国版本图书馆CIP数据核字(2020)第216985号

（一）空行差错

是指标题、著录数据、检索数据、其他注记 4 部分之间没有空一行，或者空行超过一行，或者其他不应空行的地方反而空行。例如《苦难辉煌》（华艺出版社，2009 年 1 月第 1 版）、《风流去》（中国青年出版社，2012 年 1 月第 2 版）、《Java 编程思想》（机械工业出版社，2018 年 1 月第 1 版）等图书。这类差错现在比较多。

（二）字体差错

是指标题“**图书在版编目（CIP）数据**”未采用黑体字。例如《文化苦旅》（长江文艺出版社，2014 年 4 月第 1 版）等图书。有时，也会出现以宋体加黑代替黑体字，用英文括号代替中文圆括号的情况，需要仔细辨别。总体上看，这类差错相对较少。

（三）空格差错

1. 检索数据空格差错

是指检索数据的书名检索点、作者检索点、主题词、分类号 4 类之间（包括多个分类号时的各分类号之间）未留一个汉字空，或者单独起行了。例如《哈利·波特与凤凰社》（人民文学出版社，2003 年 9 月第 1 版）、《中国模式：解读人民共和国的 60 年》（中央编译出版社，2009 年 11 月第 1 版）、《极简科学起源课》（湖南科学技术出版社，2018 年 11 月第 1 版）、《从一到无穷大》（天津人民出版社，2019 年 9 月第 1 版）等图书。

需要注意的是，在原标准中，检索数据的各项均是单独起行的，现行标准为了节省篇幅，已经改为空一个汉字后接排了。

2. 著录项目标识符空格差错

现行标准对著录项目标识符的空格方式作了修订，“5.1.2”要求：“各著录项目所使用的标识符，除逗号‘，’和句点‘.’只在后面带半个汉字空，其他标识符号均需在其前后各留半个汉字空。”“5.1.3”要求：“‘.—’占两格（不应移行）。”

对于“5.1.2”的空格要求，现在出版的图书几乎没有完全正确的。逗号和句点还好，由于本身就占一个汉字空，后面是自带半个汉字空，一般不会出错。而其他标识符号需要在其前后各留半个汉字空，与正常的排版不同，往往会被忽略前后的半字空。因此，排版和编校时应给予特别关注。

3. 擅自增加空格

常见的擅自增加空格现象，主要发生在作者与著作方式之间。CIP 数据著录项目中的作者与著作方式之间为接排，与封面、扉页等的格式不同。例如，不能将“徐连明著”修改为“徐连明 著”。

（四）回行差错

是指同一部分回行的时候没有突出两个汉字，即每段未首行缩进两个汉字。例如《人力资源开发与管理》（清华大学出版社，2007 年 4 月第 3

版）、《薪酬设计与绩效考核设计案例精粹及解读》（中国劳动社会保障出版社，2013 年 2 月第 1 版）、《总体国家安全观干部读本》（人民出版社，2016 年 4 月第 1 版）等图书。这类差错现在也比较多。

（五）标识符差错

1. “. —”占两格，不应移行

需要强调的是，“. —”是一个整体符号，不能分为“.”和“—”两个符号使用，这也是为什么不能移行的原因。此类差错比较少，仅是个别图书，例如《支部书记工作方法十谈》（人民出版社，2012 年 4 月第 1 版）、《社会工作实务（初级）》（中国社会出版社，2020 年 4 月第 9 版）等。

2. 标识符不能随意修改

正书名与其他书名信息之间的“:”不能改为破折号“——”。比如《城市社区协商治理研究——以上海市普陀区为例》一书，应著录为“城市社区协商治理研究 ：以上海市普陀区为例”。著录项目标识符中没有破折号“——”形式。

第一作者与其他作者之间的“;”不能改为“,”或“、”。著录项目标识符中没有顿号“、”形式。

相同责任方式的作者之间为“,”，也不能改为顿号“、”。

出版项中有多个出版者时，其著录方式是有标准规范的，也不能随意更改。《普通图书著录规则》（GB/T 3792. 2—2006）“8. 4　出版发行项”规定了多个出版者的具体结构形式：

. — 出版发行地 ：出版发行者 ：出版发行者，出版发行日期

. — 出版发行地 ：出版发行者 ；出版发行地 ：出版发行者，出版发行日期

例如：

. — 北京 : 商务印书馆 : 中国书籍出版社, 2020. 7

. — 武汉 : 崇文书局 ; 北京 : 中国书籍出版社, 2020. 7

有的图书没有按标准格式著录，比如：《十二届全国人大四次会议〈政府工作报告〉辅导读本》一书著录成了“. — 北京 : 人民出版社 中国言实出版社, 2016. 3”（出版者之间的“;”改成了空格）；而《十三届全国人大一次会议〈政府工作报告〉辅导读本》则著录成了“. — 北京 : 人民出版社、中国言实出版社, 2018. 3”（出版者之间的“;”改成了顿号“、”）。

总之，版本图书馆编制的 CIP 数据中的所有著录项目标识符是有标准规范的，均不能随意改动。

（六）出版时间不一致

是指 CIP 数据中的出版时间与版本记录中的出版时间不一致。这类差错也很常见。傅祚华曾指出：“两个出版时间说的是一回事，应该完全一致。出版社填报在版编目数据工作单时填的是计划的出版时间。或许是‘计划跟不上变化’，后来实际的出版时间往往会发生变化。推迟几个月，或者推迟到下个年度出版是常有的事。在这种情况下，在版编目数据中的出版时间就应该随之改变。这是数据本身的性质决定的，也是中国版本图书馆认可的。如果没有作相应改变，便会在同一页上出现两个不同的出版时间。”[16]3所以，如果出版时间有变，应告知中国版本图书馆，并将 CIP 数据中的出版时间改为与实际出版时间一致。

另外，在任何情况下，CIP 数据核字号中的年份都不应改动和杜撰。

四、重印书的申报和重印时间的标注

（一）哪些重印书需要申报 CIP 数据

如果重印书以前没有申报制作 CIP 数据，再次印刷时则应当申报。申报时应分别填报一版一次出版时间和重印时间。

如果以前申报制作了 CIP 数据，则不需要再申报。定价发生变化的，也不需要重新申报。

（二）重印时间如何标注

已申报过 CIP 数据的图书重印时，需要把重印时间加在原出版时间后边，用括号括起，其他内容都不变。例如：2019. 10（2020. 1 重印）。

已申报过 CIP 数据的图书多次重印时，原出版时间后面用括号括起的是最新的重印时间。例如，某书 2019 年 10 月初版时申报 CIP 数据，2020 年 1 月和 2020 年 3 月先后两次重印，则 2020 年 3 月重印时的出版时间标注形式为：2019. 10（2020. 3 重印）。

CIP 数据看似简短，其格式却不简单。CIP 数据差错率较高的主要原因是排版人员对格式不了解，编校人员又常常只关注内文。“小小的 CIP 数据最终反映的是一个出版社的规范化意识和科学管理水平。出版社要充分认识 CIP 数据的重要性，改善业务流程、规范企业管理、增强各环节的责任感，就可以确保 CIP 数据的质量，保证 CIP 数据的准确性。”[17]

第六节　图书的结构编排

图书的结构编排，是指对图书的各个构成部件进行的排列和组合。图书的结构编排也是图书整体设计的主要内容之一。按照《图书质量管理规定》的要求，图书的整体设计应符合国家有关技术标准和规定。

新闻出版行业标准《学术出版规范　图书版式》（CY/T 120—2015）规定了学术图书版式类型与结构、版式基本要求和版式的编排。该标准由国家新闻出版广电总局于 2015 年 1 月 29 日发布并实施。虽然该标准是适用于学术图书出版的，但是其中关于图书结构编排的一些基本规则也适用于其他图书，可以借鉴和参考。

一、图书的结构

图书的结构一般分为封面、正文和辅文3个部分。

封面包括封一、封二、封三、封四、书脊、勒口、护封、封套（函套）等。

正文是指“图书中作品主体部分的文字、图片、表格等”[18]69内容，包括各篇、章、节的标题、段落、插图、表格等。

辅文则是指“图书正文的辅助文字”[18]69，包括图书书名页、编委会、出版说明、序、前言、目录、凡例、注释、参考文献、附录、索引、后记，以及呈献页、题词页、内容简介、作者简介、插页、勘误表等。

其中，从图书结构的整体性角度考虑，当注释采用夹注、脚注或篇章注时，因其位于正文之中，所以可以看作是正文整体的一部分。而当注释采用书末注时，因其位于全书正文之后，则可以看作是正文整体之外的其他部件。同样，根据参考文献表的位置不同，文中或各章节后参考文献表也可以看作是正文整体的一部分，书末参考文献表则可以看作是正文整体之外的其他部件。

二、图书的结构编排

图书的结构编排，是以正文为中心和基础的，主要是为了解决哪些辅文排在正文之前，哪些辅文排在正文之后，以及各辅文之间先后顺序的问题。

（一）辅文的基本编排顺序

1. 呈献页和题词页

呈献页是指载有以出版本书献给某人或某纪念日等文字的页面。题词页是指载有题写的表示纪念或勉励等文字的页面。有时，呈献页内容以题词形式出现，也就成了题词页。

呈献页和题词页均宜置于图书书名页之前。一般来说，如果既有呈献页又有题词页，呈献页常位于题词页之前。

2. **图书书名页**

图书书名页中，附书名页位于主书名页之前。主书名页中，扉页位于版本记录页之前，且扉页为单数页码面，版本记录页为双数页码面，版本记录页位于扉页的背面。

3. **编委会**

本章第四节图书书名页中已经提到，编委会位于主书名页之后。如果丛书（套书）既有编委会，又有附书名页，则丛书（套书）编委会可置于主书名页之前、附书名页之后。

4. **出版说明**

出版说明，也称出版前言，是出版者有关本书的说明性文字。有人认为，出版说明“是以整本图书为说明对象的，所以应该放在图书的其他部件之前，即紧接在版本记录页的后面”[19]24。不过如果有编委会的话，出版说明置于编委会之后更好些，毕竟编委会属于作者范畴，与图书书名页联系更紧密。

5. **序和前言**

序是由他人或作者撰写的有关本书的独立文章。前言是由作者撰写的有关本书的说明文字，其性质相当于自序。所以，序和前言一般又统称为序言。

序言宜置于出版说明之后，目录之前。

多卷书和丛书若有总序，总序应位于本卷和本册序之前。

他序应置于自序之前，以表示对他序作者的尊重。

新版序言应置于旧版序言之前，旧版序言通常按时间先后顺序排列。

6. **目录和凡例**

目录，也称目次，“它表明图书基本内容和层次结构，一般包括正文及部分有关辅文的标题，兼有检索性和介绍性功能”[18]76，“既可让读者快速浏览以了解全书的内容概貌，又能起‘导航’作用，供读者按需便捷查检作品中特定部分的内容”[19]25。

凡例是关于图书体例的说明，多用于工具书等。

目录应置于正文之前；凡例应置于目录之后、正文之前。

7. 附录

附录是指附在正文后面与正文有关的文章或参考资料，应置于正文之后。

8. 书末注释和书末参考文献表

书末注释和书末参考文献表是对全书的注释和引用参考文献的集中著录，应置于后记之前。

当有附录时，如果书末注释和书末参考文献表的范围包含附录，则应将其置于附录之后；反之，则可将其置于附录之前。

9. 后记（跋）

后记（跋）是作者有关本书的说明性文字，与序言呼应和补充，应置于全书末尾。后记应与出版后记相区别。出版后记是出版者有关本书的说明性文字，“由于涉及包括作者所写后记在内的全书，就应该放在后记之后”[19]25，即全书的最后。

10. 其他辅文或部件

内容简介，通常置于封底或者勒口上，也有放置在图书书名页之后的。一些将内容简介放置在版本记录页上的做法，并不符合《图书书名页》标准的要求。

作者简介，通常置于勒口或者封底上，也有放置在书名页之后的。

索引，分为书前索引和书后索引。书前索引宜置于目录与正文之间。书后索引宜置于后记之前。

勘误表，宜置于后记之后，也可作为插页夹于书中。

环衬或衬页，置于封二之后，封三之前。

插页，置于和图书内容相匹配的位置，比较灵活。插页与正文用纸不同，装订方式也有区别。很多辅文或部件都可以制作成插页，包括正文中的分辑页（编、部、卷页）及篇章页，只是会给装订带来不便，增加难度和成本。

（二）目录中不宜列载序言标题

经常会看到，有些图书的目录中列载着序言标题。序言位于目录之前，通常情况下，读者先阅读序言，然后才是目录。所以，将序言标题列载于目录之中，既失去了目录的检索功能和意义，也不符合读者正常的阅读顺序。并且序言的页码与正文的页码均是单独排序的，在一个目录中出现两个或多个由“1”起始的页码排序也不合理。即使目录中有其他内容需要单独编页码，也应采取不同的数字形式。有些图书不仅在目录中列载序言的标题，而且将序言置于目录之后、正文之前，就更不合适了。

笔者注意到，全国出版专业技术人员职业资格考试辅导教材之一《出版专业实务·中级》中，2007 版的目录中是列载“序”和“前言”的，2015 版的目录中删去了，最近的 2020 版沿袭没有列载。这说明，编辑人员已注意到这个问题，作了修改。但是在教材正文的第二章第三节中，对目录的标题仍有“序言、后记、跋等如系他人撰写，亦应注明姓名”的表述，可见是默认序言标题置于目录之中的，建议予以修改。

图书的结构编排有其内在逻辑，不同部件的排序先后反映着包含关系。例如，出版前言与前言、出版后记与后记，均隐含着包含关系，所以出版前言应置于前言之前、出版后记应置于后记之后。

（三）另页与另面

图书的结构编排中，还应注意另页与另面的处理。除图书书名页有专门的标准规定外，一般情况下，一类图书部件与另一类图书部件之间，应另页起排，即从单数页码面起排；一类图书部件的内部宜另面起排，即从新的页码面起排。比如，题词页、编委会页、出版说明、序言、目录、正文、附录、后记等一般应另页起排，尤其是序言、目录和正文；而多个题词页、编委会页、序言、附录之间，通常另面起排，有时也可根据情况设计另页起排。正文中的另页与另面可视其结构层次而定：如果只是单一的章节类结构，各章宜另页处理，各节宜接排或另面安排；如果结构层次有两个以上，既有编（部、卷），又有篇（章）、节，为清晰层级、体现差别，宜采用高层级到低层级的由另页到另面再到接排的编排方式。

参考文献：

[1]木羊．关于书刊开本尺寸标准及其相关标准[J]．印刷质量与标准化,2000(2):33.

[2]张振威．经修订的国家标准——《图书杂志开本及其幅面尺寸》即将发布实施[J]．印刷质量与标准化,2000(2):29.

[3]姜志静．中文图书开本亟待规范[J]．出版发行研究,2003(6):20-21.

[4]邵胜春,贾军．图书开本的演变及现状调查分析[J]．农业图书情报学刊,2010,22(4):94-96+105.

[5]梁金平,祝妍,付婷．图书开本及其幅面尺寸的现状调查与分析[J]．内蒙古科技与经济,2017(14):106-107+113.

[6]肖纯．关于书刊开本[J]．科技与出版,2010(11):39.

[7]吕敬人．书脊——书在表示空间中的主角[J]．书屋,1997(1).

[8]苗蕾．书籍装帧中的书脊的设计应用[J]．艺术科技,2017,30(1):281.

[9]田海明．书脊设计中常见问题论析[J]．出版科学,2007(6):22.

[10]姜福华．谈书脊设计与应注意的问题[J]．科技与出版,2000(5):36.

[11]刘苏梅．从图书馆分类编目角度分析书脊设计的规范性[J]．内蒙古科技与经济,2015(17):142.

[12]李晶晶,黄先蓉．新闻出版标准与新闻出版法规体系的协调发展研究(二):从中国标准书号的规制现状谈起[J]．出版科学,2012,20(1):49.

[13]徐家宗．《图书书名页》标准介绍[J]．科技与出版,1993(2):13.

[14]时培育．新旧国标图书书名页之不同[J]．科技与出版,2002(6):43.

[15]傅祚华．正确编制图书书名页[J]．全国新书目,2005(24):3.

[16]傅祚华．出版社应正确使用图书在版编目数据[J]．全国新书目,2005(23).

[17]高峰．图书在版编目数据常见差错、成因及消除办法[J]．中国编辑,2014(3):94.

[18]国家新闻出版广电总局出版专业资格考试办公室．出版专业实务:中级(2015年版)[M]．北京:商务印书馆,2015.

[19]宋岚．出版专业技术人员要熟练掌握业务规范:以图书部件编排序次的规范为例[J]．科技与出版,2013(5).

第九章

校对符号及其用法

《校对符号及其用法》（GB/T 14706—1993①）是规定校对各种排版校样的专用符号及其用法的国家标准，适用于中文（包括少数民族文字）各类校样的校对工作。该标准于 1993 年 11 月 16 日由国家技术监督局发布，自 1994 年 7 月 1 日起实施。

我国校对符号的发展源远流长。有研究认为：校对符号的萌芽，最早可上溯到商周时期，如甲骨文中用于把各段卜辞分开的“界划”（横线、竖线或丁字形线条），金文中用于表示位置颠倒的倒钩符号（在颠倒次序的字下面加横钩，表示应颠倒来读）；从汉代到唐代，校对符号及其形式多样起来，如倒钩号有“V”“√”等形式，删除号有在文句上画墨线“▬”、画墨框“□”、画圈或在不要的字的右侧竖着点 3 个点等形式，用墨线进行连接表示转移，在某些文字前留出一二字的空格表示恭敬的敬空号（主要用于章表、牒状、函启、序跋、志传、祭文等文体中）等；到了宋代，随着雕版印刷的发展，官府有了较正规的校书，将圈点与校勘相结合，规定了黄圈、朱圈、侧点、中点、朱抹、倒钩等各种符号用法，可以说是我国第一套由政府统一制定的校对原则和校对符号；到了元代，校对符号又有了新内容、新形式，比如将改正的字、补字及其符号书写在天头上，错字旁打“×”，敬空号用“‖”表示等；明清至近代，基本沿袭了前代的传统。[1-2]

① 原编号为 GB/T 14706—93。

GB/T 14706—1993 的前身，是 1981 年 12 月 20 日由国家出版事业管理局发布的专业标准《校对符号及其用法》（ZB 1—81）①，于 1982 年 1 月 1 日起在全国试行。该标准规定了 22 类校对符号，分为字符的改动、字符方向位置的移动、字符间空距的改动和其他 4 个部分。该标准的实施，使得编辑、排版、校对等人员之间有了“共同语言”，对规范校对符号的形式及使用，对提高工作效率和出版物质量有着重要意义。[3]

GB/T 14706—1993 与 ZB 1—81 相比，变化很小，主要是将“换损污字”删除后并入了“改正”，并修改了部分示例。

第一节　标对符号的作用

校对符号是以特定图形为主要特征的、表达校对要求的符号。它能用简洁、直观的图形符号代替过多的文字说明，达到通俗易懂、便于修改的目的。

从 1981 年专业标准发布，至今已 40 年。随着标准的推广和应用，校对符号已在现代经济社会生活中广泛运用，已经超出了专业的排版校样校对。一些常用的删除、改正、转移、增补等符号，时常能在各类文稿的起草、修改、审核、批阅中见到，也许是有意识地使用，也许是无意识地使用。之所以在那么多场合都在用，是因为这些符号是很多人都能看得懂的一种修改语言。如果是各种随意的圈呀、画呀，乱勾扯、乱引线，就无法正确理解修改者的意图，也不易辨认，从而影响工作效率。因此，校对符号的适用领域和普及应用意义是显而易见的。

在图书出版工作中，校对符号已经成为行业的业务沟通语言，是图书生产流程中信息交流的重要工具。包括文字编辑、技术编辑、技术校对和初审、复审、终审人员等在内的出版专业技术人员，都应熟悉校对符号的

---

① 当时的标准是按照 1979 年的《中华人民共和国标准化管理条例》分为国家标准、部标准（专业标准）、企业标准三级。1988 年的《中华人民共和国标准化法》颁布后才将标准分为国家标准、行业标准、地方标准和企业标准四级。

含义，并正确使用校对符号，“否则就会传递错误信息，导致改样人员进行错误修改，不仅增加出版物生产成本，延误出版物生产周期，严重的还会使出版物出现重大质量事故”[4]。某报纸就因为排版人员在录排校样文稿时，将“说明”文字作为“改正”文字录排到了文稿中，而核稿人员又没仔细核红，就直接出版印刷了，结果造成了内容质量政治性问题。究其原因，是校对符号使用不正确，校样上的“说明”文字下面没有标注符号“ooo”，才造成了误排。有时录排人员没有按照要求修改，也有可能是编辑人员自己的问题，是不是校对符号使用不规范，或者东拉西扯标引得太乱了呢？

校对符号的正确使用是编辑人员的必备专业技能。在全国出版专业技术人员职业资格考试中，校对题目的重点考核内容就是规范地使用校对符号。从近些年的考试情况看，情况很不乐观。在解答校对题目时，“有少量考生似乎根本不会使用校对符号，只能像审稿那样在空白处写类似‘××应改××’、‘这里应该空 2 字’、‘去掉字之间的空’之类的文字说明。相当多的考生只会正确使用删除、增补、改正、对调这几个符号，而其他符号则或是根本写不出来，或是混淆符号的作用，或是标注不符合规范”[5]。“有的甚至通篇无任何校对符号，而版心外空白处则写满了密密麻麻的说明文字”[6]。这种情况应引起重视。如果一个编辑不知道校对符号，甚至看不懂也不会用校对符号，显然是不合格的。

当然，也有人提出，标准应该进行修订，有些校对符号已经过时。[7]确实，1993 年标准发布时，计算机排版已开始普及，但铅字排版仍然存在，所以标准中有些校对符号明显是针对铅字排版的。比如转正符号“”、排齐符号“，”、正图符号“”以及“改正”符号中的更换污损字等情况，都与铅字排版有关，是由于铅字颠倒、铅字铅条不整齐、图形拼版不正、铅字污损造成的。这些情况在计算机排版中基本不会产生，除非有特殊的“命令”。除此之外，绝大部分校对符号仍是可行的、适用的。

第二节 校对符号用法辨析

国家标准 GB/T 14706—1993 仍沿袭专业标准 ZB 1—81 将校对符号分为字符的改动、字符方向位置的移动、字符间空距的改动和其他 4 个部分。

一、校对符号的基本用法及注意事项

（一）字符的改动

1. 符号作用与形态

字符的改动符号共 4 类，作用是“改正”“删除”“增补”和“改正上下角”。符号形态具体如下：

——改正，符号形态“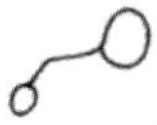”；

——删除，符号形态“”；

——增补，符号形态“”；

——改正上下角，符号形态“”。

2. 注意事项

第一，改正、增补的内容应在引线外圈起来。如果改正、增补的内容较多，圈起来确有困难，也要在页边用线画清楚改正、增补的范围，以免与其他修改内容混淆。在实际工作中，只将改正、增补的内容用引线引出而不圈起来的情况屡见不鲜。尤其是在一个校样上，如果有的加圈，有的不加圈，会让排版人员和其他审核人员产生困惑。

第二，删除的文字应完整地圈起来。尤其是句子前后的标点，常常被遗漏。因此，一定要准确地圈出删除的内容，以免给排版人员修改时带来困难或干扰。

第三，改正上下角应在引线外画出矩形，并将需要改正的文字或符号标注在矩形对应的方位。比如上角“”与下角“”，中圆点“”与下脚点“”，冒号“”与比号“”等，如果没有参照的方位，则无法判断。

（二）字符方向位置的移动

1. 符号作用与形态

字符方向位置的移动符号共 10 类，除了前面提到的转正、排齐、正图 3 类已基本不用外，其余 7 类的作用分别是“对调”“接排”“另起段”“转移”“上下移”“左右移”和“排阶梯形”。符号形态具体如下。

——对调，符号形态“”和“”，前者用于相邻内容的对调，后者用于相隔内容的对调。

——接排，符号形态“”。

——另起段，符号形态“”。

——转移，符号形态 5 个，其中：“”用于行间附近的转移；“”“”用于相邻行的首末衔接字符的推移；“”和“”用于相邻页的首末衔接行段的推移。

——上下移，符号形态 4 个，其中：“”“”指字符上移或下移到缺口左右水平线处；“”“”指字符上移或下移到箭头所指的短线处。

——左右移，符号形态 4 个，其中：“”“”指字符左移或右移到缺口上下垂直线处；“”“”指字符左移或右移到箭头所指的短线处。

——排阶梯形，符号形态“”。此符号用于连续下角标，不常用。

2. **注意事项**

第一，应尽量使用规范的对调符号和另起段符号。比如有用“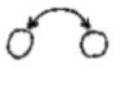”符号表示对调的，有用“‖”“≚”等符号表示另起段的，虽然有时也能理解其意思，但还是使用规范的符号更利于信息的传递。自创符号过多，会远离标准的宗旨。

第二，转移的 5 个符号形态是有细微分工的，分别适用于行与行之间内容的转移、行首或行末不宜分开的字符的转移，以及行或段内容的整体位置转移。主要是根据不同转移情况，采用更简便、更适合的标注方法。

第三，上下移、左右移是为了与其他内容对齐，所以标注上下移的短线、左右移的垂直线时，线段的截止位置应精准。

（三）字符间空距的改动

1. **符号作用与形态**

字符间空距的改动符号共 4 类，作用是“加大空距”“减小空距”“空字距”和“分开”。符号形态具体如下：

——加大空距，符号形态“∨”和“>”，表示在一定范围内适当加大横向或纵向空距。横式文字画在字头和行头之间。

——减小空距，符号形态“∧”和“<”，表示不空或在一定范围内适当减小横向或纵向空距。横式文字画在字头和行头之间。

——空字距，符号形态“#”“ǂ”“丰”和“丯”，分别代表空 1 字距、空 1/2 字距、空 1/3 字距、空 1/4 字距。多个空距相同时，可用引线连出，只标示一个字符。

——分开，符号形态“Y”，一般用于字母之间的分隔。

2. **注意事项**

第一，加大、减小行距的符号应标注在行首。否则，表达的意思就相反了。比如，“>”标注在行首是指加大行距，标注在行尾则只能理解为缩小行距了；同样，表示缩小行距的“<”也只能标注在行首。

第二，加大、减小空距时，如果有具体的加大、减小行距或字距的要求，宜作出说明，如“空 2 行”“缩 2 行”“空 2 字”“缩 2 字”等。

第三，空字距符号不宜独立使用，应与加大、减小横向空距符号“∨”“∧”同时使用，比如“$\overset{\#}{\vee}$”表示加大空 1 字距，“$\overset{\text{丰}}{\vee}$”表示加大空 1/3 字距。

第四，分开符号是指自然地分开一个字母的空距。

（四）其他

1. 符号作用与形态

其他共 3 类，作用是“保留”“代替”和作出“说明”。符号形态具体如下。

——保留，符号形态“△”。除在原删除的字符下画△外，并在原删除符号上画两竖线。

——代替，符号形态“○ =”。同页内有两个或多个相同的字符需要改正的，可用符号代替，并在页边注明。

——说明，符号形态为 3 个圆圈“ooo”。说明或指令性文字不要圈起来，在其字下画圈，表示不作为改正的文字。如说明文字较多时，可在首末各三字下画圈。

2. 注意事项

第一，保留是与删除直接相关的，是删除错了之后的恢复行为。“△”符号应标注清晰，不能有遗漏，尤其是要注意一些标点的保留。

第二，代替符号适用于 1 个相同情况的统一替换。如果同一页面出现了 2 种以上不同情况的替换，应有所区别。比如用不同的色笔来表示。

第三，虽然所有的情况都可以通过“说明”来解决，但是能用其他校对符号直接解决的问题，还应优先采用其他校对符号。

二、校对符号之间的联系

校对符号的含义存在着内在联系。比如：“改正上下角”可以看作是“改正”的一种特殊形式，是对部分改正内容的精确描述；“改正”也可以看作是一种替换形式，或者是连删带改；“保留”是“删除”基础上的保留，没有删除也就谈不上保留；增补符号“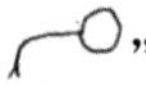”可以看作是先增补再转移，转移符号“”可以看作是先转移再增补；等等。

同一个修改的处理可以根据实际情况采用不同的校对符号。比如：“转移”距离较远的内容时，为避免引线过长和交叉，可以采用“删除+增补”的方式来处理；“对调”距离较远的内容时，可以采用两个“改正”来处理；“分开”用“空 1/2 字距”代替，表达的意思是一样的；等等。

校对符号往往需要联合运用。尤其是在无法清楚标注时，“+说明”是最常用的方式。比如：增补具有上下角位置要求的内容时，可以采用“增补+说明”的方式，用“中圆点”“下脚点”等补充说明；改正或增补字母时，可以用“英文小写”或“英文大写”补充说明；改正或增补汉字“一”、一字线“—”、短横线“-”时，宜用“汉字”“一字线”“短横线”作适当说明；等等。

总之，校对符号之间不是完全割裂的，校对符号的运用也不是非此即彼的，有时可以根据具体情况灵活运用，并尽可能采用更经济实用、能使版面更整洁的方式。

三、校对符号的使用要求

（一）书写要求

一是校对符号和修改内容应采用色笔（如签字笔、圆珠笔、墨水笔等）书写，不宜使用铅笔书写。铅笔书写一般适用于有质疑处。连校或同一校样由不同人修改时，应使用不同的彩色笔区别。

二是校样上改正的内容宜书写清楚、字迹工整，并保持版面清洁。校改外文时，要注意大小写、正斜体等形式，特别要注意“v”与“u”，“i”与“l”等字母，并尽量避免外文连写。

三是校样中的校对引线要从行间画出（距离较近的上下行之间也可从

字间画出），不能重叠。墨色相同的校对引线不可交叉，墨色不同的校对引线也应尽量避免交叉。校对引线宜以每行的中间为基准，就近靠左或靠右画出。

四是版心内标注的修改处如果符号较小或不明显，宜在版心外空白的平行处另作符号标记。

五是校对符号和修改内容的书写宜从上至下布局，要给后续的修改处留出足够空间。

（二）编辑加工与校样修改在校对符号使用上的区别

根据《图书编辑工作基本规程》，编辑加工工作是在书稿审稿（即“三审”）通过之后，校样修改是在编辑加工、整体设计和发稿之后的校对工作。两者在图书出版流程上有先有后。校样修改包括初校样、二校样、终校样等的修改，也包括最后的质检样、付印清样的修改。

《图书编辑工作基本规程》指出，编辑加工的主要任务是“使内容更完善，体例更严谨，材料更准确，语言文字更通达，逻辑更严密，消除一般技术性、常识性差错，防止出现原则性错误，并符合排版和校对要求”。但是，随着作者提交稿件的普遍电子化，加上为了审稿和编辑加工方便，现在，很多书稿从三审稿到编辑加工稿都已是计算机排版稿，发稿排版工作提前了。因此，编辑加工稿一定程度上也成为一种校样稿。

基于以上变化，编辑加工虽然不像专业校对那样，在校样修改中更注重校对符号的严格使用，但也会在就近修改、保持版面清朗、尽量少使用引线等的基础上，越来越多地使用校对符号，以便于排版人员的修改。所以，校对符号的规范使用对图书编辑越来越重要。

参考文献：

[1]萧世民．校对符号源流考略[J]．南昌大学学报(社会科学版)，1996(2)：114-118.

[2]梁成秀．中国古代校对符号述略：兼谈藏族传统典籍的校对方法[J]．西藏民族学院学报(哲学社会科学版)，2005(6)：94-97.

[3]张振威．介绍《校对符号及其用法》[J]．出版工作,1982(3):49.

[4]刘高彤．把握校对题型特点 切实提高校对技能[J]．科技与出版,2012(5):30.

[5]陆琢行．严谨求是的职业作风不可或缺[J]．科技与出版,2011(4):6.

[6]黄静．回归校对本义 应对“校对编辑化”趋势[J]．科技与出版,2012(5):26-27.

[7]徐正达．《校对符号及其用法》的修改和补充意见[J]．科技与出版,2002(4):52.

附录 A

量、单位和符号的应用①

一、国际单位制（SI）单位

（一）SI 基本单位

国际单位制以表 A1 中的 7 个基本单位为基础。

表 A1　SI 基本单位

量的名称	单位名称	单位符号
长度	米	m
质量	千克（公斤）	kg
时间	秒	s
电流	安［培］	A
热力学温度	开［尔文］	K
物质的量	摩［尔］	mol
发光强度	坎［德拉］	cd

① 摘编自《国际单位制及其应用》（GB 3100—1993）和《有关量、单位和符号的一般原则》（GB/T 3101—1993）。

（二）SI 导出单位

导出单位是用基本单位以代数形式表示的单位。表 A2 中为 21 个具有专门名称的 SI 导出单位。

表 A2　具有专门名称的 SI 导出单位

量的名称	SI 导出单位	
	名 称	符 号
［平面］角	弧度	rad
立体角	球面度	sr
频率	赫［兹］	Hz
力	牛［顿］	N
压力，压强，应力	帕［斯卡］	Pa
能［量］，功，热量	焦［耳］	J
功率，辐［射能］通量	瓦［特］	W
电荷［量］	库［仑］	C
电压，电动势，电位，（电势）	伏［特］	V
电容	法［拉］	F
电阻	欧［姆］	Ω
电导	西［门子］	S
磁通［量］	韦［伯］	Wb
磁通［量］密度，磁感应强度	特［斯拉］	T
电感	亨［利］	H
摄氏温度	摄氏度	℃
光通量	流［明］	lm
［光］照度	勒［克斯］	lx
［放射性］活度	贝可［勒尔］	Bq
吸收剂量比授［予］能 比释动能	戈［瑞］	Gy
剂量当量	希［沃特］	Sv

（三）SI词头

为了避免过大或过小的数值，在SI的单位中，还包括SI单位的十进倍数和分数单位，它们是利用SI词头（见表A3）加在SI单位之前构成的。词头不得单独使用。摄氏温度单位摄氏度，角度单位度、分、秒，时间单位日、时、分等，不得用SI词头构成倍数单位。

表A3　SI词头

因数	词头名称		符号
	英文	中文	
10^{24}	yotta	尧［它］	Y
10^{21}	zetta	泽［它］	Z
10^{18}	exa	艾［可萨］	E
10^{15}	peta	拍［它］	P
10^{12}	tera	太［拉］	T
10^{9}	giga	吉［咖］	G
10^{6}	mega	兆	M
10^{3}	kilo	千	k
10^{2}	hecto	百	h
10^{1}	deca	十	da
10^{-1}	deci	分	d
10^{-2}	centi	厘	c
10^{-3}	milli	毫	m
10^{-6}	micro	微	μ
10^{-9}	nano	纳［诺］	n
10^{-12}	pico	皮［可］	p
10^{-15}	femto	飞［母托］	f
10^{-18}	atto	阿［托］	a
10^{-21}	zepto	仄［普托］	z
10^{-24}	yocto	么［科托］	y

二、可与 SI 单位并用的我国法定计量单位

由于实用上的广泛性和重要性，可与 SI 单位并用的我国法定计量单位有 16 个（见表 A4）。

表 A4　可与 SI 单位并用的我国法定计量单位

量的名称	单位名称	单位符号
时间	分	min
	［小］时	h
	日，（天）	d
［平面］角	度	°
	［角］分	′
	［角］秒	″
体积	升	L，(l)
质量	吨	t
	原子质量单位	u
旋转速度	转每分	r/min
长度	海里	n mile
速度	节	kn
能	电子伏	eV
级差	分贝	dB
线密度	特［克斯］	tex
面积	公顷	hm^2

注：

1. 平面角单位度、分、秒的符号在组合单位中应采用（°）、（′）、（″）的形式。例如，不用 °/s 而用（°）/s。
2. 升的符号中，小写字母 l 为备用符号。
3. 公顷的国际通用符号为 ha。

上述 4 个列表中，无方括号的量的名称、单位名称和词头名称均为全称。方括号中的字，在不致引起混淆、误解的情况下，可以省略。去掉方括号中的字即为其名称的简称。

三、量的符号的应用

量的符号通常是单个拉丁或希腊字母，有时带有下标或其他的说明性标记。无论正文的其他字体如何，量的符号都必须用斜体印刷，符号后不附加圆点（正常语法句子结尾标点符号除外）。（注：pH 是一个特殊的量，应以正体书写。）

如在某些情况下，不同的量有相同的符号或是对一个量有不同的应用或要表示不同的值，可采用下标予以区分。表示物理量符号的下标用斜体印刷，其他下标用正体印刷。例如：

正体下标	斜体下标
C_{g}（g：气体）	C_p（p：压力）
g_{n}（n：标准）	$\sum_n a_n \theta_n$（n：连续数）
μ_{r}（r：相对）	$\sum_x a_x b_x$（x：连续数）
E_{k}（k：动的）	g_{ik}（i，k：连续数）
X_{e}（e：电的）	p_x（x：x 轴）
$T_{1/2}$（1/2：一半）	I_λ（λ：波长）

（注：用作下标的数应当用正体印刷，表示数的字母符号一般都应当用斜体印刷。）

四、单位名称的应用

组合单位的名称与其符号表示的顺序一致，符号中的乘号没有对应的名称，除号的对应名称为“每”字，无论分母中有几个单位，“每”字只出现一次。例如：质量热容的单位符号为 J/（kg · K），其名称为“焦耳每千克开尔文”，而不是“每千克开尔文焦耳”或“焦耳每千克每开尔文”。

乘方形式的单位名称，其顺序应为指数名称在前，单位名称在后，指数名称有相应的数字加“次方”二字构成。例如：截面二次矩的单位符号为 m^4，其名称为“四次方米”。

当长度的二次和三次幂分别表示面积和体积时，则相应的指数名称分别为“平方”和“立方”，其他情况均应分别为“二次方”和“三次方”。例如：体积的单位符号为 m^3，其名称为“立方米”，而截面系数的单位符号虽同是 m^3，但其名称为“三次方米”。

书写组合单位的名称时，不加乘或（和）除的符号或（和）其他符号。例如：电阻率单位符号为 Ω · m，其名称为“欧姆米”，而不是“欧姆 · 米”“欧姆-米”“［欧姆］［米］”等。

五、单位符号的应用

（一）单位符号和单位的中文符号的使用规则

单位名称的简称可用作该单位的中文符号（简称“中文符号”）。中文符号只在小学、初中教科书和普通书刊中在有必要时使用。

单位符号没有复数形式，符号上不得附加任何其他标记或符号。

摄氏度的符号℃可以作为中文符号使用。

不应在组合单位中同时使用单位符号和中文符号。例如：速度单位不得写作 km/时。

（二）单位符号和中文符号的书写规则

单位符号一律用正体字母，除来源于人名的单位符号第一字母要大写外，其余均为小写字母（升的符号 L 例外）。例如：米（m）；秒（s）；坎［德拉］（cd）；安［培］（A）；帕［斯卡］（Pa）；韦［伯］（Wb）等。

当组合单位是由两个或两个以上的单位相乘而构成时，其组合单位的写法可采用下列形式之一：N · m；N m。（第二种形式也可以在单位符号之间不留空隙。）当用单位相除的方法构成组合单位时，其符号可采用下列形式之一：m/s；m · s^{-1}；$\frac{m}{s}$。除加括号避免混淆外，单位符号中的斜线（/）不得超过一条。在复杂的情况下，也可以使用负指数。

由两个或两个以上单位相乘所构成的组合单位，其中文符号形式为两个单位符号之间加居中圆点，例如：牛 · 米。单位相除构成的组合单位，其中文符号可采用下列形式之一：米/秒；米 · 秒$^{-1}$；$\frac{米}{秒}$。

单位符号应写在全部数值之后，并与数值间留适当的空隙。需要强调的是，在表示摄氏温度时，摄氏度的符号℃的前面应留空隙。唯一例外为平面角的单位度、分和秒，其数值和单位符号之间不留空隙。

SI 词头符号一律用正体字母，SI 词头符号与单位符号之间不得留空隙。不许用重叠词头。

单位名称和单位符号都必须作为一个整体使用，不得拆开。如摄氏度的单位符号为℃，20 摄氏度不得写成或读成摄氏 20 度或 20 度，也不得写成 20° C，只能写成 20 ℃。

附录 B

推荐使用的外语词中文译名

2013 年 9 月至 2021 年 3 月，外语中文译写规范部际联席会议①专家委员会向社会发布了十一批推荐使用的外语词规范中文译名，共计 178 个，其中第一批 10 个、第二批 16 个、第三批 22 个、第四批 23 个、第五批 12 个、第六批 20 个、第七批 12 个、第八批 23 个、第九批 17 个、第十批 16 个、第十一批 7 个，汇总见表 B1。

表 B1 推荐使用的外语词中文译名

序号	外语词缩略语	外语词全称	中文译名 1	中文译名 2	发布批次
1	3D	three dimensions	三维	3 维	第四批
2	4D	four dimensions	四维	4 维	第四批
3	AD	Alzheimer's disease	阿尔茨海默病		第十批
4	AED	Automated External Defibrillator	自动体外除颤器		第十批
5	AGV	Automated Guided Vehicle	自动导引车		第九批
6	AI	Artificial Intelligence	人工智能		第六批
7	AIDS	acquired immunodeficiency syndrome	艾滋病		第一批
8	AMC	asset management company	资产管理公司		第七批
9	AMI	acute myocardial infarction	急性心肌梗死	急性心梗	第十批

① 2012 年 1 月，国务院批准组成议事协调机构——外语中文译写规范部际联席会议。2014 年，更名为外语中文译写规范和中华思想文化术语传播部际联席会议。联席会议由国家语委、中央编译局、中国外文局、外交部、教育部、民政部、文化部、国家新闻出版署、国家广电总局、国务院新闻办、新华社、中国科学院、中国社会科学院等组成，国家语委为牵头单位。

续表

序号	外语词缩略语	外语词全称	中文译名 1	中文译名 2	发布批次
10	APEC	Asia-Pacific Economic Cooperation	亚太经济合作组织	亚太经合组织	第四批
11	API	Air Pollution Index	空气污染指数		第六批
12	APP App app	Application	应用程序/应用软件	应用	第八批
13	AQI	Air Quality Index	空气质量指数		第九批
14	AR	Augmented Reality	增强现实		第六批
15	ATM	automatic teller machine	自动柜员机	自动取款机	第四批
16	ATP	Association of Tennis Professionals	国际男子职业网球协会		第五批
17		Blockchain	区块链		第九批
18	BCI	Brain Computer Interface	脑机接口		第十一批
19	BI	Business Intelligence	商务智能		第七批
20	BMI	Body Mass Index	身体质量指数	体重指数	第九批
21	BRT	bus rapid transit	快速公交系统	快速公交	第四批
22	BSN	Blockchain-based Service Network	区块链服务网络		第九批
23		Committee on Non-Governmental Organizations	联合国非政府组织委员会		第三批
24	CAC	Codex Alimentarius Commission	国际食品法典委员会		第五批
25	CBD	central business district	中心商务区	中央商务区	第四批
26	CBDC	Central Bank Digital Currency	中央银行数字货币	央行数字货币	第九批
27	CDC	Center for Disease Control and Prevention	疾病预防控制中心	疾控中心	第八批
28	CEO	chief executive officer	首席执行官		第四批
29	CFO	chief financial officer	首席财务官		第四批
30	COPD	chronic obstructive pulmonary disease	慢性阻塞性肺（疾）病	慢阻肺	第十批

续表

序号	外语词缩略语	外语词全称	中文译名 1	中文译名 2	发布批次
31	CPA	certified public accountant	注册会计师		第四批
32	CPI	consumer price index	消费者价格指数	消费价格指数	第四批
33	CPR	cardiopulmonary resuscitation	心肺复苏		第十批
34	CPU	Central Processing Unit	中央处理器		第七批
35	CT	Computed Tomography	计算机断层扫描		第十批
36	CTC	United Nations Security Council Counter-Terrorism Committee	联合国安全理事会反恐怖主义委员会	安理会反恐委员会	第五批
37	CTO	chief technology officer	首席技术官		第十一批
38	DAPP Dapp	Decentralized Application	去中心化应用		第九批
39	DC	Digital Currency	数字货币		第九批
40	DFS	Department of Field Support	联合国外勤支助部	联合国外勤部	第三批
41	DM	Department of Management	联合国管理事务部	联合国管理部	第三批
42	DNA	deoxyribonucleic acid	脱氧核糖核酸		第十批
43	DPA	Department of Political Affairs	联合国政治事务部	联合国政治部	第三批
44	DPKO	Department of Peacekeeping Operations	联合国维持和平行动部	联合国维和部	第三批
45	DT	Data Technology	数据技术		第九批
46	ECMO	extracorporeal membrane oxygenerator	体外膜肺氧合机	体外膜肺	第十批
47	EHR	electronic health record	电子健康档案		第十批
48	E-mail	electronic mail	电子邮件	电邮	第一批
49	EMR	electronic medical record	电子病历		第十批
50	EMS	express mail service	邮政特快专递	邮政快递	第四批
51	EOSG	Executive Office of the Secretary-General	联合国秘书长办公厅		第三批
52	EP	Electronic Payment	电子支付		第九批

续表

序号	外语词缩略语	外语词全称	中文译名 1	中文译名 2	发布批次
53	EQ	Emotional Quotient	情商		第六批
54	ETC	Electronic Toll Collection	电子不停车收费	电子收费	第九批
55	ETF	Exchange Traded Fund	交易型开放式指数基金	交易所交易基金	第八批
56	EV	Electric Vehicle	电动汽车		第六批
57	FAO	Food and Agriculture Organization of the United Nations	联合国粮食及农业组织	联合国粮农组织	第四批
58	FIFA	Fédération Internationale de Football Association（法语）	国际足球联合会	国际足联	第五批
59	FOF	Fund of Funds	基金中基金	母基金	第八批
60	FTA	Free Trade Agreement	自由贸易协定	自贸协定	第六批
61	FTA	Free Trade Area	自由贸易区	自贸区	第六批
62	G7	Group of Seven	七国集团		第五批
63	G20	Group of Twenty	二十国集团	20 国集团	第四批
64	GDP	gross domestic product	国内生产总值		第一批
65	GEO	Group on Earth Observations	地球观测组织		第五批
66	GI	Glycemic Index	血糖生成指数	升糖指数	第十批
67	GMV	Gross Merchandise Volume	商品交易总额		第十一批
68	GNP	Gross National Product	国民生产总值		第八批
69	GPU	Graphics Processing Unit	图形处理器		第七批
70	HIV	human immunodeficiency virus	人类免疫缺陷病毒	艾滋（病）病毒	第四批
71	HPV	human papillomavirus	人乳头（状）瘤病毒		第十批
72	HR	Human Resources	人力资源		第六批
73		International Law Commission of United Nations	联合国国际法委员会		第三批

续表

序号	外语词缩略语	外语词全称	中文译名 1	中文译名 2	发布批次
74	IAEA	International Atomic Energy Agency	国际原子能机构		第二批
75	IBF	International Boxing Federation	国际拳击联合会	国际拳联	第六批
76	IBRD	International Bank for Reconstruction and Development	国际复兴开发银行		第三批
77	ICAO	International Civil Aviation Organization	国际民用航空组织	国际民航组织	第二批
78	ICO	International Council of Ophthalmology	国际眼科理事会		第五批
79	ICT	information and communications technology	信息通信技术		第九批
80	ICTV	International Committee on Taxonomy of Viruses	国际病毒分类委员会		第十批
81	ICU	intensive care unit	重症监护室	重症监护病房	第四批
82	IDA	International Development Association	国际开发协会		第三批
83	IDC	Internet Data Center	互联网数据中心		第八批
84	IEA	International Energy Agency	国际能源署		第五批
85	IFC	International Finance Corporation	国际金融公司		第二批
86	ILO	International Labour Organization	国际劳工组织		第二批
87	IMF	International Monetary Fund	国际货币基金组织		第四批
88	IMO	International Maritime Organization	国际海事组织		第二批
89	IOC	International Olympic Committee	国际奥林匹克委员会	国际奥委会	第四批
90	IOT	Internet of Things	物联网		第九批
91	IP 电话	voice over internet protocol IP telephony Internet phone	网络电话		第六批

续表

序号	外语词缩略语	外语词全称	中文译名 1	中文译名 2	发布批次
92	IPC	International Paralympic Committee	国际残疾人奥林匹克委员会	国际残奥委会	第五批
93	IPCC	Intergovernmental Panel on Climate Change	政府间气候变化专门委员会		第五批
94	IPO	Initial Public Offering	首次公开募股	首次公开发行股票	第八批
95	IPTV	Internet Protocol Television	网络电视		第六批
96	IQ	intelligence quotient	智商		第一批
97	ISO	International Organization for Standardization	国际标准化组织		第七批
98	IT	information technology	信息技术		第一批
99	ITF	International Tennis Federation	国际网球联合会	国际网联	第五批
100	ITU	International Telecommunication Union	国际电信联盟	国际电联	第二批
101	LOF	Listed Open-Ended Fund	上市开放式基金	上市型开放式基金	第八批
102		Military Staff Committee	安理会军事参谋团	安理会军参团	第三批
103	M0		流通中现金		第六批
104	M1	Money Supply	狭义货币供应量	狭义货币	第九批
105	M2	Broad Money	广义货币供应量	广义货币	第八批
106	M&A	Mergers and Acquisitions	兼并收购	并购	第六批
107	MACD	Moving Average Convergence and Divergence	指数平滑移动平均线		第八批
108	MBA	Master of Business Administration	工商管理硕士		第四批
109	MCN	Multi-Channel Network	多频道网络		第十一批
110	MPA	Master of Public Administration	公共管理硕士		第八批
111	MPA	Macro Prudential Assessment	宏观审慎评估		第八批

续表

序号	外语词缩略语	外语词全称	中文译名 1	中文译名 2	发布批次
112	MRI	Magnetic Resonance Imaging	磁共振成像	磁共振	第十批
113	mRNA	messenger RNA	信使核糖核酸		第十一批
114	NFC	Near Field Communication	近场通信		第八批
115	O2O	Online to Offline	线上到线下		第九批
116	OCHA	Office for the Coordination of Humanitarian Affairs	联合国人道主义事务协调厅	联合国人道协调厅	第三批
117	OECD	Organization for Economic Co-operation and Development	经济合作与发展组织	经合组织	第一批
118	OIOS	Office of Internal Oversight Services	联合国内部监督事务厅	联合国监督厅	第三批
119	OLA	Office of Legal Affairs	联合国法律事务厅	联合国法律厅	第三批
120	OPCW	Organisation for the Prohibition of Chemical Weapons	禁止化学武器组织	禁化武组织	第二批
121	OPEC	Organization of the Petroleum Exporting Countries	石油输出国组织	欧佩克	第一批
122	OTC	Over-The-Counter（drug）	非处方（药）		第六批
123		Preparatory Commission for the Comprehensive Nuclear-Test-Ban Treaty Organization	全面禁止核试验条约组织筹备委员会	禁核试组织筹委会	第三批
124	P/B PBR	Price-to-Book Ratio	市净率	市账率	第八批
125	PC	Personal Computer	个人计算机	个人电脑	第七批
126	PCT	Patent Cooperation Treaty	《专利合作条约》		第十一批
127	PE	Polyethylene	聚乙烯		第六批
128	PET	Positron-Emission Tomography	正电子发射断层成像		第十批
129	P/EP ER	Price Earnings Ratio	市盈率	本益比	第八批
130	PM2. 5	particulate matter	细颗粒物		第一批

续表

序号	外语词缩略语	外语词全称	中文译名1	中文译名2	发布批次
131	PM10	particulate matter 10	可吸入颗粒物		第四批
132	PMI	Purchasing Managers' Index	采购经理人指数		第七批
133	PPI	Producer Price Index	生产价格指数		第七批
134	PPP	Public-Private Partnership	政府与社会资本合作		第八批
135	P+R P&R	Park and Ride	停车换乘		第八批
136	PTA	Preferential Trade Agreement	特惠贸易协定		第七批
137	QDII	Qualified Domestic Institutional Investor	合格境内机构投资者		第八批
138	QE	Quantitative Easing	量化宽松		第七批
139	QFII	Qualified Foreign Institutional Investor	合格境外机构投资者		第八批
140	RAM	Random Access Memory	随机存取存储器	随机存取器	第七批
141	RCEP	Regional Comprehensive Economic Partnership	区域全面经济伙伴关系协定		第九批
142	R&D	Research and Development	研究与开发	研发	第六批
143	REIT	Real Estate Investment Trust	不动产投资信托基金	房地产投资信托基金	第十一批
144	RNA	Ribonucleic Acid	核糖核酸		第十批
145	ROE	Return on Equity	净资产收益率	股权收益率	第八批
146	RQFII	RMB Qualified Foreign Institutional Investor	人民币合格境外机构投资者		第八批
147	SDR	Special Drawing Rights	特别提款权		第七批
148	SSD	Solid State Disk/Solid State Drive	固态硬盘	固态盘	第八批
149	TPP	Trans-Pacific Partnership Agreement	跨太平洋伙伴关系协定		第八批
150	UHD	Ultra High Definition	超高清		第六批

续表

序号	外语词缩略语	外语词全称	中文译名1	中文译名2	发布批次
151	UN	United Nations	联合国		第二批
152	UNCTAD	United Nations Conference on Trade and Development	联合国贸易和发展会议	联合国贸发会议	第二批
153	UNESCO	United Nations Educational, Scientific and Cultural Organization	联合国教育科学文化组织	联合国教科文组织	第四批
154	UNGA	United Nations General Assembly	联合国大会	联大	第二批
155	UNGEGN	United Nations Group of Experts on Geographical Names	联合国地名专家组		第二批
156	UNICJ	United Nations International Court of Justice	联合国国际法院	国际法院	第二批
157	UNON	United Nations Office at Nairobi	联合国内罗毕办事处		第三批
158	UNOPS	United Nations Office for Project Services	联合国项目事务厅	联合国项目厅	第三批
159	UNOV	United Nations Office at Vienna	联合国维也纳办事处		第三批
160	UN Secretariat	United Nations Secretariat	联合国秘书处		第二批
161	UNSSC	United Nations System Staff College	联合国系统职员学院		第三批
162	UNU	United Nations University	联合国大学		第三批
163	UNWTO	United Nations World Tourism Organization	世界旅游组织		第二批
164	UPU	Universal Postal Union	万国邮政联盟	万国邮联	第二批
165	VAR	Video Assistant Referee	视频助理裁判		第九批
166	VIP	very important person	贵宾	要客	第四批
167	VR	Virtual Reality	虚拟现实		第六批
168		World Bank	世界银行		第三批
169		World Bank Group	世界银行集团	世行集团	第三批

续表

序号	外语词缩略语	外语词全称	中文译名 1	中文译名 2	发布批次
170	WHO	World Health Organization	世界卫生组织	世卫组织	第一批
171	Wi-Fi	wireless fidelity	无线（局域）网	无线保真	第四批
172	WIPO	World Intellectual Property Organization	世界知识产权组织		第二批
173	WMO	World Meteorological Organization	世界气象组织		第三批
174	WTA	Women's Tennis Association	国际女子职业网球协会		第五批
175	WTO	World Trade Organization	世界贸易组织	世贸组织	第一批
176	WWF	World Wide Fund for Nature	世界自然基金会		第四批
177	γ刀	Gamma Knife	伽马刀		第六批
178	γ射线	Gamma Ray	伽马射线		第六批

注：

1. 本表按照外语词缩略语字母音序排列。无缩略语的排在相应字母的最前列。
2. 表中词语括号内的部分，在实际使用中通常省略。
3. 国际足球联合会（FIFA）的英语全称为 International Federation of Association Football。

后　记

从大学毕业后与出版工作结缘，已近二十七年。依然清晰地记得，刚到出版社工作时，唐兴汉老师热情地送给我他编写的《编辑出版印刷手册》一书，贾斌总编辑等出版界前辈给予我殷切关怀和指导，是他们引领我开启了图书编辑之路。他们对图书出版工作的热爱和责任一直影响着我，为我照亮前路。

图书编辑工作也是“痛并快乐”。有因书中出现差错而感到的不安，有与作者以书会友的促膝长谈，有看着自己编辑出版的种种图书而乐在其中。在前行中，知识储备的不足也会时常袭来，遇到问题与释疑解惑的往复中，又充满着学习的压力与动力。不少疑问在一些标准中找到了答案，因此开始关注和了解这些标准，并在实际工作中留意记录不规范的地方。但一直是零零散散的，没有系统。写作本书的初念是想去总结一下，不能再囫囵吞枣。

真正开始后才发现，学无止境！虽说是一个总结的过程，确切地讲，更是一个学习的过程。一个问题刚搞明白，会牵出另一个问题；一个概念以为搞清楚了，会发现关联的概念也要解决。有一段时间，头绪杂乱，连自己都意识到了疲惫和懈怠。在自我斗争时，妻子给了我很多鼓励和支持，让我沉住气、静下心坚持下来。

现在，书稿已经写完，慰藉了初念，也收获了知识的积累和意志的锻炼。不足的是，平时接触的书稿多是社会科学方面的，对一些涉及自然科学方面的标准还要进一步研读。

书稿即将付梓，希望拙作能对编辑同人有所帮助，不足之处请多多指正。也借此感谢家人的陪伴，感谢领导和同事们一直以来的支持和帮助。

王 前
2021 年 3 月
于北京二龙路